FREDERICK P. BROOKS JR.

O MÍTICO HOMEM-MÊS

ENSAIOS SOBRE ENGENHARIA DE SOFTWARE

Tradução
Cesar Brod
BrodTec.com

ALTA BOOKS
EDITORA
Rio de Janeiro, 2018

O Mítico Homem-Mês — Ensaios Sobre Engenharia de Software
Copyright © 2018 da Starlin Alta Editora e Consultoria Eireli. ISBN: 978-85-508-0253-4

Translated from original The Mythical Man-Month. Copyright © 1995, Addison Wesley Longman, Inc. ISBN 0-201-83595-9. This translation is published and sold by permission of Addison Wesley Longman, Inc., the owner of all rights to publish and sell the same. PORTUGUESE language edition published by Starlin Alta Editora e Consultoria Eireli, Copyright © 2018 by Starlin Alta Editora e Consultoria Eireli.

A editora não se responsabiliza pelo conteúdo da obra, formulada exclusivamente pelo(s) autor(es).

Marcas Registradas: Todos os termos mencionados e reconhecidos como Marca Registrada e/ou Comercial são de responsabilidade de seus proprietários. A editora informa não estar associada a nenhum produto e/ou fornecedor apresentado no livro.

Impresso no Brasil.

Obra disponível para venda corporativa e/ou personalizada. Para mais informações, fale com projetos@altabooks.com.br

Tradução
Cesar Brod [BrodTec.com]

Copidesque
Maria Luiza Oliveira Brilhante Brito

Editoração Eletrônica
DTPhoenix Editorial

Revisão Gráfica
Caravelas Prod. Editoriais

Produção Editorial
Elsevier Editora - CNPJ: 42.546.531./0001-24

Erratas e arquivos de apoio: No site da editora relatamos, com a devida correção, qualquer erro encontrado em nossos livros, bem como disponibilizamos arquivos de apoio se aplicáveis à obra em questão.

Acesse o site www.altabooks.com.br e procure pelo título do livro desejado para ter acesso às erratas, aos arquivos de apoio e/ou a outros conteúdos aplicáveis à obra.

Suporte Técnico: A obra é comercializada na forma em que está, sem direito a suporte técnico ou orientação pessoal/exclusiva ao leitor.

A editora não se responsabiliza pela manutenção, atualização e idioma dos sites referidos pelos autores nesta obra.

CIP-Brasil. Catalogação na fonte
Sindicato Nacional dos Editores de Livros, RJ

B888m

Brooks, Frederick P. (Frederick Phillips)
O mítico homem-mês: ensaios sobre engenharia de software / Frederick P. Brooks Jr; [tradução de Cesar Brod]. — Rio de Janeiro: Alta Books, 2018.

Tradução de: The mythical man-month
Inclui bibliografia
ISBN: 978-85-508-0253-4

1. Engenharia de software. I. Título.

09-2562

CDD: 005.1
CDU: 004.41

Rua Viúva Cláudio, 291 — Bairro Industrial do Jacaré
CEP: 20970-031 — Rio de Janeiro - RJ
Tels.: (21) 3278-8069 / 3278-8419
www.altabooks.com.br — altabooks@altabooks.com.br
www.facebook.com/altabooks

DEDICATÓRIA À EDIÇÃO DE 1975
Para as duas pessoas que enriqueceram, especialmente, meus anos de IBM:
Thomas J. Watson Jr.,
cuja preocupação com as pessoas ainda permeia sua empresa,
e
Bob O. Evans,
cuja ousada liderança transformou o trabalho em aventura.

DEDICATÓRIA À EDIÇÃO DE 1995
Para Nancy,
uma dádiva de Deus para mim.

Prefácio da edição de 20º aniversário

Para minha surpresa e satisfação, ao cabo de 20 anos, o *Mítico Homem-Mês* continua sendo popular, com mais de 250 mil cópias impressas. Não raro as pessoas me perguntam quais opiniões e recomendações ainda conservo desde 1975, e o que mudou de lá para cá e como se deu essa mudança. Mesmo que eu tenha, de tempos em tempos, respondido a essas perguntas em minhas aulas, há muito eu queria apresentá-las em um ensaio.

Peter Gordon, hoje editor e sócio da Addison-Wesley, trabalha comigo desde 1980 com paciência e dedicação. Ele propôs que preparássemos uma Edição de Aniversário. Decidimos não revisar o original, publicando-o sem retoques (à exceção das correções habituais) e ampliando-o com pensamentos mais atualizados.

O Capítulo 16 traz novamente "Não existe bala de prata: essência e acidente em engenharia de software", um artigo apresentado no IFIPS* de 1986, redigido com base em minha experiência de chefe de um estudo do Comitê Científico de Defesa sobre software militar. Meus coautores nessa pesquisa e também Robert L. Patrick, nosso secretário executivo, foram inestimáveis ao colocarem-me novamente em contato com grandes projetos de software do mundo real. O artigo

---

* International Federation of Information Processing Societies.

foi reimpresso em 1987 na *IEEE Computer Magazine*, o que resultou em sua ampla circulação.

"Não existe bala de prata" causou polêmica. O artigo predizia que uma década se passaria sem que fosse vista uma técnica de programação que traria, por si, o crescimento de uma ordem de grandeza na produtividade de software. Ainda falta um ano para esta década terminar e minha previsão está segura. "Não existe bala de prata" estimulou muitas e muitas discussões espirituosas, mais do que as inspiradas pelo *O Mítico Homem-Mês*. Por isso, o Capítulo 17 tece comentários sobre algumas das críticas publicadas e atualiza as opiniões expressas em 1986.

Ao preparar minha retrospectiva e atualização de *O Mítico Homem-Mês*, chocou-me o fato de que poucas das proposições nele expostas têm sido criticadas, provadas ou derrubadas pela pesquisa e experiência em engenharia de software. Para mim, foi comprovadamente útil catalogar, agora, essas proposições em sua forma crua, livres de argumentos e dados que as suportem. Na esperança de que essas declarações cruas atraiam argumentos e fatos que as comprovem, refutem, atualizem ou refinem, incluí um esboço no Capítulo 18.

O Capítulo 19 é o próprio ensaio atualizado. O leitor deve estar ciente de que as novas opiniões não são sequer aproximadamente tão bem embasadas pela experiência das trincheiras, como foi o caso do primeiro livro. Tenho trabalhado na área acadêmica e não na área industrial, em projetos de pequena escala, em vez de grandes. Desde 1986, venho ensinando apenas engenharia de software, sem fazer nenhuma pesquisa sobre o assunto. Minha pesquisa tem sido em ambientes virtuais e suas aplicações.

No preparo deste retrospecto, busquei a visão atual de amigos que trabalham de fato com engenharia de software. Pela fantástica vontade de compartilhar as visões, de comentar profundamente os rascunhos e de reeducar-me, fico em dívida com Barry Boehm, Ken Brooks, Dick Case, James Coggins, Tom DeMarco, Jim McCarthy, David Parnas, Earl Wheeler e Edward Yourdon. Fay Ward tratou explendidamente da produção técnica dos novos capítulos.

Agradeço a Gordon Bell, Bruce Buchanan, Rick Hayes-Roth, meus colegas na Força-Tarefa de Software Militar no Comitê Científico de Defesa e, sobretudo, a David Parnas por suas sacadas e ideias estimulantes e Rebekah Bierly pela produção técnica do artigo apresentado aqui na forma do Capítulo 16. A análise de um problema de software nas categorias de *essência* e *acidente* foi inspirada por Nancy Greenwood Brooks, que fez esse tipo de análise em um artigo sobre a pedagogia do método Suzuki para o ensino de violino.

A casa Addison-Wesley não permitiu que eu reconhecesse no prefácio da edição de 1975 os papéis-chave exercidos por sua equipe. Por sua contribuição, duas pessoas merecem destaque especial: Norman Stanton, na época editor-executivo e Herbert Boes, então editor de arte. Boes desenvolveu o estilo elegante que um crítico especialmente citou: "margens amplas e o uso imaginativo de fonte e leiaute". Mais importante, ele também fez a recomendação crucial para que cada capítulo contasse com uma imagem de abertura. (Eu tinha apenas o Poço de Alcatrão e a Catedral de Reims naquele tempo.) Encontrar as gravuras ocasionou um ano a mais de trabalho para mim, mas sou eternamente grato pelo conselho.

Soli Deo gloria – Para Deus apenas a glória.

F. P. B. Jr.
Chapel Hill, N. C.
Março de 1995

Prefácio da primeira edição

De diversas maneiras, gerenciar um grande projeto de programação de computadores é o mesmo que gerenciar qualquer outro grande empreendimento – muito além do que a maioria dos programadores acredita. Mas, sob outros aspectos, é diferente – muito além do que a maioria dos gerentes profissionais espera.

Nesse campo, o saber é cumulativo. Muitos eventos, sessões nas conferências AFIPS*e alguns livros e artigos existem há certo tempo. Mas, de forma alguma, essa abundância de informações recebeu o tratamento sistemático de um livro-texto. Parece oportuno oferecer este pequeno livro que reflete, essencialmente, uma visão pessoal.

Mesmo que minha formação tenha sido no âmbito da programação em ciência da computação, estive envolvido sobretudo com a arquitetura de hardware nos anos (1956-1963) em que se desenvolveram programas de controle autônomos e compiladores para linguagens de alto nível. Quando, em 1964, tornei-me gerente do Sistema Operacional /360 (OS/360), encontrei um mundo de programação um tanto mudado pelo progresso dos poucos anos precedentes.

Gerenciar o desenvolvimento do OS/360 foi uma experiência bastante educativa, embora muito frustrante. A equipe, incluindo F. M. Trapnell, que foi

---

* American Federation of Information Processing Societies.

meu sucessor como gerente, tem muito do que se orgulhar. O sistema contém aspectos excelentes, tanto de projeto quanto de execução, e foi um sucesso, chegando à utilização em larga escala. Algumas ideias, mais notavelmente o sistema de entrada e saída (*input-output*), independente dos dispositivos utilizados, e um gerenciamento de bibliotecas externas constituíram inovações técnicas que hoje são amplamente copiadas. O sistema é, agora, bastante confiável, razoavelmente eficiente e muito versátil.

Esse esforço não pôde ser considerado, entretanto, um sucesso completo. Qualquer usuário do OS/360 logo se dá conta de quanto o sistema pode ser melhor. As falhas de projeto e execução existem, sobretudo no programa de controle, à diferença dos compiladores de linguagens de programação. A maioria dessas falhas datam do período de projeto, entre 1964-65, e, por isso, cabe a mim a culpa. Além disso, o projeto atrasou, consumiu mais memória do que o planejado, os custos muitas vezes superaram a estimativa e o sistema não funcionou bem até o lançamento de várias versões depois da primeira.

Após deixar a IBM em 1965 e transferir-me para Chapel Hill, como era o combinado quando assumi o OS/360, comecei a analisar essa experiência com o intuito de tirar lições técnicas e de gestão. Mais especificamente, eu queria explicar a sensível diferença entre as experiências de gestão durante o desenvolvimento de hardware do System/360 e de software do OS/360. Este livro é a resposta tardia para as questões polêmicas levantadas por Tom Watson* sobre as razões pelas quais é difícil gerenciar tarefas de programação.

Nessa busca, aproveitei as longas conversas com R. P. Case, auxiliar da gerência entre 1964-65, e com F. M. Trapnell, gerente entre 1965-68. Comparei as conclusões com outros gerentes de projetos gigantes de programação, incluindo F. J. Corbato do M.I.T., John Harr e V. Vyssotsky da Bell Telephone Laboratories, Charles Portman da International Computers Limited, A. P. Ershov do Laboratório de Computação da Divisão Siberiana da Academia de Ciências da ex-União Soviética, e A. M. Pietrasanta da IBM.

Minhas conclusões estão nos ensaios a seguir, que têm como público-alvo programadores profissionais, gerentes profissionais e, sobretudo, gerentes profissionais de programadores.

---

* Thomas J. Watson foi contratado em 1914 como o primeiro CEO da empresa que, em 1924, passou a chamar-se International Business Machines Corporation (IBM). Ele aposentou-se em meados dos anos 50, quando seu filho Thomas J. Watson Jr. tornou-se o CEO da empresa até se aposentar, aos 60 anos de idade. As referências a Tom Watson, neste livro, dizem respeito a Thomas J. Watson Jr.

Mesmo escrito na forma de ensaios separados, o livro encerra um argumento central contido principalmente entre os Capítulos 2 e 7. Fazendo uma breve análise, creio que os grandes projetos de programação sofrem de problemas de gestão por serem de natureza diferente dos projetos pequenos, levando em conta a divisão do trabalho. Acredito na necessidade crítica de se preservar a integridade conceitual do produto a ser desenvolvido. Estes capítulos exploram tanto as dificuldades em atingir tal unidade como os métodos para consegui-la. Os capítulos mais ao final do livro examinam outros aspectos da gestão de engenharia de software.

A literatura nesse campo não é abundante e está bastante espalhada. Por isso, tentei fornecer referências que irão esclarecer alguns pontos em particular e guiar o leitor interessado em outras obras úteis. Muitos amigos leram o manuscrito e alguns prepararam extensos e valiosos comentários. Quando não consegui incluí-los no fluxo do texto, coloquei-os nas Notas.

Como este é um livro de ensaios e não um texto, todas as referências e notas foram transferidas para o final do volume. Os leitores estão convidados a ignorá-las em sua primeira leitura.

Estou em profundo débito com a Sara Elizabeth Moore, o David Wagner e a Rebecca Burris pela ajuda na preparação do manuscrito, e com o Professor Joseph C. Sloane pelos conselhos nas ilustrações.

F. P. B. Jr.
Chapel Hill, N.C.
Outubro de 1974

Apresentação

Desenvolvimento de Software é uma arte e demanda muita criatividade. Mas essa criatividade só traz bons frutos se for embasada em muita técnica, conhecimento científico, raciocínio lógico-matemático e boas práticas de engenharia. Além disso, quem escreve software são seres humanos, quase sempre trabalhando em grupos heterogêneos em torno de um projeto comum; com isso, as interações sociais entre as pessoas envolvidas no projeto e as suas características individuais têm um papel fundamental no sucesso da empreitada.

Tudo isso faz com que o desenvolvimento de software seja muito menos previsível e mais difícil de gerenciar do que outras atividades de construção que geram como produto final um bem material. Software são ideias, bens imateriais, um produto puramente intelectual.

A primeira obra literária de grande impacto que expôs claramente essa peculiaridade da indústria de software foi *O Mítico Homem-Mês,* de Frederick Brooks Jr. Apesar de ter tido sua primeira edição publicada há mais de 30 anos, o livro continua surpreendentemente atual. Aprendemos muito com ele, certamente, mas boa parte das dificuldades descritas por Brooks na primeira edição do livro, em 1975, e refinadas na segunda edição, em 1995, continuam mais atuais do que gostaríamos.

Brooks, ganhador do prêmio Turing da ACM (o Nobel da Ciência da Computação) de 1999 pelas suas contribuições marcantes à Arquitetura de Computadores, Sistemas Operacionais e Engenharia de Software, apresenta neste livro ideias nem sempre intuitivas. Adicionar mais pessoas a um projeto atrasado o torna ainda mais atrasado. O segundo sistema que um arquiteto projeta é o mais perigoso. Integridade conceitual é a consideração mais importante no projeto de sistemas. Planeje jogar fora a primeira implementação. Pergunta: como um projeto atrasa um ano? Resposta: um dia de cada vez. Os participantes de um projeto devem se comunicar o máximo possível através de telefone, reuniões presenciais, um livro de trabalho escrito colaborativamente (wiki?) etc. É impossível, para um cliente, especificar completamente e precisamente os requisitos de um software antes que esse software tenha sido construído e que o cliente tenha usado e testado algumas de suas versões.

Muitas dessas ideias não convencionais serviram de base para a criação, no final da década de 1990, de uma nova escola de desenvolvimento de software, o movimento Ágil. Os cada vez mais populares Métodos Ágeis de Desenvolvimento de Software apresentam, de uma forma sistematizada, um conjunto de boas práticas para a criação de software de qualidade de forma ágil e adaptativa que são fortemente baseados em algumas das ideias propostas por Brooks neste livro seminal.

Aqueles que estão envolvidos diariamente com projetos de desenvolvimento de software vão identificar neste livro muitos dos problemas corriqueiros de seu trabalho. Os estudantes que ainda estão se preparando para entrar nessa indústria, encontrarão no livro uma prévia do que lhes espera, permitindo que eles se "preparem para o pior". Já para os gerentes de projetos de software, a leitura deste livro deveria ser obrigatória! Quem sabe assim, *O Mítico Homem-Mês* passe a ser, um dia, apenas um livro histórico e não mais um retrato do cotidiano atual de milhares de projetos da indústria de TI.

FABIO KON
Departamento de Ciência da Computação
Instituto de Matemática e Estatística
Universidade de São Paulo
São Paulo, junho de 2009

Fred Brooks, entrevista exclusiva à edição brasileira

CESAR BROD: A primeira edição do "The Mythical Man-Month" é de 1975. A indústria de TI foi, provavelmente, a que teve um progresso mais notável desde então e, mesmo assim, seu livro é, ainda hoje, uma referência para práticas de Engenharia de Software, influenciando fortemente o que chamamos de Desenvolvimento Ágil. Quais são os fatores dessa longevidade?

FREDERICK P. BROOKS, JR: O livro é primariamente sobre os aspectos pessoais da engenharia de software, não sobre os aspectos técnicos. As pessoas não mudaram tanto assim desde 1975.

CB: No capítulo Aristocracia, Aristocracia, Democracia e o Projeto de Sistemas, você dá bastante importância a manuais, documentação. Você acha que a usabilidade atual dos sistemas superaram a necessidade de manuais? Ou você acredita que algum dia isto acontecerá?

FB: Não acredito. Os manuais não são mais necessariamente impressos, mas podem ser encontrados na web. Eu ainda compraria o "iLife for Dummies", entretanto...

CB: Você foi provavelmente o primeiro a declarar claramente e por escrito a necessidade de atender as necessidades do usuário de acordo com aquilo que o usuário realmente quer. Você acredita que os sistemas e programas atuais são claramente desenvolvidos com o usuário em mente?

FB: Jogos sim! Aplicações de trabalho ainda parecem ser bastante desastrosas. Eu odeio o Microsoft Word, mas não há alternativa a não ser utilizá-lo.

CB: Suas áreas de pesquisa hoje são a Interação Humano-Computador e Gráficos Computacionais Interativos Tridimensionais. Estas áreas mesclam-se uma a outra em seus trabalhos recentes. Você pode nos dizer como esta pesquisa poderá mudar a forma pela qual interagimos com computadores?

FB: Penso que displays baratos e flexíveis irão mudar muita coisa. O Wii já está mudando muitas interações. O iPhone é o precursos de uma revolução tão grande quanto a que foi a do computador pessoal. Seu conjunto rico de sensores e sua estupenda biblioteca de aplicações complementam sua elegante tela sensível ao toque de muitos dedos. É um dispositivo computacional fenomenal!

CB: Esta é a primeira vez que seu livro será publicado em português, mais de trinta anos depois de seu lançamento original. Como será o computador daqui há 30 anos, em 2040?

FB: Minha bola de cristal nunca foi lá essas coisas. Eu não previ os computadores pessoais chegando aos milhões. Quem imaginou isso? Mas eu previ que a arquitetura do System/360 duraria 25 anos e ela ainda está sendo implementada depois de 44 anos. Assim, não vou arriscar nenhuma previsão de 30 anos.

Sumário

Prefácio da edição de 20º aniversário vii

Prefácio da primeira edição xi

Apresentação xv

Fred Brooks, entrevista exclusiva à edição brasileira xvii

1. O Poço de Alcatrão *1*
2. O Mítico Homem-Mês *11*
3. A Equipe Cirúrgica *25*
4. Aristocracia, Democracia e o Projeto de Sistemas *37*
5. O Efeito do Segundo Sistema *49*
6. Transmitindo a Mensagem *57*
7. Por que a Torre de Babel Falhou? *69*
8. Prevendo o Lançamento *81*
9. Dez Quilos em um Saco de Cinco *91*
10. A Hipótese dos Documentos *101*

11. Inclua em Seus Planos o Verbo Descartar *109*

12. Ferramentas Afiadas *119*

13. O Todo e as Partes *133*

14. Incubando uma Catástrofe *145*

15. A Outra Face *155*

16. Não Existe Bala de Prata – Essência e Acidente em Engenharia de Software *171*

17. "Não Existe Bala de Prata" – Mais um Tiro *197*

18. Proposições de *O Mítico Homem-Mês*: Verdadeiras ou Falsas? *219*

19. *O Mítico Homem-Mês*, 20 anos depois *243*

Epílogo. Cinquenta anos de Fascínio, Emoção e Prazer *279*

Notas e referências bibliográficas 281
Indice 291
Sobre o autor 301

1

O Poço de Alcatrão

C. R. Knight, *Mural dos Poços de Alcatrão de La Brea*
The George C. Page Museum of La Brea Discoveries
The Natural History Museum of Los Angeles County

1

O Poço de Alcatrão*

Een schip op het strand is een baken in zee.
[Um navio na praia é um farol para o mar.]

PROVÉRBIO HOLANDÊS

---

* Os poços de alcatrão (piche) de La Brea, na Califórnia, compõem um sítio arqueológico onde muitos animais pré-históricos foram descobertos. Os animais caíam nos poços que afloravam à superfície e não conseguiam mais sair, afundando enquanto se debatiam. (N. T.)

Nenhuma cena da pré-história é tão vívida quanto a das batalhas mortais que as grandes feras travavam nos poços de alcatrão. Com os olhos da imaginação é possível ver dinossauros, mamutes e tigres de dentes de sabre lutando para se desvencilhar do piche. Quanto mais feroz a luta, mais envolvente era o alcatrão. E como nenhum animal era tão forte ou habilidoso, todos terminavam afundando no poço.

Nas últimas décadas, os trabalhos de programação de grandes sistemas assemelham-se à luta num poço de alcatrão onde muitas bestas grandes e poderosas caíram violentamente. Muitos emergiram com sistemas funcionando – poucos atingiram seus objetivos, agendas e orçamentos. Grandes e pequenas, extensas ou concisas, uma equipe após a outra viu-se presa no alcatrão. Não é apenas um aspecto que parece ser a causa dessa dificuldade – cada pata, individualmente, pode ser puxada para fora. Mas a acumulação de fatores simultâneos e interativos diminui o movimento cada vez mais. Todos parecem ter sido pegos de surpresa por esse problema grudento, cuja natureza é difícil de determinar. Mas nós temos de tentar entendê-lo se pretendemos solucioná-lo.

Com essa finalidade, vamos começar pela identificação da arte de programação de sistemas e as alegrias e tristezas inerentes a ela.

O Produto da Programação de Sistemas

Ao ler um jornal a esmo, alguém poderá se dar conta de que dois programadores em uma garagem remodelada construíram um importante programa que supera os melhores esforços de grandes equipes. E todo programador está preparado para acreditar em tais histórias, porque ele sabe que poderia construir *qualquer* programa muito mais rápido do que aqueles que são feitos com as mil declarações por ano relatadas por equipes do setor.

Por que então não substituir todas as equipes de programação por dedicadas duplas de garagem? É necessário examinar *o que* está sendo produzido.

No canto superior esquerdo da Figura 1.1 está um *programa*. Ele está completo, pronto para ser executado pelo autor no sistema para o qual foi desenvolvido. É isso que costuma ser produzido em garagens e este é o objeto que o programador individual utiliza ao estimar produtividade.

	X3 →
Um Programa	Um Sistema de Programas
	(Interfaces de Integração de Sistemas)
↓ X3	
Um Programa Produto	Um Produto da Programação de Sistemas
(Generalização, Testes, Documentação, Manutenção)	

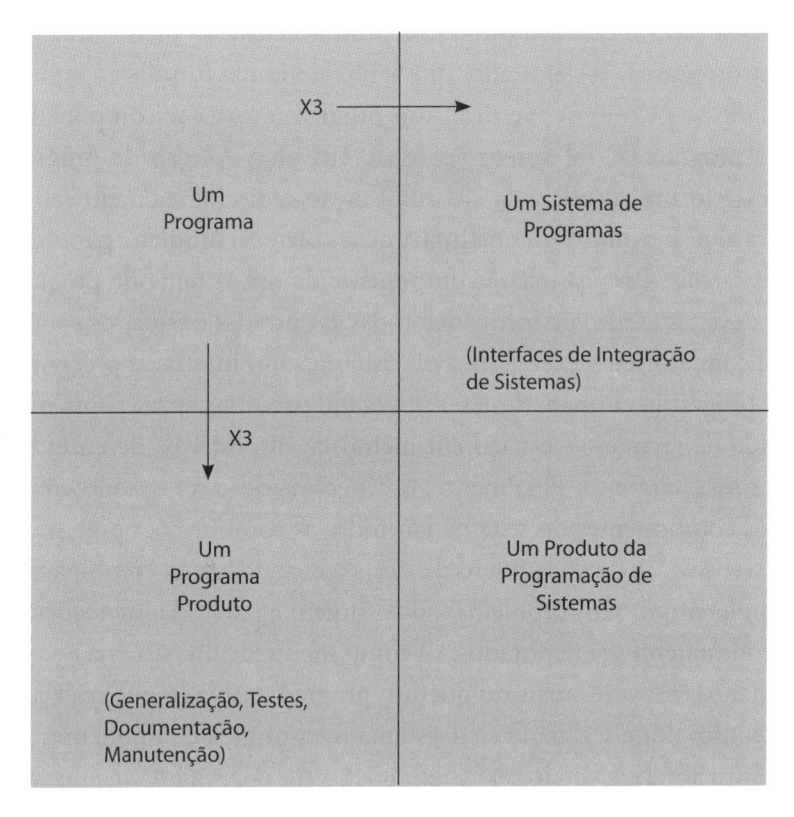

FIGURA 1.1 Evolução do produto da programação de sistemas

Há duas formas de um programa ser convertido em um objeto mais útil, mas mais caro. Estas duas formas estão representadas pelos limites no diagrama.

Indo para baixo, atravessando o limite horizontal, um programa torna-se um *programa produto*. Este é um programa que pode ser executado, testado, reparado e estendido por qualquer um. É utilizável em muitos ambientes operacionais, para muitos conjuntos de dados. Para tornar-se um programa produto utilizável genericamente, o programa deve ser escrito de uma maneira generalizada. Mais especificamente, o alcance e o formato de entradas devem ser generalizados tanto quanto o algoritmo básico razoavelmente permitir. Depois, o programa deve ser efetivamente testado de modo que se possa confiar nele. Isso significa que uma base substancial de casos de testes, explorando a extensão das entradas e testando seus limites, deve ser preparada, executada e registrada. Finalmente, a promoção de um programa para um *programa produto* requer uma cuidadosa documentação, de forma que qualquer um possa utilizá-lo, corrigi-lo e estendê-lo. Como regra geral, eu estimo que um programa produto custe ao menos três vezes mais do que um programa, já depurado, que tenha a mesma função.

Movendo-se pelo limite vertical, um programa torna-se componente de um sistema de programas. Tal sistema consiste em uma coleção de programas que interagem de forma coordenada em sua função e disciplinada em seu formato, de maneira que o conjunto constitua um ambiente completo para a execução de grandes tarefas. Para tornar-se componente de um sistema de programas, um programa deve ser escrito de forma que todas as entradas e saídas estejam em conformidade com a sintaxe e semântica do sistema, com interfaces precisamente definidas. O programa também deve ser projetado para usar apenas uma quantidade determinada de recursos – espaço em memória, dispositivos de entrada e saída, tempo de processamento. Finalmente, o programa deve ser testado em conjunto com outros componentes do sistema em todas as combinações previstas. O teste deve ser extensivo, já que o número de casos cresce de forma combinatória. Tudo isso consome tempo, pois problemas sutis surgem a partir de interações inesperadas com componentes já depurados. O componente de um sistema de programas custa ao menos três vezes mais do que um programa isolado que realiza a mesma função. O custo pode ser maior se o sistema tiver muitos componentes.

No canto inferior direito da Figura 1.1 está o *produto da programação de sistemas*. Este diferencia-se do simples programa de todas as formas descritas anteriormente. Ele custa nove vezes mais. Mas ele é o objeto verdadeiramente útil, o produto pretendido da maioria dos esforços de programação de sistemas.

As Alegrias da Arte

Por que é divertido programar? Que alegrias o praticante dessa arte pode ter como recompensa?

A primeira é a satisfação de construir algo. Da mesma maneira que uma criança delicia-se com seu bolinho de lama, os adultos divertem-se construindo coisas, sobretudo aquelas que eles mesmos projetam. Penso que essa alegria vem da imagem da alegria de Deus em criar, uma alegria que se revela nas diferenças e singularidades de cada folha de árvore, de cada floco de neve.

A segunda é a felicidade de se construir coisas que são úteis para os outros. Bem no fundo, queremos que outros experimentem nosso trabalho e o considerem útil. Assim, a programação de um sistema não é em si diferente do primeiro porta-lápis de argila que uma criança faz "para o escritório do papai".

A terceira é o fascínio da montagem de objetos complexos, à semelhança de um quebra-cabeças com peças móveis que se interconectam, e da observação de como tudo trabalha em ciclos sutis, gerando consequências de princípios estabelecidos desde o início. O computador programado tem todo o fascínio de uma máquina de fliperama ou do mecanismo de uma *jukebox*, levado ao extremo.

A quarta é a aprendizagem constante, que vem da natureza não repetitiva da tarefa. De uma forma ou de outra, o problema é sempre novo, e quem o soluciona aprende algo: algumas vezes a prática, outras a teoria, ou ambas.

Finalmente, há a delícia de trabalhar em um meio tão maleável. O programador, como o poeta, trabalha apenas levemente deslocado de um ambiente de pensamento puro. Ele constrói seus castelos no ar, de ar, criando a partir da sua imaginação. Poucos meios de criação são tão flexíveis, tão fáceis de polir e retrabalhar, tão prontamente capazes de produzir grandes estruturas conceituais. (Como veremos mais adiante, esta mesma maleabilidade tem seus próprios problemas.)

Entretanto, o construto de um programa, ao contrário das palavras de um poeta, é real no sentido de que se move e trabalha, produzindo saídas visíveis e separadas do construto em si. Ele imprime resultados, desenha gráficos, produz sons, move braços. A mágica de mitos e lendas tornou-se realidade em nosso tempo. Basta alguém digitar o encantamento correto em um teclado e logo uma tela de visualização ganha vida, mostrando coisas que não existiam nem poderiam existir.

Por isso, a programação é divertida, porque satisfaz anseios criativos acalentados profundamente dentro de nós e deleita sensibilidades que temos em comum com todos os seres humanos.

As Tristezas da Arte

Nem tudo, porém, é deleite. Conhecer as dificuldades inerentes ao trabalho torna mais fácil suportá-las quando elas surgem.

Antes de tudo, a execução deve ser perfeita. Nesse aspecto, o computador se assemelha à mágica das lendas. Se uma letra ou uma pausa do encanto não estão rigorosamente no formato apropriado, a mágica não dá certo. Seres humanos não estão acostumados a ser perfeitos, e poucas áreas da atividade humana exigem isso. O ajuste ao requisito da perfeição é, penso eu, a parte mais difícil de aprender a programar.[1]

Além disso, são as outras pessoas que definem os objetivos, fornecem os recursos e trazem a informação. É raro o programador controlar as circunstâncias de seu trabalho ou mesmo seu objetivo. Em termos gerenciais, a autoridade não é suficiente para a própria responsabilidade. Parece que em todos os campos, porém, os trabalhos nos quais as coisas são feitas nunca têm uma autoridade formal proporcional à responsabilidade. Na prática, a autoridade real (em oposição à autoridade formal) é adquirida no exato momento da realização.

A dependência de outros constitui um caso especial e particularmente doloroso para o programador de sistema. Ele depende dos programas desenvolvidos por outras pessoas. Estes costumam ser mal projetados, fracamente implementados, entregues de forma incompleta (sem o código fonte ou casos de teste) e com documentação insuficiente. Assim, o programador precisa gastar horas estudando e corrigindo coisas que, em um mundo ideal, deveriam estar prontas, disponíveis e utilizáveis.

Outra dificuldade considerável é que o projeto de grandes conceitos pode ser uma diversão, mas a tarefa de encontrar problemas pequenos e cansativos é apenas trabalho. Ao lado da atividade criativa, há também melancólicas horas de trabalho monótono e cansativo. Programar não é exceção.

Logo se descobre que a depuração de problemas tem também uma convergência linear; pior ainda é quando essa depuração de alguma forma assume um comportamento quadrático em direção ao final do trabalho. Assim, os testes se arrastam mais e mais, sendo que os problemas ao final do processo levam mais tempo para serem descobertos do que os que estavam no começo.

A última dificuldade, algumas vezes o último estertor, é que o produto no qual se trabalhou por tanto tempo parece obsoleto quando fica pronto (ou mesmo antes disso). Os colegas e concorrentes já estão em busca de novas e melhores ideias. A realização do fruto do pensamento já não se dá apenas em sua concepção, mas em sua agenda.

Esse quadro sempre parece pior do que realmente é. O produto novo e melhor normalmente não está *disponível* quando o programador completa o seu, apenas comenta-se sobre ele. Esse novo produto também requer meses de desenvolvimento. O tigre real nunca é páreo para o de papel, a não scr que sua utilidade verdadeira seja desejada. Dessa forma, as virtudes da realidade satisfazem-se em si.

É claro que a base tecnológica na qual um programador trabalha está *sempre* evoluindo. Tão logo um projeto é congelado, ele se torna conceitualmente obsoleto. Mas a implementação de produtos reais demanda sua divisão em fases e também sua quantificação. A obsolescência de uma implementação deve ser medida em relação a outras implementações já existentes e não contra conceitos não implementados. O desafio e a missão são os de encontrar soluções para problemas existentes, com cronogramas realistas dentro dos recursos disponíveis.

Eis, então, o que é programar: um poço de alcatrão, no qual muitos esforços sucumbiram, e uma atividade criativa que traz em si alegrias e tristezas. Para muitos, as alegrias superam as tristezas. Para estes, os textos adiante, neste livro, tentarão mostrar algumas calçadas que atravessam o alcatrão.

2

O Mítico Homem-Mês

Restaurant Antoine
Fondé En 1840

AVIS AU PUBLIC

Faire de la bonne cuisine demande un certain temps. Si on vous fait attendre, c'est pour mieux vous servir, et vous plaire.

ENTREES (SUITE)

Côtelettes d'agneau grillées 2.50   Entrecôte marchand de vin 4.00
Côtelettes d'agneau aux champignons frais 2.75   Côtelettes d'agneau maison d'or 2.75
Filet de boeuf aux champignons frais 4.75   Côtelettes d'agneau à la parisienne 2.75
Ris de veau à la financière 2.00   Fois de volaille à la brochette 1.50
Filet de boeuf nature 3.75   Tournedos nature 2.75
Tournedos Médicis 3.25   Filet de boeuf à la hawaïenne 4.00
Pigeonneaux sauce paradis 3.50   Tournedos à la hawaïenne 3.25
Tournedos sauce béarnaise 3.25   Tournedos marchand de vin 3.25
Entrecôte minute 2.75   Pigeonneaux grillés 3.00
Filet de boeuf béarnaise 4.00   Entrecôte nature 3.75
Tripes à la mode de Caen (commander d'avance) 2.00   Châteaubriand (30 minutes) 7.00

LÉGUMES

Epinards sauce crème .60   Chou-fleur au gratin .60
Broccoli sauce hollandaise .80   Asperges fraîches au beurre .90
Pommes de terre au gratin .60   Carottes à la crème .60
Haricots verts au berre .60   Pommes de terre soufflées .60
Petits pois à la française .75

SALADES

Salade Antoine .60   Fonds d'artichauts Bayard .90
Salade Mirabeau .75   Salade de laitue aux oeufs .60
Salade laitue au roquefort .80   Tomate frappée à la Jules César .60
Salade de laitue aux tomates .60   Salade de coeur de palmier 1.00
Salade de légumes .60   Salade aux pointes d'asperges .60
Salade d'anchois 1.00   Avocat à la vinaigrette .60

DESSERTS

Gâteau moka .50   Cerises jubilé 1.25
Méringue glacée .60   Crêpes à la gelée .80
Crêpes Suzette 1.25   Crêpes nature .70
Glace sauce chocolat .60   Omelette au rhum 1.10
Fruits de saison à l'eau-de-vie .75   Glace à la vanille .50
Omelette soufflée à la Jules César (2) 2.00   Fraises au kirsch .90
Omelette Alaska Antoine (2) 2.50   Pêche Melba .60

FROMAGES

Roquefort .50   Liederkranz .50   Gruyère .50
Camembert .50   Fromage à la crème Philadelphie .50

CAFÉ ET THÉ

Café .20   Café au lait .20   Thé .20
Café brulôt diabolique 1.00   Thé glacé .20   Demi-tasse .15

EAUX MINERALES—BIERE—CIGARES—CIGARETTES

White Rock   Bière locale   Cigares
Vichy   Cliquot Club   Canada Dry   Cigarettes

Roy L. Alciatore, Propriétaire

713-717 Rue St. Louis   Nouvelle Orléans, Louisiane

2

♦ ♦ ♦

O Mítico Homem-Mês

*Cozinhar bem leva tempo. Se fazemos você esperar
é para servi-lo melhor e deixá-lo satisfeito.*

MENU DO RESTAURANTE ANTOINE, NOVA ORLEANS

Em sua maioria, projetos de software falharam mais por falta de tempo no calendário do que em função da combinação de todas as outras causas. Por que isso é tão comum?

Em primeiro lugar, porque nossas técnicas para estimativas são muito pouco desenvolvidas. Na verdade, elas refletem uma premissa não verbalizada e completamente falsa que é a de que tudo correrá bem.

Em segundo lugar, porque nossas técnicas de estimativa falaciosamente confundem esforço com progresso, escondendo a premissa de que homens e meses são intercambiáveis.

Em terceiro lugar, porque não temos certeza de nossas estimativas. Aos gerentes de software costuma faltar a insistência cordial do *chef* do restaurante Antoine.

Em quarto lugar, porque o cronograma de progresso é monitorado de forma precária. Técnicas comprovadas, que são rotina em outras disciplinas de engenharia, são consideradas inovações radicais em engenharia de software.

Em quinto lugar, porque, quando se admite um atraso no cronograma, a resposta natural (e tradicional) é a adição de mais força de trabalho. Assim como combater um incêndio com gasolina, essa resposta torna a situação pior, muito pior. Mais fogo requer mais gasolina e, assim, inicia-se um ciclo regenerativo que termina em um desastre.

O monitoramento do cronograma será assunto de um ensaio à parte. Vamos considerar outros aspectos do problema com mais detalhes.

Otimismo

Todos os programadores são otimistas. Talvez essa feitiçaria moderna atraia, especialmente, aqueles que acreditam em finais felizes e fadas madrinhas. Talvez as centenas de pequenas frustrações afastem todos, menos aqueles que se focam, habitualmente, no objetivo final. Talvez esse otimismo seja meramente porque os computadores são jovens, os programadores mais jovens ainda e os jovens sempre são otimistas. Mas, independentemente da forma pela qual funciona o processo seletivo, o resultado é inegável: "Desta vez, com certeza vai funcionar", ou "Acabo de encontrar o último erro".

Assim, a primeira falsa premissa inerente à confecção do cronograma de programação de um sistema é a de que *tudo irá bem*, isto é, que *cada tarefa tomará apenas o tempo que "deve" tomar.*

A disseminação do otimismo entre programadores merece mais do que uma rápida análise. Dorothy Sayers, em seu excelente livro *The Mind of the Maker* (A mente do criador), divide a atividade criativa em três estágios: a ideia, a implementação e a interação. Assim, um livro, um computador ou um programa passam a existir primeiro como um construto ideal, feito fora do tempo e do espaço, mas completo na mente do autor. Depois tornam-se reais no tempo e no espaço, com caneta, tinta e papel, ou com fios, silício e ferrite. A criação está concluída quando alguém lê o livro, usa o computador ou executa o programa, interagindo dessa forma com a mente do criador.

A descrição que a Senhorita Sayers utiliza para esclarecer não apenas a criatividade humana, mas a doutrina cristã da Santíssima Trindade, nos ajudará em nossa tarefa presente. Como criadores humanos de coisas, a incompletude e inconsistência de nossas ideias tornam-se claras apenas durante sua implementação. Assim, a escrita, a experiência e o exercício são disciplinas essenciais ao teórico.

Em muitas atividades criativas, o meio de execução é intratável. A madeira racha, a tinta escorre, os circuitos elétricos dão choque. Essas limitações físicas do meio cerceiam ideias que poderiam ser expressas e também criam dificuldades inesperadas em sua implementação.

A implementação, então, consome tempo e suor, tanto em função do meio físico como da inadequação das ideias que o utilizam. Temos a tendência de culpar o meio físico pela maioria das dificuldades de implementação, pois o meio não é "nosso" da mesma maneira que as ideias o são, e nosso orgulho colore nosso julgamento.

A programação de computadores, ao contrário, dá-se em um meio excepcionalmente tratável. O programador constrói a partir do pensamento puro, com conceitos e representações extremamente flexíveis. Como o meio é tratável, esperamos poucas dificuldades de implementação, daí esse otimismo dominante.

Mas como nossas ideias têm falhas, nós temos problemas. Por isso, tanto otimismo não se justifica.

Em uma única tarefa, a premissa de que tudo correrá bem tem um efeito probabilístico no cronograma. Pode até acontecer que ela se dê conforme o planejado, já que existe a probabilidade de atrasos que serão solucionados, sendo que "nenhum atraso" tem, também, uma probabilidade finita. Um grande esforço de programação, porém, consiste em muitas tarefas, algumas encadeadas em dependência de outras. A probabilidade de que tudo vá bem torna-se mínima.

O Homem-Mês

A segunda falácia se manifesta na própria unidade de esforço usada em estimativas e cronogramas: o homem-mês. O custo, de fato, varia como o produto do número de pessoas envolvidas e da quantidade de meses. O progresso não. *Dessa forma, o uso do homem-mês como unidade para medir o tamanho de um trabalho é um mito perigoso e enganoso.* Ele implica o fato de que homens e meses são intercambiáveis.

Homens e meses são intercambiáveis apenas quando uma tarefa pode ser dividida entre muitos trabalhadores que *não se comuniquem entre si* (Figura 2.1). Isso é verdade quando se debulha trigo ou se colhe algodão, mas não é sequer aproximadamente real quando se trata da programação de sistemas.

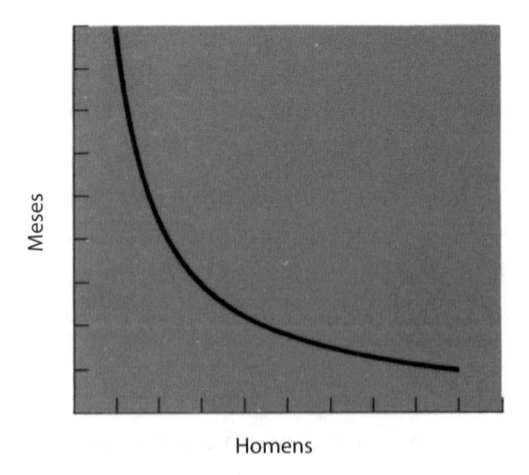

FIGURA 2.1 Tempo *versus* número de trabalhadores em uma tarefa perfeitamente divisível

Quando uma tarefa não pode ser dividida em função de limitações sequenciais, a aplicação de mais esforço não tem efeito algum no cronograma (Figura 2.2). Ter um filho leva nove meses, independentemente de quantas mulheres sejam responsáveis pela tarefa. Muitas tarefas de software têm essa característica em função da natureza sequencial de sua depuração (*debugging*).*

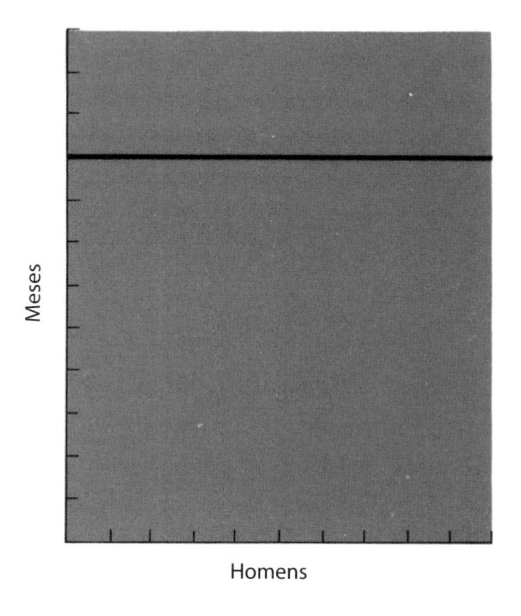

FIGURA 2.2 Tempo *versus* número de trabalhadores em uma tarefa indivisível

Em tarefas que podem ser divididas, mas que necessitam de comunicação entre as subtarefas, o esforço de comunicação deve ser adicionado à quantidade de trabalho a ser realizado. Assim, o melhor que pode ser feito é algo mais ineficaz do que a troca parelha entre meses e homens (Figura 2.3).

---

* O termo *debugging* significa a remoção de *bugs*, insetos. O termo *bug* será utilizado muitas vezes, sem tradução, ao longo deste texto, referindo-se a problemas de software ou hardware. De acordo com a Wikipedia (http://pt.wikipedia.org), o termo foi criado por Thomas Edison quando um inseto causou problemas de leitura em seu fonógrafo em 1878, mas é possível que o termo seja mais antigo. (N. T.)

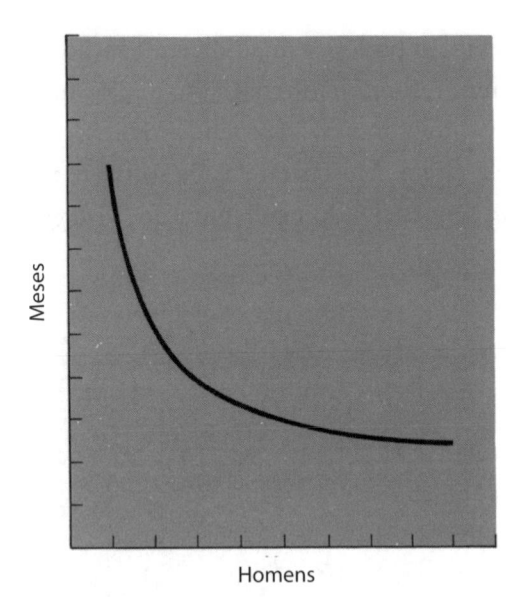

FIGURA 2.3 Tempo *versus* número de trabalhadores em uma tarefa divisível que requer comunicação

O peso adicional da comunicação é composto de duas partes: treinamento e intercomunicação. Cada trabalhador deve ser treinado na tecnologia, nos objetivos do trabalho, na estratégia geral e no planejamento da execução. Esse treinamento não pode ser dividido, assim, parte do esforço adicional varia linearmente com o número de trabalhadores.[1]

A intercomunicação é um fator mais grave. Se cada porção da tarefa deve ser separadamente coordenada com as demais, o esforço aumenta em n(n-1)/2. Três trabalhadores requerem três vezes mais comunicação entre pares do que dois trabalhadores; quatro requerem seis vezes mais do que dois. Se, além disso, há a necessidade de conferências entre três, quatro ou mais trabalhadores, para resolver questões em conjunto, a situação fica ainda pior. O esforço adicional de comunicação pode ir totalmente contra a divisão da tarefa original e levar à situação da Figura 2.4.

Como a construção de software é, por natureza, um trabalho sistemático – um exercício em inter-relações complexas – o esforço de comunicação é grande e rapidamente domina a diminuição do tempo de cada tarefa individual que foi estabelecido na sua divisão. A adição de mais homens, portanto, aumenta, e não diminui, o tempo no cronograma.

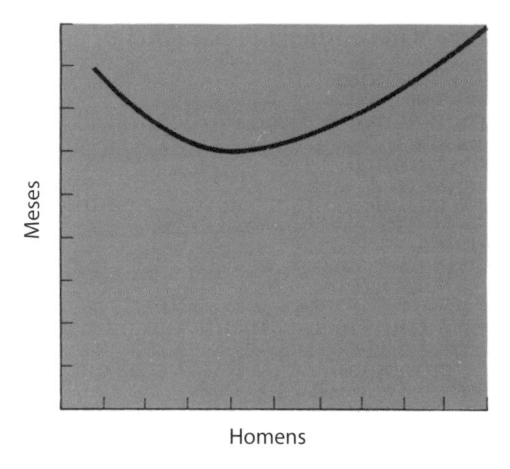

FIGURA 2.4 Tempo *versus* número de trabalhadores em uma tarefa com inter-relações complexas.

Testes de Sistema

Nenhuma outra parte do cronograma é tão profundamente afetada pelos limites sequenciais do que a depuração dos componentes e os testes do sistema. Além disso, o tempo requerido depende do número e da sutileza dos erros encontrados. Teoricamente, esse número deveria ser zero. Por causa do otimismo, o normal é esperarmos que o número de erros de programação (*bugs*) seja inferior ao que é, na realidade. Por isso, a fase de testes costuma ser a que é pior estimada em uma tarefa de programação.

Durante alguns anos, tive sucesso usando a seguinte regra geral para programar uma tarefa de software:

1/3 planejamento
1/6 codificação
1/4 testes de componentes e testes iniciais do sistema
1/4 testes do sistema, todos os componentes disponíveis.

Isso difere da programação convencional de um cronograma de várias formas importantes:

1. A fração dedicada ao planejamento é maior que a normal. Mesmo assim, ela é apenas marginalmente suficiente para produzir uma especificação

detalhada e sólida e não o suficiente para incluir a pesquisa ou exploração de técnicas totalmente novas;
2. A *metade* do cronograma dedicada à depuração do código completo é muito maior que o normal;
3. Para a parte que é fácil de estimar, ou seja, a codificação, dá-se apenas um sexto do cronograma.

Ao examinar projetos convencionalmente programados, descobri que poucos deixavam metade do cronograma para testes, mas que de fato usavam metade do cronograma real para esse propósito. Muitos deles estavam em dia, até entrar na fase de testes do sistema.[2]

A falha em permitir tempo para testes do sistema, em particular, é peculiarmente desastrosa. Como o atraso acontece no final do cronograma, ninguém está a par do problema até quase a data de entrega do projeto. Notícias ruins, atrasadas e sem aviso prévio, são incômodas para clientes e gestores.

O mais grave é que, neste ponto, o atraso tem repercussões anormais e severas, tanto financeiras quanto psicológicas. O projeto está com a equipe completa, e o custo por dia está em seu máximo. Mais seriamente, o software deve dar suporte a outros esforços de negócio (remessa de computadores, operação de novas filiais etc.) e os custos secundários do atraso de tais esforços são muito altos, pois está próximo o momento de entrega do software. De fato, esses custos secundários podem ultrapassar bastante todos os demais. Por isso, é muito importante permitir tempo suficiente para os testes do sistema na programação original.

Estimativa desembasada

Observe que, tanto para o programador como para seu chefe, a urgência do cliente pode governar a data de finalização programada para uma tarefa, mas não pode governar sua finalização real. Um omelete prometido para dois minutos pode dar a impressão de que tudo está indo bem. Mas, se o omelete não fica pronto em dois minutos, o cliente tem duas opções: esperar ou comê-lo cru. Os clientes de software têm tido as mesmas opções.

O cozinheiro tem uma alternativa: ele pode aumentar o fogo. O resultado não raro é algo que não pode ser salvo – queimado em uma parte, cru em outra.

Agora, eu não penso que gerentes de software têm coragem e firmeza inerentes que sejam menores do que as de um chef, nem que as de outros gerentes de outras áreas de engenharia. Mas o agendamento enganoso para atender ao desejo que o cliente tem por uma determinada data é muito mais comum na nossa disciplina do que em qualquer outra engenharia. É muito difícil fazer uma defesa vigorosa, plausível, com risco para o nosso trabalho, de uma estimativa que não é derivada de nenhum método quantitativo, suportada por poucos dados e garantida principalmente por palpites de gerentes.

É claro que são necessárias duas soluções. Precisamos desenvolver e publicar números de produtividade, números de incidência de erros, regras para estimativas e assim por diante. Toda a profissão pode apenas lucrar com o compartilhamento de tais dados.

Enquanto a estimativa basear-se em palpite, os gerentes individuais precisam calejar sua pele e defender tais estimativas com a garantia de que seus fracos chutes são melhores do que cronogramas derivados de desejos.

Desastre do Cronograma Regenerativo

O que fazer quando um projeto de software essencial está atrasado? Inclua mais pessoas, naturalmente. Como as Figuras 2.1 até 2.4 mostram, isso pode ajudar ou não.

Vamos considerar um exemplo.[3] Suponha que uma tarefa é estimada em 12 homens-mês, entregue a três homens por quatro meses, e que existem pontos mensuráveis de verificação A, B, C, D, que estão programados para ocorrer ao final de cada mês (Figura 2.5).

Agora imagine que o primeiro ponto de checagem não é atingido até que se passem dois meses (Figura 2.6). Quais são as alternativas que se apresentam ao gerente?

1. Assuma que a tarefa deve ser concluída a tempo. Assuma que houve erro apenas na estimativa da primeira parte da tarefa, assim, a Figura 2.6 informa corretamente a situação. Dessa forma, nove homens-mês de esforços ainda restam, e dois meses, então 4 ½ homens serão necessários. Adicione dois homens aos três já designados.
2. Assuma que a tarefa deve ser concluída a tempo. Assuma que a estimativa está uniformemente baixa. Dessa forma, a Figura 2.7 realmente descreve a situação. Os 18 homens-mês de esforço ainda restam, e dois meses, assim,

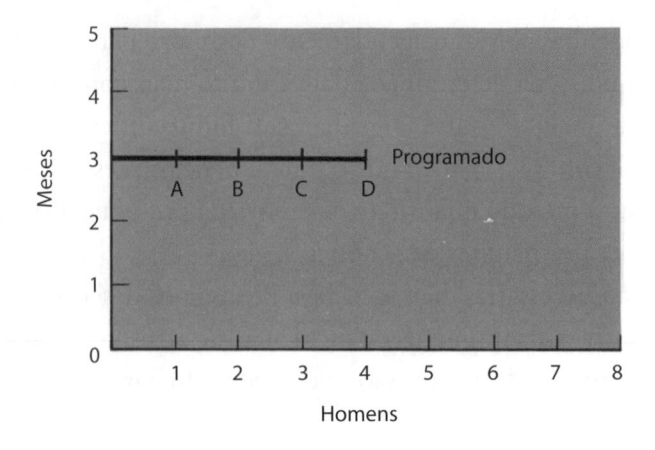

FIGURA 2.5

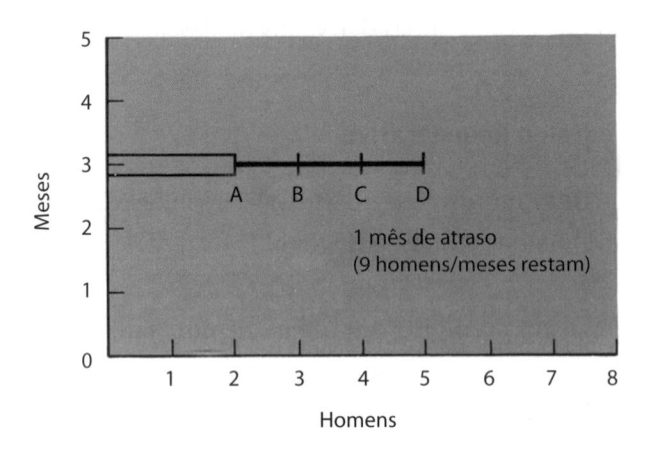

FIGURA 2.6

1 mês de atraso
(9 homens/meses restam)

nove homens serão necessários. Adicione seis homens aos três previamente designados.

3. Reprograme. Aprecio muito o conselho de P. Fagg, experiente engenheiro de hardware: "Não aceite pequenos atrasos". Isso significa permitir tempo suficiente no cronograma para garantir que o trabalho possa ser feito de forma cuidadosa e atenta e que reprogramações não precisem ser feitas.

4. Redimensione a tarefa. Na prática, isso tende a acontecer de qualquer maneira quando a equipe detecta um atraso no cronograma. Quando os custos secundários do atraso são muito altos, essa é a única ação factível. As únicas alternativas do cliente são redimensionar a tarefa formal e, cui-

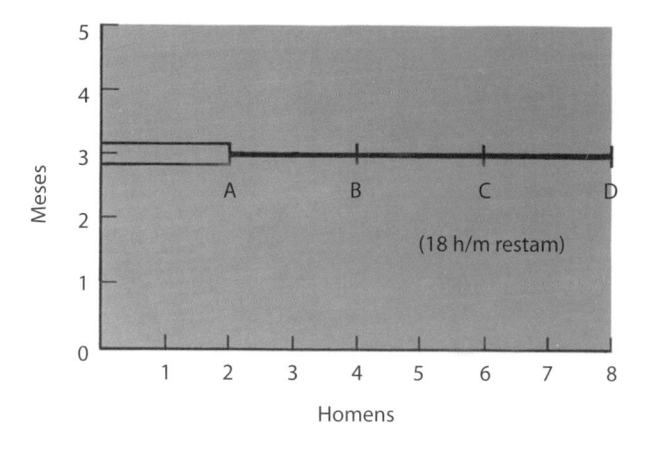

FIGURA 2.7

dadosamente, reprogramar o cronograma, do contrário ele terá de observar a tarefa sendo silenciosamente prejudicada por um projeto apressado ou por testes incompletos.

Nos primeiros dois casos, é um desastre insistir que a tarefa inalterada esteja concluída em quatro meses. Analise os efeitos regenerativos, por exemplo, da primeira alternativa (Figura 2.8). Os dois novos homens, mesmo competentes e rapidamente contratados, precisarão de treinamento na tarefa com a orientação de um dos programadores experientes. Se esse treinamento levar um mês, *três homens-meses estarão devotados a trabalhar fora da estimativa original.* Além disso, a tarefa originalmente dividida em três terá que ser redividida em cinco partes e, assim, algum trabalho já efetuado se perderá e mais tempo terá de ser dado aos testes do sistema. Logo, ao final do terceiro mês, substancialmente mais do que sete homens-meses de esforços ainda restarão, e cinco pessoas treinadas e um mês são o que está disponível. Como a Figura 2.8 apresenta, o produto estará tão atrasado quanto já estaria se ninguém fosse adicionado ao projeto (Figura 2.6).

Para manter a esperança de terminar o trabalho em quatro meses, considerando apenas o tempo de treinamento e não a redistribuição das tarefas e testes extras do sistema, seria necessária a adesão de quatro homens, não dois, ao final do segundo mês. Para cobrir os efeitos da redistribuição e dos testes do sistema, seria necessário adicionar ainda outro homem. Agora se tem, entretanto, uma equipe de ao menos sete homens, não uma de três. Assim, aspectos organizacionais da equipe e da divisão de tarefas são diferentes em espécie, não apenas em grau.

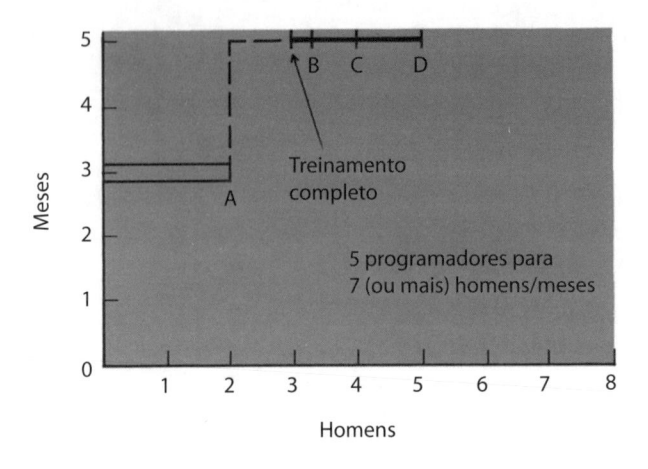

FIGURA 2.8

Note que ao final do terceiro mês a situação parece tenebrosa. O ponto de checagem de 1º de março não foi atingido, apesar de todo o esforço gerencial. A tentação de repetir o ciclo é muito forte, adicionando ainda mais homens. É aí que se chega à fronteira da loucura.

O que foi feito a seguir baseou-se na constante presença da premissa de que apenas o primeiro ponto de checagem foi mal estimado. Se, em 1º de março, fosse assumida a premissa conservadora de que todo o cronograma foi otimista, como mostra a Figura 2.7, seriam adicionados seis homens apenas para a tarefa original. O cálculo dos efeitos do treinamento, da redivisão e dos testes do sistema fica como um exercício para o leitor. Sem dúvida, o desastre regenerativo levará a um produto mais pobre e com mais atraso do que levaria a reprogramação do cronograma com os três homens originais, sem novas adições.

Simplificando ao máximo, declaramos a lei de Brooks:

A adição de recursos humanos a um projeto de software atrasado irá atrasá-lo ainda mais.

Eis aqui, então, a desmitificação do homem-mês. O número de meses de um projeto depende de seus limites sequenciais. O número máximo de homens depende do número de subtarefas independentes. A partir dessas duas quantidades é possível deduzir cronogramas, usando menos homens e menos meses. (O único risco é a obsolescência do produto.) Não é possível, entretanto, ter cronogramas funcionais utilizando mais homens e menos meses. Projetos de software falharam, em sua maioria, mais por falta de tempo no calendário do que em função da combinação de todas as outras causas.

3

A Equipe Cirúrgica

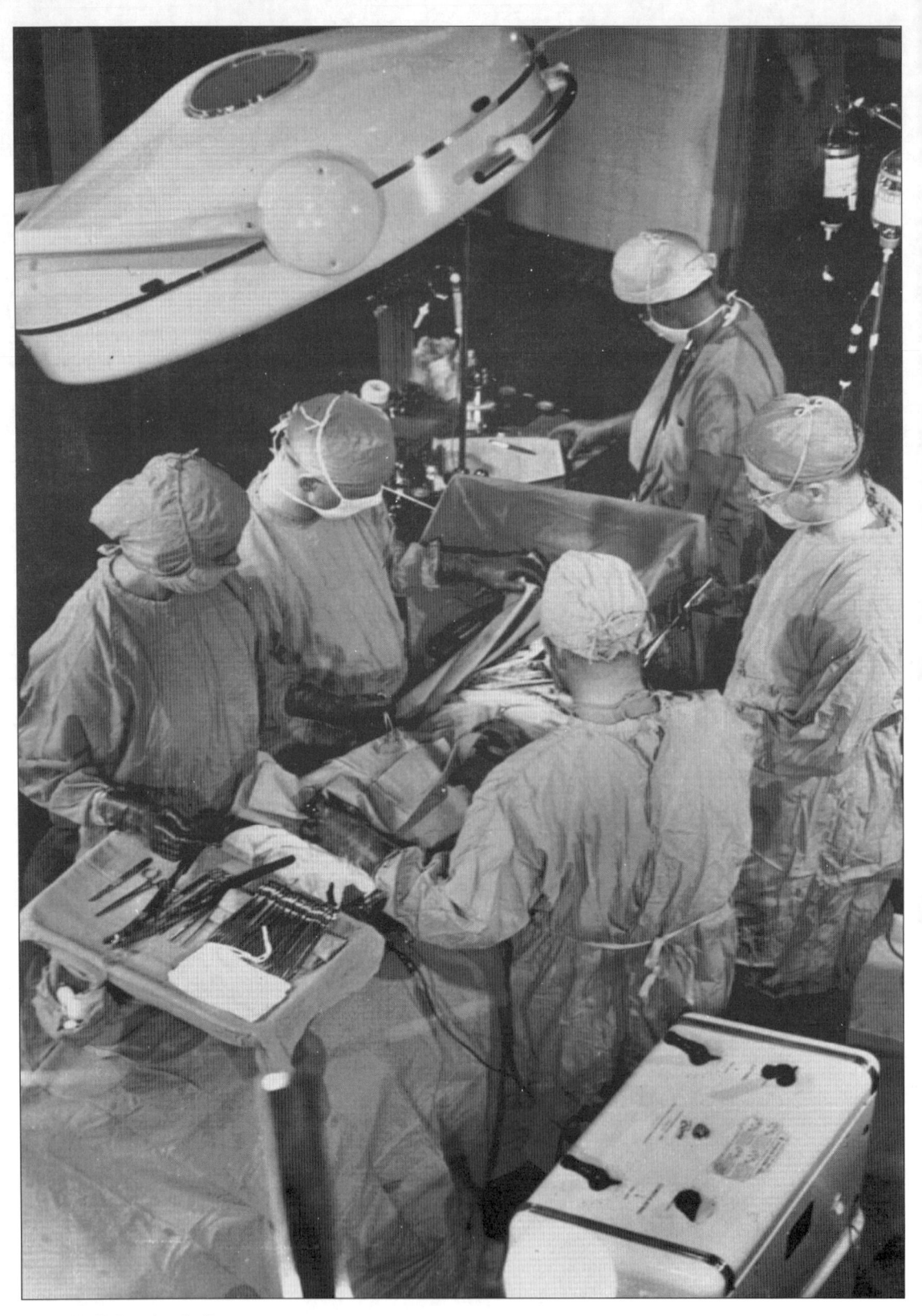

Foto UPI/O Arquivo Bettman

3

A Equipe Cirúrgica

Estes estudos revelaram grandes diferenças individuais entre aqueles de alto e baixo de desempenho, não raro por uma ordem de grandeza.

SACKMAN, ERIKSON E GRANT[1]

Nas reuniões da sociedade de computação, costuma-se ouvir horas a fio, sem cessar, jovens gerentes de programação afirmarem que preferem uma equipe menor e afiada de profissionais de primeira do que um projeto com centenas de programadores, e estes, por implicação, medíocres. Nós todos preferimos assim.

Mas essa declaração ingênua dessas alternativas apenas foge do difícil e real problema: como construir *grandes* sistemas em um cronograma significativo? Vamos averiguar os dois lados da questão com mais detalhes.

O Problema

Gerentes de programação há muito reconhecem a ampla variação de produtividade entre os programadores bons e os fracos. Mas a real medida da grandeza dessa variação surpreendeu a todos. Em um de seus estudos, Sackman, Erikson e Grant estavam medindo o desempenho de um grupo de programadores experientes. Só nesse grupo, a variação entre os melhores e os piores desempenhos tinha uma média de 10:1 em medidas de produtividade e um impressionante 5:1 em velocidade de programação e medidas de espaço! Em suma, um programador de $20.000/ano pode muito bem ser dez vezes mais produtivo que outro de $10.000/ano. O contrário pode ser verdade também. Os dados não mostraram nenhum tipo de correlação entre a experiência e o desempenho. (Tenho minhas dúvidas de que isso seja universalmente verdadeiro.)

Eu argumentei anteriormente que o completo número de mentes a ser coordenado afeta o custo do esforço, já que a maior parte do custo é a comunicação e a correção dos efeitos doentios da falta de comunicação (depuração do sistema). Isso também mostra que, na medida do possível, o melhor é o sistema ser construído por poucas mentes. De fato, a maior parte da experiência com grandes sistemas de programação mostra que a abordagem de força bruta para escalar seu desenvolvimento é custosa, lenta, ineficiente e produz sistemas que não estão conceitualmente integrados. OS/360, Exec 8, Scope 6600, Multics, TSS, SAGE etc. – a lista vai longe.

A conclusão é simples: se um projeto com 200 homens tem 25 gerentes que são os programadores mais experientes e competentes, demita os 175 outros e coloque os gerentes de volta na programação.

Agora, vamos examinar essa solução. Por um lado, ela falha na abordagem da equipe ideal, *pequena* e afiada que, pelo senso comum, não deveria exceder dez pessoas. Ela é tão grande que precisa ter ao menos dois níveis de gerência, ou cerca de cinco gerentes. Além disso, precisaremos de suporte em finanças, pessoal, espaço, secretários e operadores de máquinas.

Por outro lado, a equipe original de 200 homens não era suficiente para construir sistemas realmente grandes por métodos de força bruta. Analise o OS/360, por exemplo. Em seu momento de pico havia mais de mil pessoas trabalhando nele – programadores, escritores, operadores de máquina, escriturários, secretários, gerentes, grupos de suporte e assim por diante. Entre 1963 e 1966 provavelmente, 5 mil homens-anos participaram de seu projeto, construção e documentação. Os 200 homens de nossa equipe exemplo levariam 25 anos para trazer o produto até o seu estágio atual, caso homens e meses fossem livremente intercambiáveis!

Eis aí o problema do conceito de uma equipe pequena e afiada: *ela é muito lenta para sistemas realmente grandes*. Imagine se o trabalho do OS/360 pudesse ser feito por uma equipe pequena e afiada. Por exemplo, uma equipe de dez homens. Como premissa, considere que eles são sete vezes mais produtivos que programadores medianos, tanto na escrita de código como na documentação, porque eles são profissionais competentes. Presuma que o OS/360 foi construído apenas por programadores medíocres (o que está *longe* de ser verdade). Também como premissa, suponha que um outro fator de aumento de produtividade de sete vezes vem da comunicação reduzida em função da equipe menor. Agora, presuma que a *mesma* equipe se mantém durante todo o trabalho. Bem, 5.000/(10 x 7 x 7) = 10; eles podem fazer o trabalho de 5.000 homens-anos em dez anos. O produto ainda será interessante dez anos após o seu projeto inicial? Ou ele se tornará obsoleto pelo rápido desenvolvimento da tecnologia de software?

O dilema é cruel. Em função da eficiência e da integridade conceitual, é preferível umas poucas e boas mentes trabalhando no projeto e construção. Mas, para grandes sistemas é preciso uma forma de se trabalhar com um número considerável de pessoas e assim o produto pode surgir no tempo correto. Como as duas necessidades podem ser reconciliadas?

A Proposta de Mills

Uma proposta de Harlan Mills apresenta uma solução nova e criativa.[1,2] Mills propõe que cada segmento de um grande trabalho seja atacado por uma equipe, mas que ela seja organizada como uma equipe cirúrgica, e não como uma equipe de matança de porco. Ou seja, em vez de cada membro sair esfaqueando o problema, apenas um faz os cortes e os demais dão a ele todo o suporte que aumente sua eficácia e produtividade.

Um pouco de raciocínio mostra que esse conceito está de acordo com o que se deseja, caso seja possível aplicá-lo. Poucas cabeças estão envolvidas no projeto e na construção e, ainda assim, muitas mãos são trazidas para o trabalho. Isso pode dar certo? Quem são os anestesistas e as enfermeiras em uma equipe de programação? Como o trabalho é dividido? Permita-me misturar livremente metáforas para mostrar como tal equipe poderia trabalhar, desde que ampliada de modo que inclua todo o suporte concebível.

O CIRURGIÃO. Mills o chama de *programador chefe*. Ele define pessoalmente a funcionalidade e as especificações de desempenho, arquiteta o programa, codifica-o, testa-o e escreve a documentação. Ele escreve em uma linguagem de programação estruturada, como PL/I, e tem acesso efetivo a um sistema de computação que não apenas executa seus testes, mas também armazena as várias versões de seus programas, permite a fácil atualização de arquivos e provê editores de texto para seus documentos. Ele precisa ter muito talento, dez anos de experiência e considerável conhecimento de sistemas e aplicações, seja em matemática aplicada, tratamento de dados de negócios etc.

O COPILOTO. É o alterego do cirurgião, capaz de executar qualquer parte do trabalho, embora seja menos experiente. Sua função principal é compartilhar o projeto como um pensador, crítico e avaliador. O cirurgião submete ideias a ele, mas não está comprometido com seu aconselhamento. O copiloto não raro representa sua equipe em discussões sobre funcionalidade e interface com outras equipes. Ele conhece a fundo todo o código. Ele pesquisa alternativas para as estratégias de projeto. É óbvio que seu papel é ser um seguro contra desastres. Ele pode até escrever código, mas não é responsável por parte alguma do mesmo.

O ADMINISTRADOR. O cirurgião é o chefe e deve ter sempre a última palavra sobre seu pessoal, aumentos, espaço e tudo o mais, mas ele deve gastar o mínimo de seu tempo nessas questões. Por isso, ele precisa de um administrador profissional que lide com o dinheiro, as pessoas, o espaço e as máquinas. Ele faz a interface administrativa com os demais mecanismos do restante da organização. Baker sugere que o administrador seja um empregado de tempo integral, caso o projeto tenha requisitos – legais, contratuais, documentais ou financeiros – substanciais em função da relação cliente-fornecedor. Caso contrário, um administrador pode atender a duas equipes.

O EDITOR. O cirurgião é responsável por gerar a documentação – esclarecendo ao máximo, é ele que deve escrevê-la. Isso é verdadeiro tanto para descrições externas quanto internas. O editor, entretanto, toma o manuscrito ditado ou rascunhado, produzido pelo cirurgião, e o critica, corrige e o completa com referências e bibliografias, cuidando de suas várias versões e observando seus mecanismos de produção.

DOIS SECRETÁRIOS. O administrador e o editor precisarão, cada qual, de um secretário. O secretário do administrador tratará da correspondência do projeto e dos arquivos não relacionados ao produto.

O ESCRITURÁRIO DE PROGRAMAÇÃO. Ele é responsável pela manutenção de todos os registros técnicos da equipe em uma biblioteca de programação e produto. O escriturário é treinado como um secretário e tem a responsabilidade tanto pelos arquivos legíveis pela máquina quanto por aqueles legíveis por humanos.

Qualquer entrada do programa vai para o escriturário, que a registra e a digita se necessário. As listagens de saída retornam a ele para fins de arquivamento e indexação. As execuções mais recentes de qualquer modelo são mantidas em um bloco de anotações de estado. Todas as anteriores são arquivadas em ordem cronológica.

É absolutamente vital no conceito de Mills a transformação da programação "de uma arte particular para uma prática pública", tornando *todas* as execuções no computador visíveis para todos os membros da equipe e identificando todos os programas e dados como propriedade da equipe, não como propriedade privada.

A função especializada do escriturário de programação alivia os programadores de tarefas burocráticas, sistematiza e garante o desempenho daquelas tarefas que costumam ser negligenciadas e aumenta o valor do bem mais valioso da equipe – seu produto funcional. É claro que esse conceito posto em prática da maneira como foi exposta assume execuções em lote (*batch runs*).* Quando terminais interativos são usados, particularmente aqueles que não possuem saída para a impressão, as funções do escriturário não diminuem, mas, sim, mudam. Agora ele registra todas as atualizações das cópias dos programas da equipe a partir de cópias privadas e funcionais. Ele ainda lida com todas as execuções em lote e usa seu próprio terminal interativo para controlar a integridade e a disponibilidade do produto em crescimento.

O FERRAMENTEIRO. Serviços de edição de arquivos, de textos e depuradores interativos estão, agora, prontamente disponíveis. Assim, uma equipe raramente necessitará ter sua própria máquina e sua equipe de operadores. Mas esses serviços devem estar disponíveis com satisfatórios e inquestionáveis níveis de resposta e confiabilidade. O cirurgião deve ser o único juiz da adequação do serviço que lhe está disponível. Ele precisa de um ferramenteiro, responsável por garantir a adequação do serviço básico e por construir, manter e atualizar ferramentas especiais – serviços computacionais interativos, em sua maioria – necessárias à equipe. Cada equipe precisará de um ferramenteiro próprio, independentemente da excelência e confiabilidade de qualquer provedor central de serviços, já que seu trabalho é cuidar das ferramentas necessárias ou requeridas por *seu* cirurgião, sem se importar com qualquer necessidade de outras equipes. O construtor de ferramentas irá, frequentemente, criar utilitários especializados, procedimentos estruturados, bibliotecas de funções (*macros*).

---

* O leitor deve levar em conta que este livro foi publicado, pela primeira vez, em 1975. Na época, a computação começava a tornar-se interativa. Até pouco antes, a única forma de processamento de informações era a submissão dos dados e do programa que iria tratá-los em um lote a ser executado por um computador. Ao final da execução, obtinha-se o resultado tipicamente na forma de uma listagem impressa. Durante o processamento, que podia levar horas ou dias, não havia interação alguma com a execução. No caso de existência de um erro, a execução do programa era cancelada, o erro era corrigido e ele deveria ser rodado novamente, a partir do princípio. (N. T.)

O TESTADOR. O cirurgião precisará de um banco de testes apropriado para testar partes de seu trabalho à medida que o escreve, assim como para testar o trabalho completo. O testador é, pois, tanto um adversário, que cria casos de teste a partir de especificações funcionais, como um assistente, que elabora dados de testes para a depuração diária do programa. Ele também pode planejar sequências de teste e configurar as etapas necessárias para os testes de componentes.

O ADVOGADO DA LINGUAGEM. Na época em que o Algol surgiu, as pessoas começaram a perceber que a maioria das instalações de computadores conta com uma ou duas pessoas que se deliciam em dominar os meandros de uma linguagem de programação. Esses especialistas tornaram-se muito úteis e amplamente consultados. O talento deles é de natureza diferente daquela do cirurgião, que é principalmente um projetista de sistema e que pensa na forma de representações. O advogado da linguagem pode encontrar meios limpos e eficientes para que a linguagem resolva questões difíceis, obscuras ou traiçoeiras. Não raro ele precisará fazer breves estudos (de dois ou três dias) de boas técnicas. Um advogado da linguagem pode atender a dois ou três cirurgiões.

É assim que dez pessoas poderiam contribuir com papéis bem definidos e especializados em uma equipe de programação montada de acordo com o modelo cirúrgico.

Como Funciona

A equipe definida atende o desejado de várias formas. Dez pessoas, sendo sete delas profissionais, trabalham no problema, mas o sistema é o produto de uma mente – ou de no máximo duas, atuando como *uno animo*, como apenas uma pessoa.

Note, sobretudo, as diferenças entre uma equipe de dois programadores organizados de forma convencional e a equipe piloto-copiloto. Em primeiro lugar, na equipe convencional, os parceiros dividem o trabalho, e cada qual é responsável pelo projeto e pela implementação de parte do trabalho. Na equipe cirúrgica, o cirurgião e o copiloto estão cientes, ambos, de todo o projeto e todo o código. Isso alivia o trabalho de alocação de espaço, acesso a discos etc., além de garantir a integridade conceitual do trabalho.

Em segundo lugar, na equipe convencional, os parceiros são hierarquicamente iguais, e as inevitáveis diferenças de julgamento devem ser resolvidas ou contornadas. Já que o trabalho e os recursos são divididos, as diferenças de julgamento estão confinadas à estratégia geral e às interfaces, mas estão compostas por diferenças de interesse – por exemplo, qual o espaço a ser alocado para um *buffer*. Em uma equipe cirúrgica não há diferenças de interesse, e as diferenças de julgamento são decididas pelo cirurgião, unilateralmente. Estas duas diferenças – a não divisão do problema e a relação superior-subordinado – torna possível à equipe cirúrgica atuar como *uno animo*.

Todavia, a especialização das funções da equipe é a chave para sua eficiência, já que ela permite um padrão de comunicação radicalmente mais simples entre seus membros, como mostra a Figura 3.1.

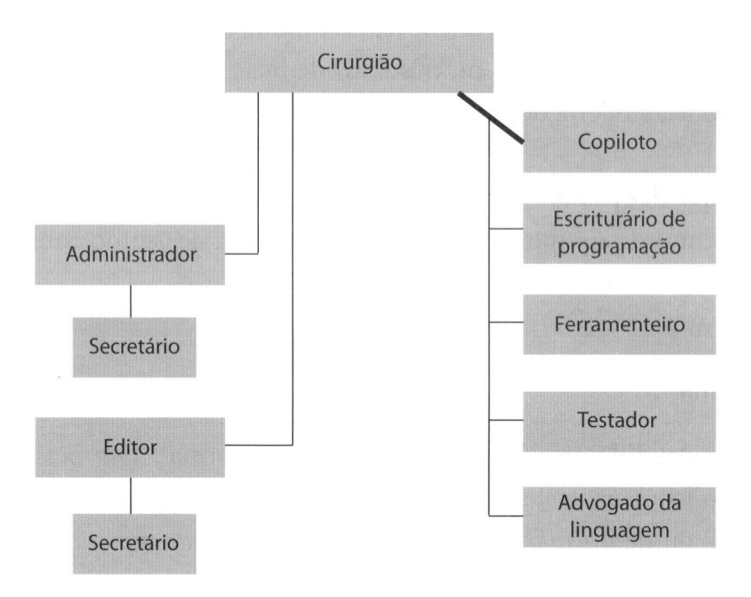

FIGURA 3.1 Padrões de comunicação em equipes de programação com dez homens

O artigo de Baker[3] é desenvolvido a partir de um teste único, em pequena escala, do conceito de equipe. Funcionou como o previsto neste caso, com resultados excepcionalmente bons.

Escalando

Até aqui, tudo bem. O problema, no entanto, está em construir coisas que hoje ocupam 5.000 homens-anos, e não coisas que ocupam 20 ou 30 homens. Uma equipe de dez homens pode ser eficaz, independentemente da forma como está organizada, caso a tarefa *inteira* esteja dentro de sua competência. Mas como pode o conceito de equipe cirúrgica ser utilizado em grandes trabalhos, quando várias centenas de pessoas estão envolvidas?

O sucesso da escala do processo reside no fato de que a integridade conceitual de cada peça foi radicalmente melhorada – que o número de mentes definindo o projeto foi dividido por sete. Assim, é possível colocar 200 pessoas em uma tarefa e lidar com o problema de coordenar apenas 20 mentes, as dos cirurgiões.

Para esse problema de coordenação, porém, técnicas diversas devem ser utilizadas e elas serão analisadas nos próximos capítulos. É suficiente dizer aqui que todo o sistema deve ter também integridade conceitual e que é necessário um arquiteto de sistemas para o projeto completo, de cima para baixo. Para fazer com que a tarefa seja gerenciável, uma diferenciação bem definida deve ser feita entre arquitetura e implementação, e o arquiteto do sistema deve confinar-se, escrupulosamente, na arquitetura. Entretanto, tais papéis e técnicas têm se mostrado factíveis e, de fato, muito produtivas.

4

Aristocracia, Democracia e o Projeto de Sistemas

Fotografia de Emmanuel Boudot-Lamotte

4

Aristocracia, Democracia e o Projeto de Sistemas

Esta magnífica igreja é uma obra de arte incomparável. Não há aridez alguma nem confusão nas doutrinas que propaga. ...

É o zênite de um estilo, o trabalho de artistas que entenderam e assimilaram todo o sucesso de seus predecessores com domínio completo das técnicas de suas épocas, utilizando-as sem exibição indiscreta ou gratuita dos frutos de seu talento.

Sem dúvida alguma, foi Jean d'Orbais que concebeu o plano geral dessa construção, um plano que foi respeitado, ao menos em seus elementos essenciais, por seus sucessores. Esta é uma das razões para a extrema coerência e unidade deste edifício.

GUIA DA CATEDRAL DE REIMS (NOTRE DAME)[1]

Integridade Conceitual

A maioria das catedrais europeias apresenta diferenças no estilo de planejamento e arquitetura entre suas partes construídas em épocas diferentes, por construtores diversos. Os construtores mais recentes eram tentados a "melhorar" a partir do projeto de seus antecessores, refletindo tanto mudanças relativas a modismos quanto a diferenças individuais de gosto. Assim, o pacífico transepto normando adjunta-se em contradição à imponente nave gótica, e o resultado proclama tanto o orgulho dos construtores como a glória de Deus.

Ao contrário destas, a unidade arquitetônica de Reims destaca-se em glorioso contraste. O prazer que invade quem a observa vem tanto da integridade de seu projeto como de qualquer outra excelência particular. Como está escrito em seu guia, tal integridade foi possível graças a oito gerações de construtores abnegados, cada qual sacrificando algumas de suas idéias, de modo que o inteiro pudesse advir de puro projeto. O resultado proclama não apenas a glória de Deus, mas também Sua força para salvar os homens caídos por seu próprio orgulho.

Mesmo que não tenham levado séculos para serem construídos, a maioria dos sistemas de programação refletem uma falta de unidade conceitual muito mais acentuada do que aquela das catedrais. Uma característica é que isso não decorre de uma sucessão de projetistas mestres, mas da separação do projeto em muitas tarefas executadas por muitos homens.

Vou sustentar que a integridade conceitual é *o* ponto mais importante no projeto de sistemas. É melhor que um sistema omita certas funcionalidades anômalas e melhorias e reflita um conjunto de ideias de projeto, do que ter um projeto que contenha muitas ideias boas, mas independentes e descoordenadas.

Neste, e nos próximos dois capítulos, examinaremos as consequências deste tema no projeto de sistemas:

- Como atingir a integridade conceitual?
- Esse raciocínio não pressupõe uma elite, ou aristocracia de arquitetos, e uma horda de implementadores plebeus cujos talentos e ideias criativas são suprimidos?
- Como é possível evitar que os arquitetos se distanciem da realidade a ponto de apresentarem especificações caras ou impossíveis de serem implementadas?
- Como garantir que cada simples detalhe de uma especificação seja comunicada ao implementador, e que esta seja corretamente entendida por ele e incorporada ao produto em sua forma exata?

Atingindo a Integridade Conceitual

O propósito de um sistema é tornar um computador mais fácil de usar. Para isso, ele fornece linguagens e várias ferramentas que são, de fato, programas chamados e controlados pelas funções da linguagem. Mas essas ferramentas têm seu preço: a descrição externa de um sistema computacional é de dez a vinte vezes maior que a descrição externa do próprio computador. O usuário percebe que é mais fácil especificar qualquer função em particular, mas há muitas mais entre as quais pode escolher e muito mais opções e formatos a serem lembrados.

A facilidade de uso é melhorada apenas se o tempo ganho na especificação funcional exceder o tempo gasto na aprendizagem, memorização e busca em manuais. Com sistemas de programação modernos, esse ganho efetivamente é superior ao custo, mas em anos recentes a razão entre o ganho e o custo parece ter diminuído, já que funções cada vez mais complexas têm sido adicionadas. Eu fico assombrado pela lembrança da facilidade de uso do IBM 650, mesmo sem um *assembler* ou qualquer outro software.

Como o objetivo é facilitar a utilização, a razão entre a funcionalidade e a complexidade conceitual representa o derradeiro teste de projeto de um sistema. Nem a funcionalidade ou a simplicidade, isoladamente, definem um bom projeto.

Há um grande equívoco no que diz respeito a esse aspecto. O Sistema Operacional /360 é aclamado por seus criadores como o melhor já construído porque, sem dúvida, é o que apresenta mais funcionalidade. Para os projetistas, a funcionalidade, e não a simplicidade, tem sempre sido a medida de excelência. Do outro lado, o *Time-Sharing System* (sistema de compartilhamento de tempo) do PDP-10 é aclamado por seus criadores como o melhor, em função de sua simplicidade e economia de conceitos. Contudo, sua funcionalidade não está sequer na mesma classe do OS/360. Tão logo a facilidade de uso seja usada como critério, cada um deles é visto como desbalanceado, atingindo apenas a metade do objetivo real.

Para um dado nível de funcionalidade, no entanto, o melhor sistema é aquele em que se pode especificar as coisas com maior simplicidade, diretamente. *Simplicidade* não basta. A linguagem TRAC de Mooer e o Algol 68 alcançam a simplicidade como medida do número de conceitos elementares distintos. Eles não são, entretanto, *diretos*. A expressão das coisas que se desejam frequentemente requer combinações involutivas e inesperadas de funções básicas. Não basta aprender os elementos e as regras de combinação, é preciso aprender a utilização idiomática, uma tradição completa da combinação dos elementos na prática. Ser simples e direto é resultado da integridade conceitual. Cada componente deve refletir a mesma filosofia e o mesmo equilíbrio da *desiderata*, o conjunto de aspirações do sistema. Cada parte deve, inclusive, usar as mesmas técnicas de sintaxe e noções análogas de semântica. A facilidade de uso, então, dita a unidade do projeto, a integridade conceitual.

Aristocracia e Democracia

A integridade conceitual, por sua vez, determina que o projeto deve avançar a partir de uma mente, ou de um número muito pequeno de mentes concordantes e consoantes.

Todavia, as pressões do cronograma estabelecem que a construção do sistema precisa de muitas mãos. Duas técnicas estão disponíveis para a solução desse dilema. A primeira é a divisão cuidadosa de trabalho entre a arquitetura e a implementação. A segunda é a nova maneira de estruturar as equipes de implementação dos programas, analisada no capítulo anterior.

A separação entre os esforços de arquitetura e a implementação é uma maneira poderosíssima de obter a integridade conceitual em projetos muito grandes. Eu mesmo vi isso ser usado com muito sucesso no computador Stretch da IBM e na linha de produtos do computador System/360. Eu vi isso falhar devido à falha de aplicação no Sistema Operacional /360.

Por *arquitetura* de um sistema, refiro-me à especificação completa e detalhada da interface do usuário. Para um computador, ela é o manual de programação. Para um compilador, o manual da linguagem. Para um programa de controle, são os manuais para a linguagem ou as linguagens usadas para chamar suas funções. Para um sistema completo, é a união de todos os manuais que o usuário deve consultar para executar integralmente suas funções.

O arquiteto de um sistema, assim como o arquiteto de um prédio, é o agente do usuário. É seu trabalho trazer conhecimento profissional e técnico para satisfazer plenamente o interesse do usuário, e não os interesses do vendedor, do fabricante etc.[2]

A arquitetura deve ser cuidadosamente distinguida da implementação. Como diz Blaauw, "Enquanto a arquitetura diz *o que* acontece, a implementação diz *como* irá acontecer."[3] Ele ilustra com o exemplo de um simples relógio, cuja arquitetura consiste em sua face, nos ponteiros e no botão que giramos para dar corda. Quando uma criança aprende essa arquitetura, ela é capaz de ler as horas em um relógio de pulso ou no relógio da torre de uma igreja com a mesma facilidade. A implementação e sua realização descrevem o que acontece dentro de cada relógio – alimentado por qualquer dos muitos mecanismos e com precisão controlada por uma de muitas opções.

No System/360, por exemplo, uma única arquitetura de computador é implementada de maneira bastante diversa em cada um dos nove modelos. Inversamente, uma implementação única do fluxo de dados, da memória e do microcódigo do Model 30 foi usada diversas vezes para quatro arquiteturas diferentes: um computador System/360, um canal multiplexado com até 224 subcanais independentes, um seletor de canais e um computador 1401.[4]

A mesma distinção é também aplicável a sistemas de programação. Há um Fortran IV padrão americano. É a arquitetura para muitos compiladores. Com essa arquitetura, muitas implementações são possíveis: texto no núcleo (*text-in-core*) ou compilador no núcleo (*compiler-in-core*), compilação rápida ou otimizada, orientada a sintaxe ou *ad-hoc*. Da mesma forma, qualquer linguagem de montagem (*assembler*) ou linguagem de controle de tarefas (*job-control language*) admite muitas implementações do *assembler* ou do *scheduler*.

Agora podemos lidar com a questão profundamente emocional da aristocracia *versus* democracia. Não são os arquitetos uma nova aristocracia, uma elite intelectual, concebida para dizer aos pobres e burros implementadores o que fazer? Não foi todo o trabalho criativo sequestrado por essa elite, deixando os implementadores apenas como engrenagens na máquina? Não teríamos um melhor produto se pudéssemos obter boas ideias de todos os integrantes da equipe, seguindo uma filosofia democrática, em vez de restringir a poucos o desenvolvimento de especificações?

A última questão é a mais fácil de responder. Certamente não sustentarei que apenas os arquitetos têm boas ideias sobre arquitetura. Com frequência, conceitos inéditos realmente vem de um implementador ou de um usuário. Entretanto, toda a minha experiência convence-me, e tenho tentado mostrar, que a integridade conceitual de um sistema determina sua facilidade de uso. Bons recursos e ideias que não se integram aos conceitos básicos de um sistema devem ser postos de lado. Caso apareçam muitas dessas ideias importantes, mas incompatíveis, todo o sistema deve ser descartado e inicia-se novamente com um sistema integrado, com conceitos básicos diferentes.

Sobre o poder da aristocracia, a resposta é obrigatoriamente sim e não. Sim no sentido de que devem existir poucos arquitetos, seu produto deve durar além daquele de um implementador e o arquiteto está no foco das forças que, afinal, ele deve resolver de acordo com o interesse do usuário. Se um sistema deve ter integridade conceitual, alguém deve controlar os conceitos. Essa é uma aristocracia que não precisa de desculpas.

Não, porque a determinação de especificações externas não é um trabalho mais criativo do que o projeto das implementações. É apenas um tipo diferente de trabalho criativo. O projeto de uma implementação, a partir de uma arquitetura, requer e permite tanta criatividade de projeto, tantas ideias novas e tanto brilhantismo técnico quanto o projeto de especificações externas. De fato, a razão entre custo e desempenho do produto dependerá, mais fortemente, do implementador, assim como a facilidade de uso dependerá mais do arquiteto.

Há muitos exemplos vindos de outras artes e ofícios que nos levam a acreditar que a disciplina é boa para a arte. De fato, é válido um aforismo relacionado à arte: "A forma é libertadora". As piores construções são aquelas em que o orçamento foi grande demais para os propósitos que deveriam servir. É muito improvável que a produção criativa de Bach tenha sido prejudicada pela necessidade de produzir semanalmente uma cantata limitada por determinado formato. Tenho certeza de que o computador Stretch teria uma arquitetura melhor se tivesse limites mais rígidos. Os limites impostos pelo orçamento do System/360 Model 30 foram, na minha opinião, plenamente benéficos para a arquitetura do Model 75.

Da mesma forma, observo que a disposição externa de uma arquitetura valoriza, e não prejudica, o estilo criativo do grupo de implementação. De imediato, o grupo foca a parte do problema que ninguém havia mencionado e o talento começa a fluir. Em um grupo de implementação sem limites, a maior parte do pensamento e debate vai para decisões de arquitetura, e a implementação propriamente dita recebe pouca atenção.[5]

Esse efeito, que presenciei muitas vezes, é confirmado por R. W. Conway, cujo grupo em Cornell construiu o compilador PL/C para a linguagem PL/I. Segundo Conway, "Nós finalmente decidimos implementar a linguagem sem mudanças e melhorias, uma vez que os debates sobre a linguagem consumiriam todos os nossos esforços".[6]

O Que Faz o Implementador Enquanto Espera?

É uma experiência bastante humilhante a de se cometer um erro de muitos milhões de dólares, e é também algo inesquecível. Eu recordo vividamente da noite em que decidimos como organizar a escrita das especificações externas do OS/360. O gerente da arquitetura, o gerente de implementação do programa de controle e eu trabalhávamos com afinco no planejamento, no cronograma e na divisão de responsabilidades.

O gerente de arquitetura contava com dez homens. Ele garantiu que eles poderiam escrever as especificações e que o fariam corretamente. Seriam necessários dez meses, três a mais do que a agenda nos permitia.

O gerente do programa de controle tinha uma equipe de 150 homens. Ele garantiu que eles poderiam preparar as especificações, com a coordenação da equipe de arquitetura. Seria tudo bem feito e prático, e ele poderia completar a tarefa dentro do cronograma. Além disso, caso a equipe de arquitetura fosse a única responsável por isso, seus 150 homens ficariam sem ter o que fazer durante dez meses.

A resposta do gerente de arquitetura foi que, se eu transferisse a responsabilidade para a equipe do programa de controle, o resultado, de fato, não seria entregue a tempo, pois haveria um atraso de três meses e a qualidade seria bem inferior. Eu fiz isso e foi o que aconteceu. Ele estava certo nas duas colocações. Mais do que isto, a falta de integridade conceitual fez com que o custo de construção e modificação do sistema fosse alto, e eu creio que foi isso que acrescentou mais um ano ao tempo de depuração.

Muitos fatores, é claro, fizeram parte desta decisão errada, mas o mais forte foi o tempo limitado do cronograma e o apelo de colocar todos os 150 implementadores para trabalhar. É sobre esse canto da sereia que vou, agora, tornar visíveis os perigos mortais.

Quando se propõe que uma pequena equipe de arquitetura realmente escreva todas as especificações externas para um sistema de programação, os implementadores apresentam três objeções:

- As especificações serão muito ricas em funcionalidade e não irão refletir as considerações práticas de custo;
- Os arquitetos terão todo o prazer criativo e silenciarão o poder criador dos implementadores;
- Os muitos implementadores ficarão sem fazer nada, enquanto as especificações passam pelo estreito túnel representado pela equipe de arquitetura.

A primeira dessas objeções constitui um perigo real e será examinada no próximo capítulo. As outras duas são, pura e simplesmente, ilusões. Como vimos anteriormente, a implementação também é uma atividade criativa de primeira grandeza. A oportunidade de ser criativo e original na implementação não é muito menor ao se trabalhar com uma dada especificação externa, e o fator de criatividade pode até mesmo ser ampliado por essa disciplina. O produto resultante certamente será melhor.

A última objeção é relativa ao tempo e às fases do projeto. Uma resposta rápida é procurar não contratar implementadores, antes que a especificação esteja completa. É assim que se faz quando um prédio é construído.

No mercado de sistemas de computadores, porém, o passo é mais rápido e deseja-se comprimir o cronograma o máximo possível. Em que medida a especificação e a construção podem ser sobrepostas?

Como Blaauw aponta, o esforço criativo total envolve três fases distintas: arquitetura, implementação e realização. O que acontece é que essas fases podem, de fato, começar em paralelo e seguir adiante simultaneamente.

No projeto de um computador, por exemplo, o implementador pode começar tão logo tenha premissas relativamente vagas sobe o manual, algumas ideias mais ou menos claras sobre a tecnologia e os objetivos de custo e desempenho bem definidos. Ele pode começar projetando fluxos de dados, sequências de controle, rascunhos de conceitos de empacotamento e assim por diante. Ele concebe ou adapta as ferramentas que precisará, especialmente o sistema de manutenção de registros, incluindo o sistema de automação do projeto.

Enquanto isso, no nível da realização, circuitos, cartões, cabos, suportes, fontes de alimentação e memórias devem estar, cada qual, sendo projetados, refinados e documentados. O trabalho dá-se em paralelo com a arquitetura e a implementação.

O mesmo é verdade no projeto de programação de sistemas. Muito antes das especificações externas estarem completas, o implementador tem muito o que fazer. Tendo algumas aproximações básicas sobre como será a funcionalidade do sistema que estará definido pelas especificações externas, ele já pode começar a programação. Ele deve ter bem definidos os objetivos de tempo e espaço. Ele deve conhecer a especificação do sistema no qual seu programa será executado. Ele pode, então, começar a projetar os limites dos módulos, a estrutura de tabelas, os pontos de checagem, os algoritmos e todos os tipos de ferramentas. Algum tempo também deve ser gasto na comunicação com o arquiteto.

Enquanto isso, no nível da realização, também há muito a ser feito. A programação também tem sua tecnologia. Caso a máquina seja nova, muito trabalho deve ser feito na padronização de sub-rotinas, técnicas de supervisão e algoritmos de busca e ordenação.[7]

A integridade conceitual realmente exige que um sistema reflita uma filosofia única e que a especificação, do ponto de vista do usuário, venha de algumas poucas mentes. Todavia, o trabalho dividido em arquitetura, implementação e realização não implica que um sistema tão detalhadamente projetado leve mais tempo para ser construído. A experiência mostra o contrário. O sistema inteiro é completado mais rapidamente e leva menos tempo para ser testado. Na verdade, uma divisão de trabalho espalhada largamente na horizontal foi bastante reduzida por uma divisão vertical do trabalho e o resultado simplificou radicalmente as comunicações e melhorou a integridade conceitual.

5

O Efeito do
Segundo Sistema

Casa giratória para tráfego aéreo. Litografia, Paris, 1882
De *Le Vingtième Siècle*, A. Robida

5
O Efeito do Segundo Sistema

Adde parvum parvo magnus acervus erit.
[Adicione um pouco a outro pouco e surgirá um grande amontoado.]

OVÍDIO

Se separarmos a responsabilidade para a especificação funcional da responsabilidade para construir um produto rápido e barato, qual disciplina limita o entusiasmo criativo do arquiteto?

A resposta fundamental é a comunicação meticulosa, cuidadosa e simpática entre o arquiteto e o construtor. Mesmo assim, existem respostas mais refinadas que merecem atenção.

Disciplina Interativa para o Arquiteto

O arquiteto de um prédio trabalha dentro dos limites estabelecidos pelo orçamento, usando técnicas de estimativas que são, mais tarde, confirmadas ou corrigidas pelos valores dos materiais e serviços contratados. Quase sempre esses valores excedem o orçamento. O arquiteto, então, revisa sua técnica de estimativa e seu projeto em outra iteração. Ele pode, talvez, sugerir aos construtores formas de implementar seu projeto de um modo menos dispendioso do que o antes concebido.

Um processo análogo governa o arquiteto de um sistema de computador ou os programas. Ele tem, entretanto, a vantagem de obter preços do contratante em muitos pontos iniciais de seu projeto, praticamente em qualquer momento que os solicita. Todavia, ele costuma ter a desvantagem de trabalhar com apenas um contratante, que pode aumentar ou baixar sua estimativa de modo que reflita sua satisfação com o projeto. Na prática, a comunicação contínua, desde o princípio, pode dar ao arquiteto informações importantes sobre os custos e a confiança do construtor no projeto, sem apagar a clara divisão de responsabilidades.

O arquiteto tem duas respostas possíveis quando confrontado com uma estimativa que é muito alta: fazer cortes no projeto ou desafiar a estimativa, sugerindo implementações mais baratas. Esta última é inerentemente uma atividade geradora de emoções. O arquiteto está, agora, desafiando a forma pela qual o construtor faz o seu trabalho de construtor. Para obter êxito, o arquiteto deve:

- lembrar que o construtor tem a responsabilidade inventiva e criativa pela implementação; assim, o arquiteto propõe, mas não ordena;
- estar sempre preparado para sugerir uma forma de implementação de algo que ele especifique e estar preparado para aceitar qualquer outra forma que também atenda o objetivo;
- lidar de maneira silenciosa e discreta com tais sugestões;
- estar pronto para abrir mão dos créditos sobre as melhorias sugeridas.

Normalmente, o construtor irá retrucar, apresentando sugestões para a arquitetura. Não raro, ele estará correto – alguma funcionalidade menor pode atingir custos inesperados no momento da implementação.

Autodisciplina – O Efeito do Segundo Sistema

O primeiro trabalho de um arquiteto está pronto para ser liberado e limpo. Ele sabe que ele não sabe o que está fazendo, então ele o faz com muito cuidado e rigor.

Enquanto projeta seu primeiro trabalho, detalhes de refinamento e requintes de beleza vão lhe surgindo na mente. Esses elementos são guardados para o momento oportuno. Cedo ou tarde, o sistema é concluído, e o arquiteto, com firme confiança e uma mestria demonstradas nessa classe de sistemas, está pronto para construir um segundo sistema.

O segundo sistema é o mais perigoso já projetado por alguém. Quando ele faz o terceiro e os demais, suas experiências anteriores irão embasar uma a outra, já que as características de tais sistemas e suas diferenças identificarão quais partes de suas experiências são particulares, não podendo, pois, ser generalizadas.

A tendência geral é a de superprojetar o segundo sistema, usando todas as ideias e enfeites que foram cuidadosamente postos de lado no primeiro. O resultado, como afirmava Ovídio, é um "grande amontoado". Veja, por exemplo, a arquitetura IBM 709, mais tarde incorporada ao 7090. Esta é uma atualização, um segundo sistema para o bem sucedido e limpo 704. O grupo de operações era tão rico e profuso que apenas metade dele era regularmente utilizado.

Considere como um caso mais significativo a arquitetura, a implementação e mesmo a produção do computador Stretch, um mostruário para os contidos desejos de criatividade de muitas pessoas e um segundo sistema para a maioria delas. Como analisa Strachey:

> Tenho a impressão que o Stretch é, de certa forma, o fim de uma linha de desenvolvimento. Como alguns dos primeiros programas de computadores, ele é imensamente engenhoso e complicado e extremamente eficaz, mas ao mesmo tempo bruto, esbanjador e deselegante, e percebe-se que deve haver outra maneira de fazer as coisas.[1]

O Sistema Operacional /360 foi o segundo sistema para a maioria de seus projetistas. Grupos de seus projetistas vieram diretamente da construção do sistema operacional de discos 1410-7010, do sistema operacional do Stretch, do sistema de tempo real Project Mercury e do IBSYS para o 7090. Era difícil alguém ter experiência com *dois* sistemas operacionais anteriores.[2] Assim, o OS/360 é um excelente exemplo do efeito do segundo sistema, uma esticada* na arte do software para a qual tanto os elogios quanto as oposições à crítica de Strachey aplicam-se sem mudanças.

Por exemplo, o OS/360 dedica 26 bytes para a rotina permanentemente residente que é responsável pela troca de datas, de modo que ela trate corretamente o dia 31 de dezembro em anos bissextos (no caso, o dia 366 do ano). Isso poderia ter sido deixada sob a responsabilidade do operador.

O efeito do segundo sistema tem outra manifestação um tanto diferente do puro embelezamento funcional: a tendência de refinar técnicas cuja existência foi tornada obsoleta por mudanças nas premissas básicas do sistema. O OS/360 tem muitos exemplos disso.

Pense no editor de linkagem (ou linkeditor), desenhado para fazer a carga de programas compilados separadamente e resolver suas referências cruzadas. Além dessa função básica, ele também lida com a superposição (*overlay*) de programas. É uma das melhores ferramentas de superposição já construídas. Ele permite que a estrutura de superposição seja feita externamente, em tempo de linkagem, sem que tenha sido projetada no código fonte, e que seja modificada a cada execução, sem a necessidade de recompilação. Ele fornece uma ampla variedade de opções

---

* O autor faz uma brincadeira com a palavra *stretch* (esticada) que é o nome pelo qual ficou conhecido o primeiro computador transistorizado da IBM, o modelo 7030. Lançado em 1961, com o preço de 13,5 milhões de dólares, ele foi o computador mais rápido do mundo até 1964 (Fonte: http://en.wikipedia.org/wiki/IBM_7030). (N. T.)

e funcionalidades úteis e, de certa forma, é o ápice de anos de desenvolvimento de técnicas estáticas de superposição.

Ainda assim, ele é o último e o melhor dos dinossauros, pois pertence a um sistema em que a multiprogramação é o modo normal e a alocação dinâmica do núcleo de memória é a premissa básica. Isso conflita diretamente com a noção do uso de superposição estática. Em que medida o sistema funcionaria melhor se os esforços devotados à gestão de superposição fossem gastos na alocação dinâmica do núcleo de memória e em tornar as funcionalidades de referências cruzadas dinâmicas realmente rápidas?

Além disso, o editor de linkagem requer tanto espaço e, ele mesmo, contém tantas superposições, que mesmo quando é usado apenas para a linkagem, sem a gestão de superposição, é mais lento que a maioria dos compiladores do sistema. A ironia está no fato de que evitar recompilações é o propósito dessas ferramentas de linkagem. Como um patinador, que coloca seu estômago à frente de seus pés, o refinamento continuou até que as premissas do sistema já estivessem bastante gastas.

A ferramenta de depuração TESTRAN é outro exemplo desta tendência. É o ponto máximo das ferramentas de depuração em lote, fornecendo capacidades realmente elegantes de *snapshots* (a visão de um programa em determinado momento e estado) e *dumps* de memória (*core dump* – os registros do sistema no momento de um erro). Ele usa o conceito de seção de controle e uma engenhosa técnica geradora para permitir o acompanhamento (*tracing*) seletivo e a obtenção de *snapshots* sem sobrecarga interpretativa ou recompilação. Os conceitos imaginativos do sistema operacional Share[3] para o 709 foram trazidos para que aflorassem completamente.

Enquanto isso, toda a noção de depuração em lote, sem recompilação, estava tornando-se obsoleta. Sistemas computacionais interativos, usando interpretadores de linguagem ou compiladores incrementais, haviam proporcionado o mais fundamental desafio. Mas mesmo em sistemas de lote, o surgimento de compiladores de rápida compilação e execução lenta (*fast-compile/slow-execute*) tornou a depuração no nível do código e *snapshotting* a técnica preferida. Como seria melhor para o sistema se todo o esforço devotado ao TESTRAN fosse desviado para a construção de funcionalidades interativas e de compilação rápida melhores e antecipadamente!

Outro exemplo ainda é o *scheduler*, que fornece funções realmente excelentes para gerenciar uma sequência fixa de um lote de tarefas. De fato, o *scheduler* é o segundo sistema que sucedeu o sistema operacional de disco 1410-7010, refinado, melhorado e embelezado, um sistema em lote sem multiprogramação, com exceção das entradas e saídas, e direcionado sobretudo para aplicações de negócios. Como tal, o *scheduler* do OS/360 é bom. Mas ele é quase nada influenciado pelas necessidades de submissão remota de trabalhos, multiprogramação e subsistemas interativos permanentemente residentes do OS/360. Na verdade, o projeto do *scheduler* dificulta a atenção de tais necessidades.

Como o arquiteto evita o efeito do segundo sistema? Bem, obviamente ele não pode pular o segundo sistema. Mas ele pode estar consciente dos perigos peculiares de tal sistema, exercitando uma autodisciplina fora do comum a fim de evitar a ornamentação funcional e a extrapolação de funções que se tornaram obsoletas em premissas e propósitos.

Uma disciplina que abrirá os olhos do arquiteto é a de dar a cada pequena função um determinado valor: a capacidade x não vale mais do que m bytes de memória e n microssegundos por execução. Esses valores guiarão decisões iniciais e servirão como um guia durante a implementação e um alerta para tudo.

Como o gerente do projeto evita o efeito do segundo sistema? Insistindo em ter um arquiteto sênior que tenha ao menos dois outros sistemas construídos em sua manga. Ele também deve estar ciente das tentações especiais, fazendo as perguntas certas para garantir que os conceitos filosóficos e objetivos estejam plenamente refletidos no detalhamento do projeto.

6

Transmitindo a Mensagem

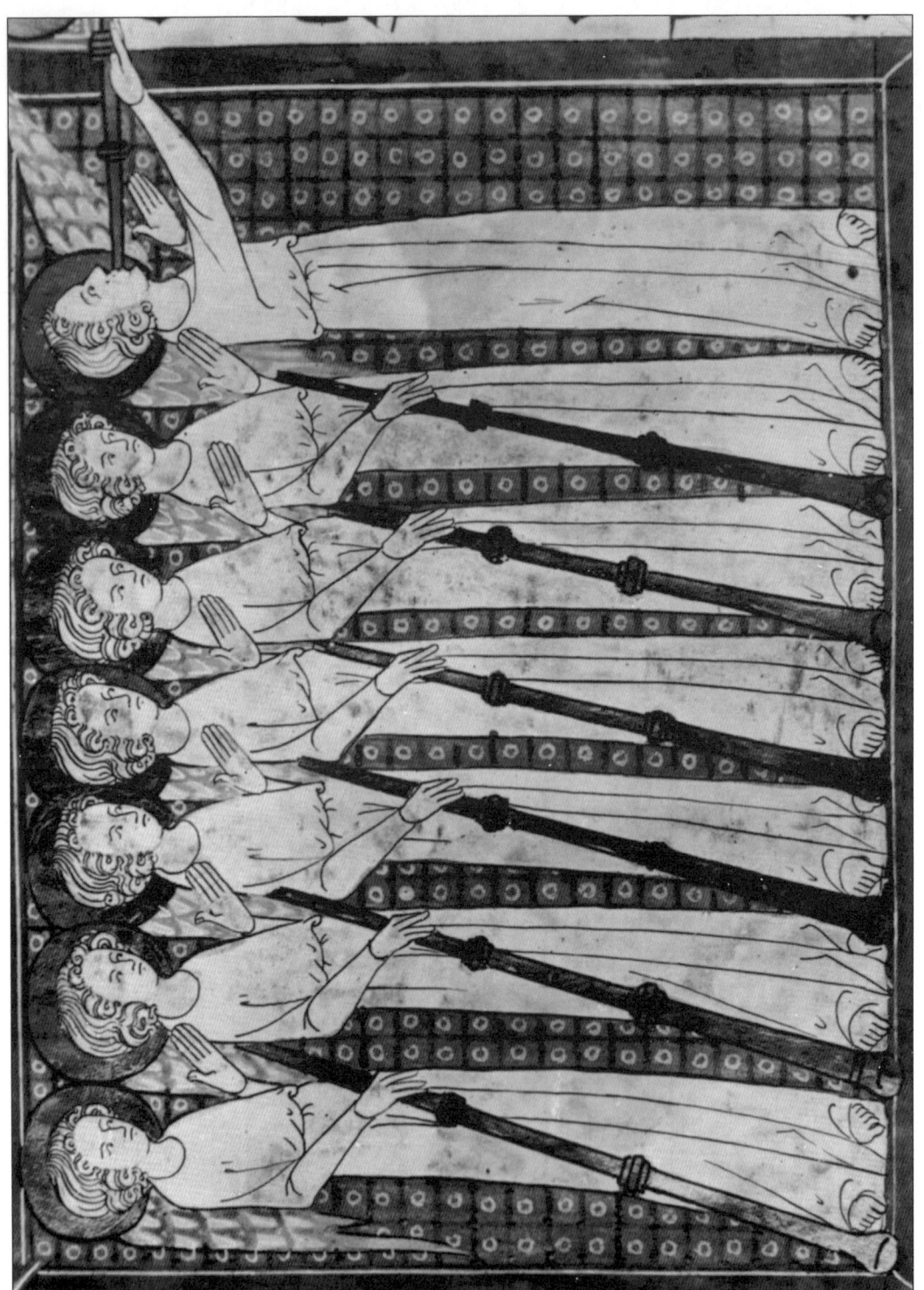

"As Sete Trombetas", *The Wells Apocalypse*, século XIV
Arquivo Bettman

6

Transmitindo a Mensagem

Ele se sentará aqui e dirá:, "Faça isto! Faça aquilo!"
E nada acontecerá.

HARRY S. TRUMAN, NO LIVRO *ON PRESIDENTIAL POWER*[1]

Pressupondo que o gerente tenha arquitetos experientes e disciplinados e que existam muitos implementadores, como ele pode garantir que todos ouçam, entendam e implementem as decisões dos arquitetos? Como um grupo de dez arquitetos mantém a integridade conceitual de um sistema que 1.000 homens estão construindo? Toda a tecnologia para que isso seja feito funcionou com o trabalho de projeto do hardware do System/360 e é igualmente aplicada a projetos de software.

Especificações Escritas – o Manual

O manual, ou as especificações por escrito, é uma ferramenta necessária, embora não suficiente. O manual é a especificação *externa* do produto. Ele descreve e define cada detalhe visto pelo usuário. Por isso, ele é o principal produto do arquiteto.

O ciclo de confecção de um manual dá muitas voltas, já que os comentários dos usuários e desenvolvedores mostra o ponto em que o projeto é difícil de usar ou de ser implementado. Em benefício dos implementadores, é importante que as mudanças sejam quantificadas – que existam versões datadas, exibidas em um cronograma.

O manual precisa descrever não apenas o que o usuário realmente vê, incluindo todas as interfaces. Ele precisa também evitar descrever o que o usuário não vê. Isso cabe ao implementador, e sua liberdade na implementação do projeto deve ser ilimitada. O arquiteto deve estar sempre preparado para mostrar *uma* implementação para qualquer funcionalidade que descreva, mas não pode ditar como a implementação será realmente feita.

O estilo deve ser preciso, abrangente e corretamente detalhado. Um usuário costuma utilizar apenas uma instrução para dada funcionalidade; portanto, qualquer uma delas deve repetir o que é essencial e todas devem estar em concordância. Essa repetição tende a tornar a leitura de manuais maçante, mas a precisão é mais importante do que a vivacidade.

A unidade do guia "Princípios de Operação do System/360" vem do fato de ter sido escrito por apenas duas pessoas: Gerry Blaauw e Andris Padegs. As ideias podem vir de uma dezena de pessoas, mas a conversão da prosa em especificações deve ser feita por apenas uma ou duas para garantir a coerência entre a prosa e o produto final. A escrita de uma especificação necessita de minidecisões que não merecem uma discussão completa. Um exemplo no System/360 é o detalhe de como retornam os códigos de condição (*condition codes*) ao final de cada operação. O princípio no qual cada minidecisão se baseia, porém, deve ser coerente ao longo de todo o processo.

Creio que a melhor parte de um manual que eu já vi é o apêndice escrito por Blaauw para os "Princípios de Operação do System/360". Ele descreve com cuidado e precisão os *limites* de compatibilidade do System/360. Ele define o que é compatibilidade, assinala o que deve ser buscado e seleciona as áreas de aparência externa nas quais a arquitetura é intencionalmente silenciosa e os resultados de um modelo divergem de outros, uma cópia de um determinado modelo pode ser diferente de outra cópia ou uma cópia de um mesmo modelo pode diferir dela mesma após uma mudança de engenharia. Tal é o nível de precisão que todos os escritores de manuais desejam, e eles devem definir tão bem o que *não* é prescrito quanto o que é.

Definições formais

O inglês, assim como qualquer outra língua falada pelo homem, não é um instrumento naturalmente preciso para tais definições. Por isso, o escritor do manual deve refrear a si mesmo e à sua linguagem para atingir a precisão necessária. Uma alternativa importante é o uso de uma notação formal para tais definições. Acima de tudo, a precisão vale ouro, a *raison d'être* das notações formais.

Vamos examinar as qualidades e os defeitos das definições formais. Como já foi mencionado, as definições formais são precisas. Elas tendem a ser completas. As lacunas tornam-se mais acentuadas e, assim, logo são corrigidas. O que falta a elas é compreensibilidade. Na prosa em inglês, é possível apresentar os princípios estruturais, delinear a construção em estágios ou níveis e fornecer exemplos. Mais importante ainda, pode-se explicar os *porquês*. As definições formais até agora têm sido admiradas pela elegância e rigorosa precisão, mas têm carecido de explicações escritas que tornem seu conteúdo mais fácil de aprender e de ensinar. Por isso, creio que as futuras especificações consistirão em uma definição formal *e* uma definição em prosa acessível.

Um adágio antigo adverte, "Nunca vá para o mar com dois cronômetros, leve um ou três". É evidente que o mesmo se aplica às definições em prosa e formais. Existindo ambas, uma deve ser a definição padrão, e a outra uma descrição derivativa, claramente identificada como tal. Qualquer uma pode ser o padrão primário. O Algol 68 tem uma definição formal padrão e uma definição em prosa como seu descritivo. A linguagem PL/I tem a prosa como padrão e a descrição formal como derivativa. O System/360 também tem a prosa como padrão, com uma descrição formal derivada.

Muitas ferramentas estão disponíveis para a definição formal. A forma Backus-Naur (*BNF – Backus-Naur Form*) é familiar para a definição de linguagens e é amplamente tratada na literatura.[2] A descrição formal da PL/I usa noções novas de sintaxe abstrata e é adequadamente descrita.[3] A APL de Iverson tem sido usada para a descrição de máquinas, mais notadamente o IBM 7090[4] e o System/360[5].

Bell e Newell propuseram novas notações para descrever tanto a arquitetura como a configuração de máquinas, ilustrando-as com várias máquinas, entre as quais o computador DEC PDP-8[6], o 7090[6] e o System/360[7].

Quase todas as definições formais acabam por incorporar ou descrever uma implementação do sistema de hardware ou software cujas características externas elas recomendam. A sintaxe pode ser descrita sem isso, mas a semântica é em geral definida para determinado programa que executa a operação correspondente a tal definição. É claro que isso é uma implementação e, como tal, ela super-recomenda a arquitetura. Assim, é preciso ter o cuidado de indicar que a definição formal aplica-se apenas às interfaces externas, devendo dizer quais são elas.

Não só uma definição formal é uma implementação. Uma implementação pode servir como uma definição formal. Quando os primeiros computadores compatíveis foram construídos, esta foi exatamente a técnica utilizada. A nova máquina deveria ser equivalente a uma já existente. O manual estava vago em alguns pontos? "Pergunte à máquina!" Um programa de teste seria concebido para determinar o comportamento, e a nova máquina seria construída para correspondê-lo.

Um simulador programado de um sistema de software ou hardware pode ser utilizado precisamente da mesma forma. É uma implementação, e funciona.

Assim, todas as questões sobre definições podem ser resolvidas por meio de testes com o simulador.

Usar uma implementação como definição tem algumas vantagens. Todas as dúvidas podem ser resolvidas, sem ambiguidade, por experimentação. O debate nunca é necessário, assim as respostas são rápidas. As respostas serão muito precisas sempre que houver necessidade e, por definição, serão sempre corretas. Por outro lado, há também um formidável conjunto de desvantagens. A implementação pode prescrever até mesmo os aspectos externos. Sintaxe inválida sempre produz algum resultado. Em um sistema bem policiado, o resultado disso é uma indicação de invalidade e *nada mais*. Em um sistema não policiado, todos os tipos de efeitos colaterais podem aparecer e eles podem ter sido usados pelos programadores. Quando assumimos a tarefa de emular o IBM 1401 no System/360, por exemplo, o resultado foi que havia 30 diferentes "*curios*" – efeitos colaterais de operações supostamente inválidas – que acabaram por se tornar amplamente utilizados e tiveram de ser considerados como parte da definição. A implementação como definição superprescreveu, ela não apenas disse o que a máquina deveria fazer, mas também disse muito sobre como ela tinha que fazê-lo.

Assim, também a implementação dará, algumas vezes, respostas inesperadas e não planejadas diante de perguntas perspicazes, e a definição *de facto* costuma ser pouco elegante nesse particular, precisamente porque nunca se pensou nisto. Essa falta de elegância muitas vezes se tornará lenta ou custosa para ser duplicada em outras implementações. Por exemplo, algumas máquinas deixam lixo no registro do multiplicando após uma multiplicação. A natureza precisa desse lixo acaba sendo parte da definição *de facto*, mas duplicá-la poderia impedir o uso de um algoritmo mais rápido de multiplicação.

Finalmente, o uso de uma implementação como definição formal é peculiarmente suscetível a confusão, dependendo de qual descrição – em prosa ou formal – é o padrão de fato. Isso ocorre sobretudo em simulações programadas. Deve-se também evitar modificações na implementação enquanto ela serve como padrão.

Incorporação Direta

Uma agradável técnica para a disseminação e efetivação de definições está disponível para o arquiteto de sistemas de software. Ela é especialmente útil para o estabelecimento da sintaxe, se não da semântica, de interfaces entre módulos. A técnica consiste no projeto de declaração de passagem de parâmetros ou do uso de memória compartilhada e no requisito de as implementações incluírem esta declaração por meio de uma operação em tempo de compilação (uma macro ou um %INCLUDE em PL/I). Se, além disso, toda a interface é referenciada apenas por nomes simbólicos, a declaração pode ser modificada pela adição ou inserção de novas variáveis apenas com a recompilação, e não a alteração, do programa em uso.

Conferências e Cortes

Não é preciso dizer que reuniões são necessárias. As centenas de consultas um a um devem ser complementadas por encontros maiores e formais. Nós descobrimos que dois níveis de encontros são úteis. O primeiro é uma conferência semanal, de meio dia, com todos os arquitetos, os representantes oficiais dos implementadores de hardware e software e os analistas de negócios. A arquiteto chefe do sistema preside a reunião.

Todos podem apresentar problemas ou propor modificações, mas as propostas costumam ser distribuídas, por escrito, antes da reunião. Um novo problema é em geral discutido por certo tempo. A ênfase é dada na criatividade e não meramente na decisão. O grupo tenta inventar muitas soluções para problemas, assim, algumas são passadas a um ou mais dos arquitetos para que sejam detalhadas por escrito, com precisão, na forma de propostas de mudanças para o manual.

As propostas detalhadas de mudanças são submetidas, então, a decisões. Elas foram destacadas e cuidadosamente consideradas pelos implementadores e usuários, e seus prós e contras estão bem delineados. Caso haja um consenso, ótimo. Do contrário, o arquiteto chefe é quem decide. Os registros são mantidos e as decisões são formal, pronta e amplamente disseminadas.

As decisões vindas das conferências semanais propiciam resultados rápidos e permitem que o trabalho siga adiante. Se alguém se sente *muito* infeliz com uma decisão, um apelo imediato ao gerente do projeto é possível, mas isso raramente acontece.

A fecundidade dessas reuniões vem de várias fontes:

1. O mesmo grupo – arquitetos, usuários e implementadores – reune-se semanalmente por meses. Nenhum tempo é necessário para nivelar as informações.

2. O grupo é brilhante, habilidoso, bem versado nos problemas e profundamente envolvido com o resultado. Ninguém tem um papel de "conselheiro". Todos estão autorizados a assumir firmes compromissos.
3. Quando problemas são levantados, as soluções são buscadas tanto dentro quanto além dos limites óbvios.
4. A formalidade das propostas escritas foca a atenção, força a decisão e evita incoerências rascunhadas por um comitê.
5. A clara atribuição do poder de decisão ao arquiteto chefe evita riscos e atrasos.

Com o passar do tempo, algumas decisões não funcionam bem. Alguns assuntos menores nunca foram totalmente aceitos por um ou outro participante. Outras decisões degeneraram em problemas imprevistos e, algumas vezes, não houve concordância em reconsiderá-las nas reuniões semanais. Assim, acumulam-se solicitações, assuntos em aberto ou frustrações. Para resolver o problema, nós organizávamos sessões anuais da suprema corte que, em geral, duravam duas semanas. (Eu as organizaria a cada seis meses se tivesse que fazer isso novamente.)

Essas sessões se realizavam pouco antes das principais datas de congelamento do manual. Entre os presentes estavam não apenas o grupo de arquitetos e os representantes dos programadores e implementadores, mas também os gerentes de programação, marketing e implementação. O gerente de projetos do System/360 era o presidente da sessão. A agenda consistia, tipicamente, em cerca de 200 itens, a maioria pequenos, que eram enumerados em tabelas dispostas em placares ao redor da sala. Todos os lados eram ouvidos e as decisões tomadas. Graças ao milagre da edição computadorizada de textos (e muito bom trabalho de equipe), cada participante encontrava um manual atualizado, com todas as decisões do dia anterior, em sua mesa a cada manhã.

Esses "festivais de outono" eram úteis não só para se chegar a decisões, mas também para que todos concordassem com essas decisões. Todos eram ouvidos, todos participavam, e todos entendiam melhor os limites e os inter-relacionamentos entre as decisões.

Múltiplas Implementações

Os arquitetos do System/360 tinham duas vantagens quase inéditas: tempo bastante para trabalhar cuidadosamente e cacife político semelhante ao dos implementadores. A provisão de tempo suficiente veio da agenda da nova tecnologia; a igualdade política veio da construção simultânea de múltiplas implementações. A necessidade da rigorosa compatibilidade entre elas serviu como o melhor agente de efetivação para as especificações.

Em muitos projetos de computadores, sempre há o dia em que se descobre que a máquina e o manual não estão de acordo. No confronto, o normal é o manual perder, já que ele pode ser modificado mais rapidamente e com menor custo do que a máquina. Não é bem assim, no entanto, no caso de múltiplas implementações. Neste caso, os atrasos e os custos associados ao conserto da máquina errante não são páreo para os atrasos e custos da revisão das demais máquinas que acompanham corretamente o manual.

Tal noção pode ser de aplicação bastante útil sempre que uma linguagem de programação está sendo definida. Pode-se ter certeza de que muitos interpretadores ou compiladores terão de ser, cedo ou tarde, desenvolvidos no sentido de atingirem objetivos diversos. A definição será mais limpa e a disciplina mais rígida se ao menos duas implementações forem inicialmente construídas.

O registro telefônico

À medida que a implementação prossegue, surgem inúmeras dúvidas sobre a interpretação da arquitetura, independentemente de quão precisa seja a especificação. É óbvio que muitas dessas questões requerem a ampliação e maior clareza no texto, enquanto outras não passam de simples mal-entendidos.

É fundamental, porém, encorajar o implementador com dúvidas a telefonar para o arquiteto responsável e perguntar, em vez de adivinhar e seguir em frente. É simplesmente vital reconhecer que as respostas a essas dúvidas são pronunciamentos arquiteturais *ex cathedra* que devem ser transmitidos a todos.

Um mecanismo útil é o *registro telefônico* mantido pelo arquiteto. Nele, armazenam-se todas as perguntas e suas respectivas respostas. A cada semana, os registros de vários arquitetos são concatenados, reproduzidos e distribuídos aos usuários e implementadores. Mesmo que esse mecanismo seja bastante informal, ele é ao mesmo tempo rápido e completo.

Teste de Produto

O melhor amigo do gerente de projeto é seu adversário diário: a organização que independe de teste de produto. Esse grupo verifica máquinas e produtos, comparando suas especificações, e atua como um advogado do diabo, apontando cada possível defeito e discrepâncias. Cada organização de desenvolvimento precisa de tal grupo técnico e independente para realizar a auditoria, garantindo a honestidade do trabalho.

Em última análise, o cliente é o auditor independente. Na luz impiedosa do uso real, qualquer falha aparecerá. Assim, o grupo de teste do produto representa o substituto do cliente, especializado em encontrar falhas. No decorrer do tempo, o cuidadoso testador irá encontrar lugares onde a informação não foi passada adiante, e as decisões de projeto não foram propriamente entendidas ou corretamente implementadas. Por isso, tal grupo de teste é um elo necessário na corrente pela qual passa a informação do projeto. Trata-se de um elo que precisa estar operante logo no início do projeto e durante seu desenvolvimento.

7

◆ ◆ ◆

Por que a Torre de Babel Falhou?

P. Breughel, o Velho, Turmbau zu Babel, 1563
Museu Kunsthistorisches, Viena

7
• • •

Por que a Torre de Babel Falhou?

Toda a Terra tinha uma só língua, e servia-se das mesmas palavras. Alguns homens, partindo para o Oriente, encontraram na terra de Senaar uma planície onde se estabeleceram. E disseram uns aos outros: "Vamos, façamos tijolos e cozamo-los ao fogo." Serviram-se de tijolos em vez de pedras, e de betume em lugar de argamassa. Depois disseram: "Vamos, façamos para nós uma cidade e uma torre cujo cimo atinja os céus. Tornemos assim célebre o nosso nome, para que não sejamos dispersos pela face de toda a Terra." Mas o senhor desceu para ver a cidade e a torre que construíram os filhos dos homens. "Eis que são um só povo, disse ele, e falam uma só língua: se começam assim, nada futuramente os impedirá de executarem todos os seus empreendimentos. Vamos: desçamos para lhes confundir a linguagem, de sorte que já não se compreendam um ao outro." Foi dali que o Senhor os dispersou daquele lugar pela face de toda a Terra, e cessaram a construção da cidade.

GÊNESIS 11:1-8

A Auditoria de um Gerente no Projeto Babel

De acordo com o Gênesis, a Torre de Babel foi o segundo maior projeto de engenharia da humanidade, antecedido pela Arca de Noé. A Torre de Babel foi o primeiro fiasco de engenharia.

A história é profunda e instrutiva em muitos aspectos. Permita-nos, porém, examiná-la apenas como um projeto de engenharia e extrair daí as lições de gestão que podem ser aprendidas. Em que medida estava o projeto equipado com os requisitos do sucesso? Eles tinham:

1. Uma *missão clara?* Sim, ainda que ingenuamente impossível. O projeto falhou muito antes de atingir sua limitação fundamental.
2. *Recursos humanos?* Em sua plenitude.
3. *Materiais?* Argila e asfalto eram abundantes na Mesopotâmia.
4. *Tempo* suficiente? Sim, não há qualquer menção a limites de tempo.
5. *Tecnologia* adequada? Sim, a estrutura cônica ou piramidal é estável e distribui bem a carga compressiva. É evidente que a arte da alvenaria era bem conhecida. O projeto falhou antes de atingir as limitações tecnológicas.

Bem, se eles dispunham de tudo isto, por que o projeto falhou? O que faltou a eles? Duas coisas – *comunicação* e sua consequente *organização*. Eles eram incapazes de falar um com o outro e, assim, a coordenação do trabalho era impossível. Quando a coordenação falha, o trabalho para. Lendo nas entrelinhas, presumimos que a falta de comunicação gera disputas, ressentimentos e ciúmes no grupo. Em pouco tempo, os clãs começaram a distanciar-se, preferindo o isolamento à disputa.

A Comunicação em um Grande Projeto de Programação

Hoje também é assim. Cronograma desastroso, desvios de funções e erros no sistema. Todos surgem porque a mão esquerda não sabe o que a direita está fazendo. No decorrer do trabalho, as várias equipes gradativamente mudam suas funções, seu tamanho e a velocidade de seus programas e, explícita ou implicitamente, mudam suas premissas sobre as entradas disponíveis e os usos que serão feitos de suas saídas.

Por exemplo, o implementador das funções de superposição do programa (*overlaying*) pode ter problemas e reduzir sua velocidade, acreditando nas estatísticas que mostram que esta função raramente aparecerá nos programas aplicativos. Enquanto isso, de volta à trincheira, seu vizinho pode estar projetando uma porção significativa do programa supervisor que depende de maneira crítica da velocidade daquela função. A mudança nessa velocidade, por si só, torna-se uma grande mudança de especificação e precisa ser proclamada pesada e amplamente a partir do ponto de vista do sistema.

Como devem, então, as equipes comunicarem-se umas com as outras? De todas as formas possíveis.

- *Informalmente*. Bons serviços de telefonia e uma clara definição das dependências entre os grupos encorajarão centenas de chamadas das quais dependem uma interpretação consistente da documentação escrita.
- *Reuniões*. São de grande valor as reuniões regulares do projeto, com uma equipe após a outra apresentando sinopses técnicas. Centenas de pequenos mal-entendidos evaporam-se desta forma.
- *Diário de bordo*.* Um diário de bordo formal (*workbook*) deve ser mantido desde o princípio. Isso merece um item especial dedicado ao tema.

O Diário de Bordo do Projeto

O QUE É? O diário de bordo do projeto não é, propriamente, um documento à parte, já que é uma estrutura imposta aos documentos produzidos, de qualquer forma, pelo projeto.

---

* O tradutor preferiu adotar a tradução "diário de bordo" para o termo *workbook*, pois, na realidade, Fred Brooks refere-se aos registros diários de desenvolvimento de um sistema de software. (N. T.)

Todos os documentos do projeto fazem parte, necessariamente, de sua estrutura. Isso inclui os objetivos, a especificação externa, as especificações de interfaces, os padrões técnicos, as especificações internas e o registro administrativo.

POR QUÊ? A prosa técnica é quase imortal. Examinando a genealogia de um manual de cliente para determinada porção de hardware ou software, é possível traçar não apenas as ideias, mas também muitas das frases e parágrafos que datam da primeira proposta do produto, ou que explicam seu projeto inicial. Para o escritor técnico, o vidro de cola é tão poderoso quanto a caneta.

Já que é assim, e a qualidade dos manuais dos produtos futuros evoluirá a partir da memória atual, é muito importante manter corretamente a estrutura da documentação. O projeto inicial do diário de bordo garante que a própria estrutura da documentação seja arquitetada, e não fruto do acaso. Além do mais, o apropriado estabelecimento de uma estrutura molda uma documentação que será segmentada de forma a corresponder a tal estrutura.

A segunda razão para o diário de bordo do projeto é o controle da distribuição da informação. O problema não é restringir informações, mas garantir que a informação relevante chegue a todos os que precisam dela.

O primeiro passo é numerar todos os registros, assim cada indivíduo envolvido no projeto pode ter acesso a uma lista organizada de títulos, podendo verificar a exata informação de que precisa. A organização do diário de bordo vai muito além disso, podendo estabelecer uma estrutura em árvore dos registros. A estrutura em árvore permite a criação de listas de distribuição, mantidas por subárvores, se esse for o desejo.

MECÂNICA. Como muitos problemas de gerência de programação, o problema da memória técnica fica desordenadamente pior à medida que seu tamanho aumenta. Com dez pessoas, os documentos podem ser, simplesmente, numerados. Com 100 pessoas, várias sequências lineares serão, normalmente, suficientes. Com mil pessoas, espalhadas fisicamente por vários lugares, a *necessidade* de um diário de bordo estruturado aumenta, assim como o seu *tamanho*. Como lidar com esse mecanismo?

Acredito que nesse aspecto o trabalho foi bem-feito no projeto do OS/360. A necessidade de um diário de bordo bem-estruturado foi salientada com ênfase por O. Scott Locken, que testemunhou sua eficácia em seu projeto anterior, o sistema operacional 1410-7010.

Rapidamente decidimos que *cada* membro da equipe deveria ter acesso a *todo* esse material, ou seja, eles deveriam ter uma cópia do diário de bordo em seus escritórios.

A atualização constante é de crítica importância. O diário de bordo deve estar atualizado. E essa tarefa é difícil, sobretudo se o documento tiver de ser reescrito a cada mudança. Todavia, em um fichário, apenas páginas isoladas precisam ser modificadas. Tínhamos à nossa disposição um editor de textos computadorizado que provou ser valioso para a manutenção das atualizações. As páginas a serem substituídas eram enviadas diretamente para a impressora, e o tempo de atualização era menor do que um dia. O destinatário das páginas atualizadas, entretanto, tinha um problema de assimilação: "Mudou o quê?". Quando depois consultava o manual, ele desejava saber: "Qual é a definição de hoje?"

Esta última necessidade é atendida pela manutenção contínua da documentação. O destaque das mudanças requer outros passos. Em primeiro lugar, deve-se marcar o texto que foi modificado em cada página, por exemplo, com uma barra vertical na margem ao longo de todas as linhas alteradas. Segundo, é necessário distribuir com as novas páginas um sumário que lista as modificações e faz comentários sobre o significado das alterações.

Não havia transcorrido seis meses em nosso projeto até cairmos em outro problema. Nosso diário de bordo estava com mais de um metro e meio de altura! Se empilhássemos as 100 cópias usadas por nossos programadores em nossos escritórios do prédio Time-Life, em Manhattan, eles ultrapassariam a altura do próprio prédio. Além disso, a distribuição das modificações diárias tinha cerca de cinco centímetros e umas 150 páginas que deviam ser anexadas ao total. A manutenção do diário de bordo começou a consumir um tempo significativo de cada dia de trabalho.

Nessa altura, migramos para as microfichas, uma mudança que nos economizou um milhão de dólares, permitindo até assumir o custo de um leitor de microfichas para cada escritório. Tivemos uma compensação excelente com a produção de microfichas. O diário de bordo diminuiu de 85 para cinco decímetros cúbicos e, o que é mais importante, as atualizações vinham em lotes de centenas de páginas, reduzindo o trabalho de inserção das mesmas no documento completo em centenas de vezes.

As microfichas têm suas desvantagens. Do ponto de vista gerencial, a trabalhosa inserção de páginas em papel garantia que as mesmas eram lidas, o que atendia o propósito do diário de bordo. As microfichas tornavam a manutenção do diário de bordo muito fácil, a menos que cada ficha fosse distribuída com um documento enumerando as mudanças.

Uma microficha também não pode ter a informação contida nela prontamente destacada, marcada ou comentada pelo leitor. Os documentos com os quais o leitor interage são mais eficazes para o autor e mais úteis para o leitor.

Pesando os fatos, penso que a microficha foi um mecanismo bastante feliz e eu o recomendaria no lugar de um diário de bordo de papel para projetos muito grandes.

COMO SE FARIA HOJE? Com a tecnologia de sistemas atualmente disponível, creio que a técnica de escolha é manter o diário de bordo como um arquivo de acesso direto, marcado com barras de mudanças e datas de revisão. Cada usuário poderia consultá-lo a partir de um terminal de vídeo (impressoras de tipos são muito lentas). Um sumário de mudanças, elaborado todos os dias, seria armazenado na forma de LIFO em um ponto de acesso fixo. O programador provavelmente o leria diariamente, mas, se perdesse um dia, ele precisaria apenas ler um pouco mais no dia seguinte. Enquanto lesse o sumário de mudanças, o programador poderia pausar e consultar a mudança efetuada no próprio texto do documento.

Note que o diário de bordo em si não mudou. Ele ainda é o conjunto de toda a documentação do projeto, organizada segundo um projeto cuidadoso. A única mudança se dá no mecanismo de distribuição e consulta. D. C. Engelbart e seus colegas no Stanford Research Institute construíram um sistema e o estão usando para manter a documentação para a rede ARPA.

D. L. Parnas da Carnegie-Mellon University propôs uma solução ainda mais radical.[1] Sua tese é a de que o programador é mais eficaz se protegido, ao invés de exposto, aos detalhes da construção de outras partes do sistema que não a sua. Isso pressupõe que todas as interfaces estão completa e precisamente definidas. Na medida em que este é, definitivamente, um projeto seguro, a dependência de uma realização perfeita é a receita para um desastre. Um bom sistema de informações tanto expõe erros de interface como estimula suas correções.

A Organização em um Grande Projeto de Programação

Se há n trabalhadores em um projeto, há $(n2-n)/2$ interfaces entre as quais deve haver comunicação, e há potencialmente $2n$ equipes dentro das quais a coordenação deve se desenvolver. O propósito da organização é reduzir a quantidade de comunicação e coordenação necessárias. Assim, a organização é um ataque radical aos problemas de comunicação tratados anteriormente.

Os meios pelos quais a comunicação é evitada são a *divisão do trabalho* e a *especialização de funções*. A estrutura em árvore de uma organização reflete a necessidade decrescente por uma comunicação detalhada quando a divisão e a especialização do trabalho são aplicadas.

De fato, a organização em árvore surge como uma estrutura de autoridade e responsabilidade. O princípio de que nenhum homem pode servir a dois mestres determina a estrutura de autoridade em forma de árvore. Mas a forma como se dá a comunicação não é tão restrita, e a árvore é uma aproximação pouco aceitável no que diz respeito a uma estrutura de comunicação. As inadequações dessa aproximação fazem surgir grupos de funcionários, forças de trabalho, comitês e mesmo organizações do tipo matricial usadas em muitos laboratórios de engenharia.

Vamos analisar uma organização de programação como uma estrutura em árvore e examinar a essência que cada subárvore deve ter para ser eficaz. Essa essência consiste em:

1. uma missão
2. um produtor
3. um diretor técnico ou arquiteto
4. um cronograma
5. uma divisão de trabalho
6. definições de interface entre as partes

Tudo isso é óbvio e convencional, com exceção da distinção entre o produtor e o diretor técnico. Em primeiro lugar, examinemos esses dois papéis, depois a relação entre eles.

Qual é o papel do produtor? Ele monta a equipe, divide o trabalho e estabelece o cronograma. Ele adquire e continua adquirindo os recursos necessários. Isso significa que grande parte de seu papel é a comunicação fora da equipe, para cima e para os lados. Ele estabelece o padrão de comunicação e seu registro dentro da equipe. Finalmente, ele garante o cumprimento do cronograma, deslocando recursos e organização na ocorrência de mudanças nas circunstâncias.

E quanto ao diretor técnico? Ele cria o projeto a ser construído, identifica seus componentes, especifica como ele será externamente e desenha sua estrutura interna. Ele provê unidade e integridade conceitual ao projeto como um todo e, assim, serve de limitante da complexidade do sistema. Com o surgimento de problemas técnicos individuais, ele inventa soluções ou modifica o projeto do sistema como requerido. Ele é, como diz a simpática frase de Al Capp,* "o homem por dentro do trabalho sujo".[2] Suas comunicações são primordiais dentro da equipe. Seu trabalho é quase exclusivamente técnico.

Agora está claro que os talentos necessários para esses dois papéis são bem diferentes. Talentos vêm em diferentes formas e combinações, e a particular combinação incorporada pelo produtor e o diretor deve governar a relação entre eles. As organizações devem ser projetadas ao redor das pessoas disponíveis, não são as pessoas que devem encaixar-se em organizações puramente teóricas.

Três relacionamentos são possíveis, e os três são encontrados em práticas de sucesso.

O PRODUTOR E O DIRETOR TÉCNICO PODEM SER A MESMA PESSOA. Isso dá certo de imediato em equipes muito pequenas, talvez compostas de três a seis programadores. Em projetos maiores, isso muito raramente funciona, por duas razões. Em primeiro lugar, porque não é fácil encontrar alguém com forte talento para a gestão e grande talento técnico. Pensadores são raros, fazedores são mais raros e pensadores-fazedores são os mais raros de todos.

Em segundo lugar, porque no projeto maior cada um dos papéis é, necessariamente, um trabalho de tempo integral, ou até mais. É difícil para o produtor delegar o suficiente de suas tarefas para que lhe sobre algum tempo técnico. É impossível para o diretor delegar as suas tarefas sem comprometer a integridade conceitual do projeto.

O PRODUTOR PODE SER O CHEFE, E O DIRETOR SEU BRAÇO DIREITO. A dificuldade aqui está em estabelecer a *autoridade* do diretor para tomar decisões técnicas sem impactar seu tempo, o que aconteceria se ele estivesse formalmente na cadeia de comando da gestão.

É óbvio que o produtor deve proclamar a autoridade técnica do diretor e deve dar uma proporção extrema a seu suporte para isso, já que existirão situações em que tal autoridade será posta à prova. Para esse fim, o produtor e o diretor de-

---

* Al Capp é o pseudônimo pelo qual ficou conhecido o cartunista, escritor e conferencista norte-americano Alfred Gerald Chaplin (28 de Setembro de 1909 – 1979), criador de Ferdinando e da Família Buscapé, alguns dos seus mais importantes personagens de histórias em quadrinhos (fonte: Wikipedia). A frase original em inglês é "*inside-man at the skunk works*". (N. T.)

vem estar de acordo com a filosofia técnica fundamental, eles devem discutir suas principais questões técnicas privadamente, antes que elas se tornem aparentes, e o produtor deve ter altíssimo respeito pelo valor técnico do diretor.

Menos obviamente, o produtor pode tomar qualquer providência mais sutil relacionada aos símbolos de status (dimensões do escritório, carpete, mobília, cópias carbono, etc.) para proclamar que o diretor, mesmo fora da linha de gestão, é uma fonte de poder decisório.

Isso pode ser feito de forma muito eficaz. Todavia, é uma pequena que isso seja raramente tentado. O trabalho mais mal feito pelos gestores de projeto é a utilização da genialidade técnica que não é forte em talento gerencial.

O DIRETOR PODE SER O CHEFE, E O PRODUTOR SEU BRAÇO DIREITO. Robert Heinlein, em *O Homem que Vendeu a Lua*, descreve tal arranjo em um exemplo bastante gráfico:

> *Coster deitou seu rosto nas palmas de suas mãos, então olhou para cima.*
> *Eu sabia. Eu sabia o que deveria ter sido feito, mas sempre que eu tentava resolver um problema técnico algum grande imbecil queria que eu tomasse uma decisão sobre caminhões – ou telefones – ou alguma outra maldita coisa. Sinto muito, Sr. Harriman. Eu pensei que seria capaz de fazer.*
> *Harriman disse gentilmente:*
> *– Não deixe que isso o abata, Bob. Você não tem dormido muito ultimamente, não é mesmo? Eu lhe digo o seguinte – vamos aprontar uma rapidamente para o Ferguson. Durante alguns dias, vou ocupar esta mesa em que você está e preparar o ambiente para protegê-lo desse tipo de coisas. Eu quero esta sua cabeça pensando sobre vetores de reação, eficiência de combustíveis e desgastes do projeto, não em contratos para caminhões.*
> *Harriman foi em direção à porta, olhou ao redor, do lado externo, e enxergou um homem que poderia ser ou não o escrivão chefe do escritório.*
> *– Ei, você, aí! Venha cá.*
> *O homem pareceu surpreso, levantou-se, veio até a porta e disse:*
> *– Sim?*
> *– Eu quero aquela mesa no canto e tudo o que está nela transportado para um escritório vazio neste andar, imediatamente.*
> *Ele supervisionou a mudança de Coster e sua outra mesa para outro escritório, certificou-se de que o telefone no novo escritório estava desconectado e, pensando melhor, fez com que um sofá também fosse levado para lá.*
> *– Vamos instalar um projetor, uma máquina para rascunhos, caixas de livros e outras porcarias como estas hoje à noite – disse ele a Coster. – Só faça uma lista de qualquer coisa que você precise para trabalhar em engenharia.*

> Ele voltou para o escritório destinado ao engenheiro chefe e começou rapidamente a tentar descobrir em que pé estava a organização e o que havia de errado com ela.
>
> Algumas horas depois ele levou Berkeley para apresentá-lo a Coster. O engenheiro chefe estava sonolento em sua mesa, a cabeça aninhada nos braços. Harriman começou a se afastar, mas Coster levantou-se.
>
> – Oh, desculpem! – disse ele, corando. – Acho que apaguei.
>
> – Foi por isso que eu trouxe o sofá – disse Harriman. – É mais confortável. Bob, apresento-lhe Jock Berkeley. Ele é seu novo escravo. Você continua sendo o engenheiro chefe e dando as ordens, você é o manda-chuva. Jock é o Lorde Acima de Todas as Outras Coisas. De agora em diante, você não tem nada mais com que se preocupar, exceto aquele pequeno detalhe de construir a Nave Lunar.
>
> Eles se cumprimentaram.
>
> – Apenas uma coisa eu quero pedir-lhe, Sr. Coster. – Berkeley disse com seriedade. Passe-me tudo o que desejar. O senhor é responsável pelo espetáculo técnico, mas, pelo amor de Deus, faça registros para que eu saiba o que está acontecendo. Eu instalarei um botão em sua mesa para ligar um gravador protegido em minha mesa.
>
> – Muito bem! – Coster já estava parecendo, pensou Harriman, mais jovem.
>
> – E se o senhor quiser qualquer coisa que não seja técnica, não o faça. Apenas aperte esta tecla e assobie que será feito! – Berkeley olhou para Harriman. – O Chefe disse que quer falar com você sobre o verdadeiro trabalho. Vou deixá-los para que se ocupem. – Saiu da sala.
>
> Harriman sentou-se; Coster repetiu seu gesto e disse:
>
> – Uau!
>
> – Sente-se melhor?
>
> – Eu gosto do jeito desse cara, o Berkeley.
>
> – Isso é bom, ele é o seu irmão gêmeo de agora em diante. Pare de se preocupar, eu já o utilizei antes. Você se sentirá como se estivesse vivendo em um hospital bem administrado.[2]

Esta história dificilmente precisaria de um comentário analítico. Este arranjo, também, pode funcionar eficazmente.

Eu suspeito que este último arranjo funcione melhor em equipes pequenas, como analisado no Capítulo 3, "A Equipe Cirúrgica". Eu penso que o produtor como chefe é um arranjo mais adequado para grandes subárvores de um projeto realmente grande.

A Torre de Babel foi, talvez, o primeiro fiasco de engenharia, mas não foi o último. A comunicação e sua consequente organização são críticas para o sucesso. As técnicas de organização e comunicação demandam do gerente tanto a competência de raciocínio quanto experiência, da mesma maneira que demanda a própria tecnologia de software.

8

Prevendo o Lançamento

Douglas Crockwell, *Ruth calls his shot*, World Series, 1932
Reproduzido com autorização da revista *Esquire* e de Douglas Crockwell, © 1945 (renovada em 1973) pela Esquire, Inc., e cortesia do National Baseball Museum.

8

Prevendo o Lançamento*

A prática é o melhor dos instrutores.

PUBLILIUS

A experiência é uma querida professora, mas os tolos aprenderão com nenhuma outra.

POOR RICHARD'S ALMANAC

---

* O título original deste Capítulo é *Calling the Shot*, referindo-se ao costume que têm os jogadores de beisebol de apontar para onde rebaterão o lançamento do atirador. (N. T.)

Quanto

tempo levará um trabalho de programação de um sistema? Quanto esforço será necessário? Como calcular isso?

Sugeri anteriormente quocientes que parecem aplicar-se ao tempo de planejamento, à codificação, ao teste de componentes e ao teste do sistema. Em primeiro lugar, cabe dizer que *não* se calcula toda uma tarefa pela estimativa apenas da parte relativa à codificação, aplicando-se depois os quocientes. A codificação é apenas cerca de um sexto do problema, e erros em sua estimativa ou nos quocientes poderiam levar a resultados ridículos.

Segundo, cabe informar que os dados para a construção de programas pequenos e isolados não se aplicam a produtos de programação de sistemas. Para um programa de cerca de 3.200 palavras,* por exemplo, Sackman, Erikson e Grant relatam uma média de tempo para codificação e depuração de cerca de 178 horas para um único programador, número que poderia extrapolar para dar uma produtividade de 35.800 declarações por ano. Um programa com a metade desse tamanho tomou menos de um quarto do tempo e extrapolou uma produtividade de quase 80.000 declarações por ano.[1] Planejamento, documentação, testes, integração do sistema e tempos de treinamento devem ser adicionados. A extrapolação linear de números pontuais não tem significado algum. A extrapolação linear para a corrida de cem metros mostra que um homem pode correr mais de um quilômetro e meio em menos de três minutos.

---

* O autor usa o termo "palavra" como a representação de um comando ou declaração única em uma linguagem de programação assembly – linguagem de máquina. O sentido é o mesmo usado em "palavras reservadas", aquelas reservadas para operações realizadas pela linguagem e que não podem ser usadas para outras coisas. Adiante, no texto, quando é feita a comparação com linguagens de alto nível, isto torna-se mais claro. (N. T.)

Antes de dispensar tais extrapolações, porém, observemos que esses números, ainda que não sejam usados rigorosamente para comparar problemas, indicam que o esforço aumenta exponencialmente, mesmo quando nenhuma comunicação é envolvida, exceto a daquele homem com suas próprias memórias.

A Figura 8.1 conta essa triste história. Ela ilustra os resultados de uma pesquisa feita por Nanus e Farr[2] na System Development Corporation. Ela mostra um expoente de 1,5, ou seja:

$$\text{esforço} = (\text{constante}) \times (\text{número de instruções})^{1,5}$$

Outra pesquisa do SDC relatado por Weinwurm[3] também mostra um expoente próximo de 1,5.

Alguns poucos estudos em produtividade de programador foram feitos e propuseram-se muitas técnicas para estimativas. Morin preparou uma pesquisa com os dados publicados.[4] Tentarei aqui fornecer apenas alguns poucos itens que parecem ser especialmente esclarecedores.

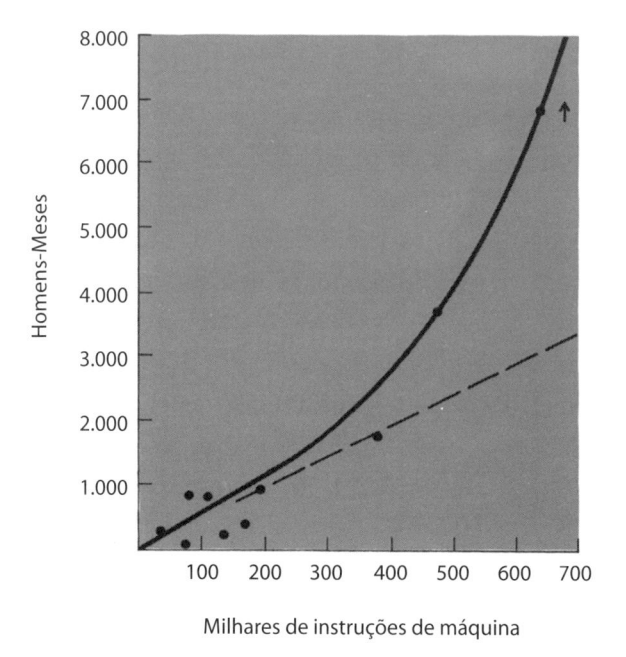

FIGURA 8.1 Esforço de programação como função do tamanho do programa

Os Dados de Portman

Charles Portman, gerente da divisão de Software da ICL, Computer Equipment Organization (Northwest), em Manchester, apresenta uma percepção pessoal e útil.[5]

Ele descobriu que sua equipe de programação errava, mais ou menos na metade, sua previsão de cronogramas – cada tarefa levava cerca do dobro do tempo previsto. As estimativas eram feitas de forma cuidadosa, por equipes experientes que estimavam homens-horas para muitas centenas de subtarefas em um gráfico PERT. Quando um padrão de atraso surgia, ele pedia que a equipe mantivesse registros cuidadosos do uso de seu tempo. Esses registros mostraram que os erros de estimativa poderiam ser totalmente creditados ao fato de que suas equipes estavam apenas usando 50% de sua semana de trabalho para a real programação e depuração. Tempos de indisponibilidade da máquina, trabalhos de alta prioridade não relacionados ao projeto, reuniões, burocracia, assuntos da empresa, doenças, tempo pessoal, etc., contabilizavam o resto. Em suma, a estimativa fazia uma premissa irreal sobre o número de horas de trabalho técnico por homem-ano. Minha experiência confirma bem a sua conclusão.[6]

Os Dados de Aron

Joel Aron, gerente de tecnologia de sistemas da IBM em Gaithersburg, Maryland, estudou a produtividade de programadores em nove grandes sistemas (em outras palavras, *grandes* significam mais de 25 programadores e 30.000 instruções a serem entregues).[7] Ele divide tais sistemas de acordo com as interações entre os programadores (e partes do sistema) e descobre níveis de produtividade como os seguintes:

Muito poucas interações	10.000 instruções por homem-ano
Algumas interações	5.000 instruções por homem-ano
Muitas interações	1.500 instruções por homem-ano

Os homens-anos não incluem atividades de suporte e testes de sistema, apenas projeto e programação. Quando estes números são diluídos por um fator de dois para incluir os testes de sistema, eles correspondem muito aproximadamente aos dados de Harr.

Os Dados de Harr

John Harr, gerente de programação dos sistemas de chaveamento eletrônicos (ESS – Electronic Switching Systems) dos laboratórios da Bell Telephone, relatou a sua experiência e a de outros em um artigo apresentado na Spring Joint Computer Conference de 1969.[8] Esses dados são mostrados nas Figuras 8.2, 8.3 e 8.4.

Entre todas, a Figura 8.2 é a mais detalhada e útil. Os primeiros dois trabalhos são basicamente programas de controle, e os dois seguintes são basicamente tradutores de linguagens. A produtividade é definida em termos de palavras depuradas por homem-ano. Isso inclui programação, teste de componentes e teste de sistema. Não está claro, porém, quanto do esforço de planejamento, suporte ao equipamento, escrita de código e itens semelhantes estão incluídos.

	Unidades de programação	Número de programadores	Anos	Homens-anos	Palavras de programação	Palavras por homem-ano
Operacional	50	83	4	101	52.000	515
Manutenção	36	60	4	81	51.000	630
Compilador	13	9	2¼	17	38.000	2.230
Tradutor (Montador de dados)	15	13	2½	11	25.000	2.270

FIGURA 8.2 Resumo dos quatro principais trabalhos de programação do ESS

A produtividade, desta maneira, cai em duas classificações. A relativa a programas de controle está em cerca de 600 palavras por homem-ano. A que é relativa aos tradutores é de cerca de 2.200 palavras por homem-ano. Note que todos os quatro programas têm tamanhos similares – a variação está na dimensão dos grupos de trabalho, na duração e no número de módulos. Qual é a causa e qual é o efeito? Os programas de controle necessitam de mais pessoas porque são mais complicados? Ou eles requerem mais módulos e mais homens-meses porque são dedicadas mais pessoas para eles? Eles demoram mais tempo para serem desenvolvidos porque sua complexidade é maior ou porque mais pessoas trabalham neles? É impossível ter certeza. Os programas de controle são, realmente, mais complexos. Deixando as incertezas de lado, os números descrevem os índices reais de produtividade atingidos em um grande sistema, utilizando-se técnicas de programação atuais. Portanto, esses índices são uma contribuição real.

As Figuras 8.3 e 8.4 mostram alguns dados interessantes sobre as taxas de programação e depuração quando comparadas com as taxas previstas.

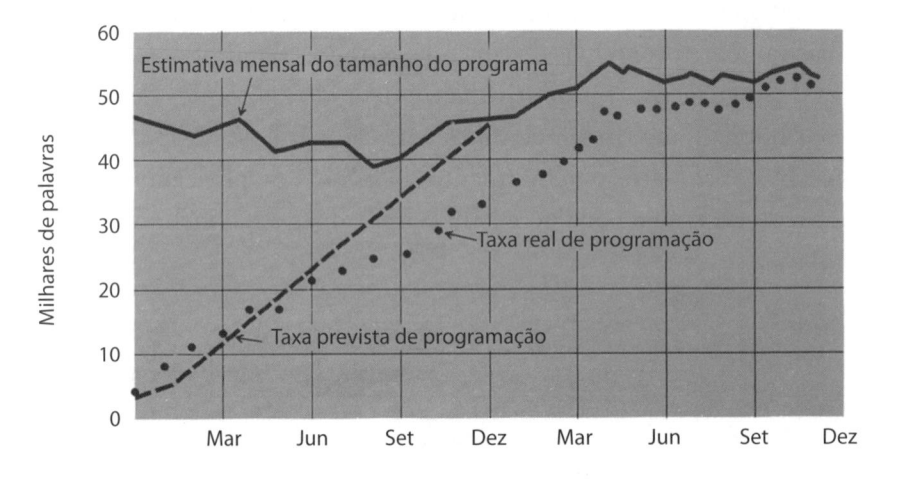

FIGURA 8.3 Taxas de programação previstas e reais no ESS

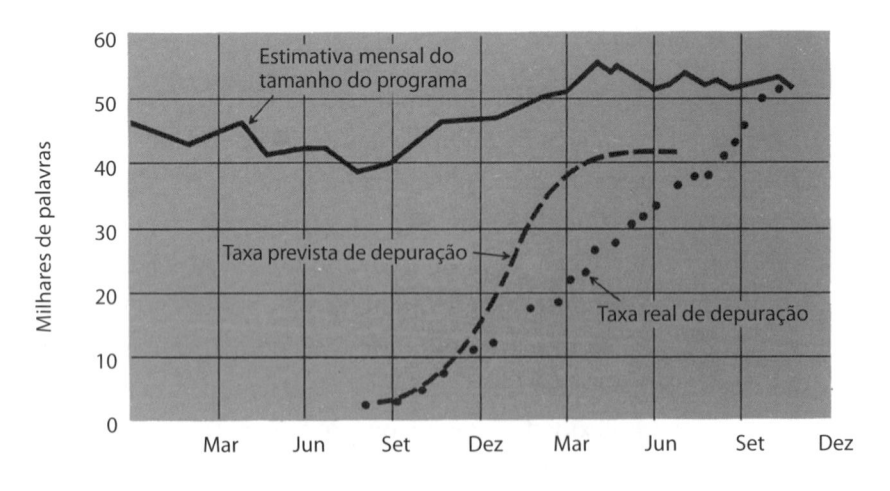

FIGURA 8.4 Taxas de depuração previstas e reais no ESS

Dados do OS/360

A experiência com o IBM OS/360, ainda que não esteja disponível com o mesmo nível de detalhamento dos dados de Harr, os confirma. Taxas de produtividade na faixa de 600-800 instruções depuradas por homem-ano foram as observadas em grupos dos programas de controle. Taxas entre 2.000-3.000 instruções depuradas por homem-ano foram conseguidas pelos grupos de tradução de linguagem. Essas taxas incluem o planejamento feito pelo grupo, a codificação dos testes de componentes, os testes de sistema e algumas atividades de suporte. Elas são comparáveis com os dados de Harr em tudo que eu possa dizer.

Os dados de Aron, de Harr e do OS/360 confirmam, todos, diferenças impressionantes de produtividade relativas à complexidade e à dificuldade de determinada tarefa. Minha dica no atoleiro complexo das estimativas é que os compiladores são três vezes piores que programas para aplicações em lote, e que os sistemas operacionais são três vezes piores que compiladores.[9]

Dados de Corbató

Tanto os dados de Harr quanto os do OS/360 são para programas em linguagem *assembly*. Poucos dados parecem ter sido publicados sobre a produtividade com o uso de linguagens de alto nível. Corbató, do projeto MAC, do MIT, entretanto, relata uma produtividade média de 1.200 linhas de declarações PL/I depuradas por homem-ano no sistema MULTICS (entre um e dois milhões de palavras).[10]

Este número é bem encorajador. Como os outros projetos, o MULTICS inclui programas de controle e tradutores de linguagens. Da mesma forma, seu resultado é um produto de programação de sistemas, testado e documentado. Os dados parecem ser comparáveis nos termos do tipo de esforço exigido. E o número da taxa de produtividade é uma boa média entre as taxas para o programa de controle e o tradutor em relação a outros projetos.

Mas os números de Corbató são expressos em *linhas* por homem-ano, não em *palavras*! Cada declaração em seu sistema corresponde a cerca de três a quatro palavras em código escrito manualmente! Isto leva a duas conclusões importantes.

- A produtividade parece constante em termos de declarações elementares, uma conclusão que é razoável pensando-se no que uma declaração requer e em seus erros inerentes.[11]
- A produtividade na programação pode ser aumentada em até cinco vezes quando se utiliza uma linguagem de alto nível.[12]

9

Dez Quilos em um Saco de Cinco

Gravura reproduzida a partir de uma pintura de Heywood Hardy
Arquivo Bettman

9

Dez Quilos em um Saco de Cinco

O autor deveria observar Noé e... aprender – como foi feito na Arca – a amontoar uma grande quantidade de matéria em um pequeníssimo círculo.

SYDNEY SMITH, *EDINBURGH REVIEW*

O Espaço do Programa como Custo

Qual o tamanho dele? Além do tempo que consome, o espaço ocupado por um programa é o seu principal custo. Isso é válido mesmo para programas proprietários, em que o usuário paga ao autor uma taxa que, no fundo, é uma parcela do custo de desenvolvimento. Observe o sistema interativo de software APL da IBM. Ele é alugado por US$400 ao mês e, quando utilizado, toma ao menos 160 Kbytes de memória. No modelo 165, o valor do aluguel de memória é cerca de US$12 por kilobyte por mês. Se o programa está disponível em tempo integral, paga-se US$400 pelo aluguel do software e US$1.920 pelo aluguel de memória para que se possa utilizar o programa. Se o sistema APL é utilizado apenas quatro horas por dia, o aluguel do software ainda será de US$400, com US$320 adicionais ao mês para o aluguel da memória.

É comum ouvir as pessoas expressarem seu horror diante de uma máquina de 2 Mbyte com 400 K dedicados a seu sistema operacional. É uma bobagem tão grande quanto criticar um Boeing 747 porque ele custa US$27 milhões. É necessário perguntar também "O que ele faz?". O que se obtém em facilidade de uso e desempenho (com a utilização eficiente do sistema) para compensar os dólares gastos? Poderiam os US$4.800 mensais que foram investidos em aluguel de memória frutificar mais se investidos em outro hardware, em programadores, em programas aplicativos?

O projetista do sistema coloca parte de seu recurso total de hardware em programas residentes na memória quando ele pensa que isso beneficiará mais o usuário do que expansões, discos etc. Fazer isso de outra forma seria uma irresponsabilidade. E o resultado deve ser avaliado de forma integral. Ninguém pode criticar um sistema de programação pelo seu tamanho *per se* e ao mesmo tempo exigir consistentemente uma integração mais próxima entre o hardware e o projeto de software.

Como o espaço é grande parte do custo de utilização no que diz respeito a um produto de sistema de programação, o construtor deve configurar metas para tal espaço, controlá-lo e conceber técnicas para a sua redução, da mesma maneira que o construtor do hardware configura metas para o número de componentes e cria técnicas para reduzir tal número. Como qualquer custo, o do espaço em si não é ruim. Mas para o espaço desnecessário é.

Controle de Espaço

Para o gerente de projeto, o controle de espaço é uma tarefa em parte técnica e em parte gerencial. É necessário estudar os usuários e suas aplicações para dimensionar o espaço dos sistemas a serem oferecidos. Em seguida, esses sistemas têm de ser subdivididos, e cada componente deve ter um determinado objetivo de tamanho. Como as negociações em torno da velocidade e do espaço vêm em saltos quânticos relativamente grandes, definir objetivos de tamanho é um negócio de risco, requerendo o conhecimento das possibilidades de negociação dentro de cada porção do sistema. O gerente sábio sempre mantém alguma reserva para si, que pode ser distribuída à medida que o trabalho progride.

No OS/360, embora tudo tenha sido feito com muito cuidado, mesmo assim novas lições foram dolorosamente aprendidas.

Em primeiro lugar, não basta definir o objetivo para o tamanho do núcleo (*core*). É necessário orçar todos os aspectos do dimensionamento. A maioria dos sistemas operacionais anteriores residiam em fitas magnéticas, e os longos tempos de busca da informação nelas contida significava que não haveria a tentação de usá-las de forma casual para a carga de segmentos de programas. O OS/360 era residente em disco, assim como seus predecessores imediatos, o sistema operacional Stretch e o sistema operacional de disco 1410-7010. Seus construtores deliciaram-se na liberdade do acesso barato a discos. O resultado inicial foi desastroso para o desempenho.

Ao dimensionar espaço no núcleo para cada componente, não definimos simultaneamente o orçamento para acessos. Como qualquer um com visão perfeita poderia esperar, um programador, ao descobrir que seu programa ultrapassava o seu dimensionamento para o núcleo, o dividia em superposições (*overlays*). Esse processo ocasionava aumento do tamanho total do sistema e tornava mais lenta sua execução. O mais grave é que nosso sistema de controle de gerenciamento nunca mediu ou detectou isto. Cada homem relatava o quanto do núcleo *ele* estava utilizando e, desde que estivesse dentro dos objetivos, ninguém se preocupava.

Felizmente, logo não tardou o dia em que o simulador de desempenho do OS/360 começou a funcionar. Os primeiros resultados indicaram problemas profundos. Fortran H, em um Model 65 "envenenado", simulou a compilação de cinco declarações por minuto! O aprofundamento mostrou que os módulos do controle de programa estavam, cada qual, fazendo muitos, excessivos acessos ao disco. Mesmo os módulos supervisores de alta frequência estavam fazendo muitas viagens ao poço e o resultado era bastante similar ao *thrashing** de páginas.

A primeira lição que se tira é evidente: Defina o orçamento total para o tamanho, assim como o orçamento para espaços residentes. Defina o orçamento para acesso aos dados armazenados em disco, assim como para os tamanhos.

A próxima lição foi bem semelhante. Os orçamentos para espaço foram definidos antes de se fazerem alocações funcionais precisas para cada módulo. Como resultado, cada programador que enfrentava um problema de espaço examinava seu código para ver o que ele poderia jogar para o espaço de um vizinho. Assim, os *buffers* gerenciados pelo programa de controle tornaram-se parte do espaço de usuário. O mais grave é que a mesma coisa aconteceu com todos os tipos de blocos de controle, e o efeito foi bastante comprometedor para a segurança e a proteção do sistema.

Assim, a segunda lição é clara: Defina exatamente o que um módulo deve fazer quando você especificar quão grande ele deverá ser.

Uma terceira e profunda lição aparece dessas experiências. O projeto era grande o suficiente e a gestão da comunicação pobre o bastante para fazer com que muitos membros da equipe vissem uns aos outros como concorrentes por pontos, em vez de construtores de produtos de programação. Cada um subotimizava sua parte para atingir seu objetivo. Poucos paravam para pensar sobre o efeito total no cliente. Essa quebra na orientação e comunicação é o maior perigo para grandes projetos. Durante toda a implementação, os arquitetos do sistema devem manter vigilância constante para garantir a contínua integridade do sistema. Além desse policiamento, está a questão de atitude dos próprios

---

* *Thrashing* é o efeito da troca excessiva de páginas na memória auxiliar de um computador, comumente conhecida por área de troca ou *swap*. (N. T.)

implementadores. O incentivo para uma atitude orientada ao usuário, visando ao sistema completo, pode muito bem ser a mais importante função do gerente de programação.

Técnicas de Dimensionamento de Espaço

Nenhuma quantidade de orçamento de espaço ou controle consegue manter um programa pequeno. Isso requer talento e arte.

É óbvio que mais funcionalidade requer mais espaço, mantida a velocidade constante. Assim, a primeira área nesse artesanato está na troca entre funcionalidade e tamanho. Aqui já surge uma profunda questão política: quanto dessa escolha deve caber ao usuário? Um programa pode ser projetado com muitas funcionalidades opcionais, cada qual ocupando pouco espaço. Pode ser projetado um gerador que, a partir de uma lista de opções, monte apropriadamente o programa. Mas, para qualquer conjunto particular de opções, um programa mais monolítico ocupará menos espaço. É mais ou menos como um carro: se a luz de conveniência, o acendedor de cigarros e o relógio são cotados como única opção, o pacote terá um custo menor do que cada item escolhido separadamente. Assim, o projetista deve decidir qual deve ser a granularidade das opções para o usuário.

No projeto de um sistema para uma variedade de tamanhos de memória, surge outra questão básica. Um efeito limitante evita que a variação na adequabilidade da faixa de memória disponibilizada seja arbitrariamente ampla, mesmo com uma modularidade finamente granular de funções. No menor dos sistemas, os módulos estarão, em sua maioria, superpostos. Uma parte substancial do espaço residente do sistema menor deve ser reservada como área transiente ou de paginação, para a qual outras partes são trazidas. O tamanho dessa área determina o de todos os módulos. E a quebra de funções em módulos pequenos tem um custo tanto em desempenho quanto em espaço. Assim, um sistema grande, que pode dar-se ao luxo de uma área transiente vinte vezes maior, irá, portanto, economizar apenas em acessos. Ele ainda sofrerá tanto em velocidade quanto em espaço, porque o tamanho do módulo é muito pequeno. Esse efeito limita a máxima eficiência de um sistema que possa ser gerado a partir de módulos de um pequeno sistema.

A segunda área desse artesanato é a negociação entre espaço e tempo. Para uma determinada função, quanto maior o espaço, maior a sua velocidade. Isso é válido em uma escala tão grande, que chega a impressionar. É isso que torna a orçamentação de espaço factível.

O gerente pode tomar duas providências para ajudar sua equipe a fazer boas negociações relativas a espaço e tempo. Uma é garantir que eles sejam treinados em técnicas de programação, não permitindo que confiem apenas em sua sabedoria natural e experiências anteriores. Para uma nova linguagem ou máquina, isso é especialmente importante. As peculiaridades no uso das novas habilidades devem ser aprendidas rapidamente e compartilhadas de maneira ampla, talvez com prêmios especiais ou mérito para novas técnicas.

A outra providência é reconhecer que a programação dispõe de uma tecnologia e que componentes precisam ser fabricados. Cada projeto precisa de um diário recheado de boas sub-rotinas ou macros para enfileiramento, pesquisa, embaralhamento e ordenação. Para cada uma dessas funções, o diário deve ter ao menos dois programas: o rápido e o enxuto. O desenvolvimento de tal tecnologia é uma importante tarefa de percepção, que pode ser executada em paralelo à arquitetura do sistema.

Representação é a Essência da Programação

Além da arte, encontra-se a invenção e é aí que programas enxutos, econômicos e rápidos nascem. Quase sempre eles são resultados de avanço estratégico, em vez de sabedoria tática. Às vezes, o avanço estratégico será um novo algoritmo, como a Transformada Rápida de Fourier de Cooley-Tukey (*Cooley-Tukey Fast Fourier Transform*) ou a substituição de uma ordenação $n \log n$ por um conjunto de comparações n^2.

É muito mais comum os avanços estratégicos virem da remanufatura da representação de dados ou tabelas. É aí que reside o coração de um programa. Mostre-me seus diagramas de fluxo e esconda suas tabelas, e eu continuarei mistificado. Mostre-me suas tabelas, e eu normalmente não precisarei de seus diagramas de fluxo, pois eles serão óbvios.

É fácil multiplicar exemplos do poder da representação. Lembro-me de um jovem que assumiu a tarefa de construir um elaborado interpretador de console para o IBM 650. Ele conseguiu empacotá-lo em uma quantidade de espaço incrivelmente pequena, escrevendo um interpretador para o interpretador, reconhecendo que as interações humanas são lentas e pouco frequentes, mas que o espaço tinha seu preço. O pequeno e elegante compilador Fortran da Digitek usa uma representação muito densa e especializada para o próprio código do compilador, de forma que a memória externa é desnecessária. O tempo consumido em decodificar essa representação é ganho dez vezes mais por evitar entradas e saídas. (Os exercícios ao final do Capítulo 6 do livro *Automatic Data Processing*,[1] de Brooks e Iverson, incluem uma coleção de tais exemplos, assim como muitos dos exercícios de Knuth.)[2]

O programador que atinge o limite de sua sabedoria, em função da falta de espaço pode frequentemente fazer melhor, desvencilhando-se do seu código, dando um passo atrás e contemplando seus dados. A representação *é* a essência da programação.

10

A Hipótese dos Documentos

W. Bengough, *Scene in the old Congressional Library,* 1987
Arquivo Bettman

10

A Hipótese dos Documentos

A hipótese:
 Em meio a uma grande quantidade de papel, um pequeno número de documentos torna-se o eixo principal ao redor do qual gira a gestão do projeto. Esses documentos são as principais ferramentas do gerente.

A tecnologia, a organização ao redor e as tradições da arte conspiram para definir certos itens de documentação que um projeto deve preparar. Para o novo gerente, recém-chegado a esse artesanato, tais documentos parecem ser algo que incomoda sem cessar, uma distração desnecessária e uma maré branca que ameaça engoli-lo. E, de fato, a maioria destes documentos é exatamente isto.

Aos poucos, porém, ele começa a perceber que um pequeno conjunto desses documentos incorpora e expressa a maior parte de seu trabalho de gestão. A preparação de cada um deles proporciona a perfeita ocasião para focar o pensamento e cristalizar discussões que, de outra forma, seriam intermináveis. Sua manutenção torna-se seu mecanismo de vigilância e alerta. O próprio documento funciona como uma lista de verificação, um controle de status e a base de dados para seus relatórios.

Vamos ver como isso deveria funcionar no que diz respeito a um projeto de software, vamos examinar os documentos específicos que são úteis em outros contextos para descobrir se emerge alguma generalização.

Documentos para um Produto Computacional

Suponha que uma máquina está sendo construída. Quais são os documentos imprescindíveis?

Objetivos. Eles definem a necessidade a ser atendida e as metas, os desejos, os limites e as prioridades.

Especificações. Trata-se do manual do computador em conjunto com as especificações de desempenho. É um dos primeiros documentos gerados na proposição de um novo produto e o último a ser finalizado.

Cronograma

Orçamento. Não constitui apenas uma limitação, o orçamento é um dos documentos mais úteis para o gerente. A existência de um orçamento força decisões técnicas que de outra forma seriam evitadas e, o que é mais importante, ele força e torna claras as decisões políticas.

Organograma

Distribuição de espaço

Estimativas, perspectiva, preços. Esses três itens estão ciclicamente interligados, determinando o sucesso ou o fracasso do projeto:

```
Perspectiva ———→ Estimativa
         ↖     ↙
          Preços
```

Para gerar uma perspectiva de mercado (*market forecast*), são necessárias especificações de desempenho e a postulação de preços. O alcance dessa perspectiva e a contagem de componentes do projeto determinam o custo estimado de manufatura e também a divisão do custo estimado por unidade de desenvolvimento e custos fixos. Esses custos, por sua vez, determinam os preços.

Caso os preços estejam *abaixo* dos postulados, uma feliz espiral de sucesso começa. As previsões aumentam, custos unitários caem e os preços caem ainda mais.

Se os preços estão *acima* daqueles postulados, uma espiral negativa se inicia e todos devem lutar para quebrá-la. O desempenho deve ser melhorado, e novas aplicações desenvolvidas a fim de dar suporte a previsões maiores. Os custos devem ser espremidos para gerar estimativas mais baixas. O extremo exercício desse ciclo é uma disciplina que não raro evoca o melhor trabalho de marketing e engenharia.

Ele também pode levar a um vacilo ridículo. Eu lembro de uma máquina cujo contador de instruções entrava e saía da memória física a cada seis meses durante os três anos do ciclo de desenvolvimento. Em determinada fase, um pouco mais de desempenho era requerido e, assim, o contador de instruções era implementado com transístores. Na próxima fase, a redução de custos era o tema, assim, o contador era implementado como uma posição de memória. Em outro projeto, o melhor gerente de engenharia que já vi serviu frequentemente como um volante inercial gigante, absorvendo as flutuações vindas das equipes de marketing e gestão.

Documentos para um Departamento* de uma Universidade

Apesar das imensas diferenças de propósito e atividade, um número de documentos similares forma o conjunto crítico para o coordenador de um departamento de uma universidade. Praticamente todas as decisões da reitoria, do conselho de professores ou das coordenadorias são uma especificação (ou implicam uma modificação) dos seguintes documentos:

Objetivos

Descrições de cursos

Requisitos de graduação

Propostas de pesquisa (e projetos, se financiados)

Cronogramas de aulas e designação de professores

Orçamento

Distribuição de espaço

Designação de funcionários e estudantes de graduação

Note que os componentes são muito semelhantes aos de um produto computacional: os objetivos, as especificações de produto, a distribuição de tempo e a designação de pessoas. Apenas os documentos relativos ao preço estão faltando. Aqui, a lei** assume sua tarefa. As semelhanças não são acidentais – as preocupações de um gerente devem ser sempre o quê, quanto, qual o preço, onde e quem.

Documentos para um Projeto de Software

Em muitos projetos de software, as pessoas começam a organizar reuniões para debater a estrutura e, depois, começam a escrever os programas. Não importam as dimensões do projeto. O gestor começa de imediato a formalizar, ao menos, pequenos documentos que servirão como sua base de dados. E ele acaba precisando de documentos muito parecidos com aqueles dos quais muitos outros gerentes dependem.

---

* No sentido em que o autor usa *Department* aqui, a palavra poderia ser traduzida como "Coordenação de Curso". (N. T.)
** Nos Estados Unidos, naquela época, os preços para a educação de um indivíduo eram limitados legalmente. (N. T.)

O quê: objetivos. Definem a necessidade a ser atendida e as metas, os desejos, o limites e as prioridades.

O quê: especificações do produto. Começam como uma proposta e terminam como um manual e uma documentação interna. Especificações de velocidade e espaço são a parte crítica.

Quando: cronograma

Quanto: orçamento

Onde: distribuição de espaço

Quem: organograma. Isso acaba por interligar-se com as especificações da interface, como prevê a lei de Conway: "Organizações que projetam sistemas estão limitadas a produzir sistemas que são cópias de sua própria estrutura de comunicação."[1] Conway segue adiante para apontar que o organograma irá inicialmente refletir o primeiro projeto de um sistema, o que quase certamente não será o correto. Se o projeto de um sistema é livre para mudar, a organização também deve estar preparada para mudanças.

Por que Ter Documentos Formais?

Em primeiro lugar, porque escrever as decisões é fundamental. Apenas quando se escreve é que as lacunas aparecem e as incoerências afloram. O ato de escrever acaba por requerer uma centena de pequenas decisões, e a existência delas distingue as políticas claras e exatas daquelas confusas.

Em segundo lugar, porque os documentos comunicarão as decisões para outros. O gerente será continuamente surpreendido pelo fato de que as decisões que ele tomou para o conhecimento de todos são totalmente desconhecidas por algum membro de sua equipe. Uma vez que seu trabalho fundamental é manter todos na mesma direção, sua principal tarefa diária é a comunicação, não a tomada de decisão, e seus documentos irão aliviar imensamente essa carga.

Finalmente, os documentos do gerente dão a ele a base de dados e a lista de verificação. Ao revê-los periodicamente, ele vê onde se encontra e quais as mudanças de ênfase ou de direção são necessárias.

Eu não compartilho da visão projetada pelo vendedor de um "sistema de gestão total da informação", no qual um executivo digita uma questão ao computador e sua resposta brilha na tela. Há muitas razões fundamentais pelas quais isso nunca acontecerá.

Uma razão é que apenas uma pequena parcela – talvez 20% – do tempo de um executivo é gasto em tarefas para as quais ele precisa de informação que não esteja em sua mente. O resto é comunicação: ouvir, relatar, ensinar, advertir, aconselhar, incentivar. Mas, para a parcela que *é* baseada em dados, uma porção de documentos críticos é vital, e eles atenderão a praticamente todas as necessidades.

A tarefa do gerente é desenvolver um plano e executá-lo. Mas apenas um plano escrito é preciso e comunicável. Tal plano consiste em documentos sobre o quê, quando, quanto, onde e quem. Esse pequeno conjunto de documentos importantíssimos incorpora muito do trabalho do gerente. Se sua natureza completa e crítica é reconhecida desde o princípio, o gerente pode tê-los como ferramentas amigáveis, em lugar de um trabalho tedioso. Ao fazer isso, ele acertará sua direção de forma muito mais exata e rápida.

11

Inclua em Seus Planos o Verbo Descartar

Colapso da ponte de Tacoma Narrows, aerodinamicamente mal projetada, 1940
UPI Photo/Arquivo Bettman

11

Inclua em Seus Planos o Verbo Descartar

*Não há nada neste mundo que seja constante,
a não ser a inconstância.*

SWIFT

*Faz parte do bom senso pegar um método e testá-lo.
Se ele falhar, admita isso francamente e tente outro.
Mas, acima de tudo, tente algo.*

FRANKLIN D. ROOSEVELT[1]

Plantas Piloto e a Escalabilidade

Os engenheiros químicos aprenderam há tempos que um processo que funciona em um laboratório não pode ser implementado em uma fábrica em apenas uma etapa. É necessário um passo intermediário, chamado *planta-piloto*, para dar a experiência na escala em quantidades superiores para a operação em ambientes onde não há proteção. Por exemplo, o processo laboratorial para dessalinizar água será testado em uma planta-piloto com capacidade de 40 mil litros por dia antes de ser usado em um sistema comunitário de água com a capacidade de oito milhões de litros por dia.

Construtores de sistemas de programação também estiveram expostos a esta lição, mas parece que eles ainda não aprenderam. Em sucessivos projetos, elabora-se um conjunto de algoritmos que é inserido na construção de um software, a ser entregue ao cliente em um cronograma que exige a entrega do primeiro item construído.

Na maioria dos projetos, o primeiro sistema de arquivos é muito pouco utilizável. Ele pode ser muito lento, muito grande, difícil de usar ou tudo isso ao mesmo tempo. Não há alternativa a não ser começar de novo, agora com mais experiência, e construir uma versão redesenhada com os problemas resolvidos. O descarte e redesenho podem ser feitos de uma vez só ou em partes. Mas todas as experiências com sistemas grandes demonstraram que isso será feito.[2] Quando um novo conceito de sistema ou uma nova tecnologia é utilizada, é necessário construir um sistema para ser descartado, pois mesmo o melhor plano não é onisciente a ponto de ter tudo correto da primeira vez.

O ponto central da gestão, portanto, não é *se* deve ser construído um sistema-piloto para depois jogá-lo fora. Você *fará* isso. A única questão é se o sistema a ser descartado será planejado para isto ou se o sistema a ser jogado fora é o destinado aos clientes. Sob esse ângulo, a questão é muito mais clara. Entregar aos clientes o sistema a ser descartado economiza tempo, só que o preço é a agonia do usuário, a dispersão dos construtores, enquanto trabalham no redesenho do sistema, e a má reputação do produto que, mesmo após o melhor redesenho do projeto, será difícil de superar.

Por isso, *inclua em seus planos o verbo descartar. De qualquer jeito, você fará isso.*

O Único Fator Constante É a Própria Mudança

Ao se admitir que um sistema-piloto deve ser construído e depois descartado e que um redesenho com ideias modificadas é inevitável, torna-se útil encarar integralmente o fenômeno da mudança. O primeiro passo é aceitar o fato da mudança como uma forma de vida, em vez de uma exceção calamitosa e irritante. Cosgrove demonstrou com muita percepção que o programador proporciona a satisfação de uma necessidade do usuário, muito mais que qualquer produto tangível. E tanto a necessidade real quanto a percepção do usuário relativa a essa necessidade mudarão à medida que os programas são construídos, testados e utilizados.[3]

Claro que isso também é válido no tocante às necessidades atendidas por produtos materiais, sejam eles novos carros ou novos computadores. Mas a própria existência de um objeto tangível serve para conter e quantificar a demanda do usuário por mudanças. Tanto a maleabilidade quanto a invisibilidade de um produto de software expõe seus construtores a mudanças perpétuas em seus requisitos.

Longe de mim afirmar que todas as mudanças nos objetivos e requisitos dos clientes devem, podem ou teriam que ser incorporados ao projeto. É evidente que um limite deve ser estabelecido, e ele deve ser mais enfático a medida que o desenvolvimento avança, do contrário um produto jamais aparecerá.

Mesmo assim, algumas mudanças nos objetivos são inevitáveis e é melhor estar preparado para elas do que supor que elas não acontecerão. Não apenas as mudanças nos objetivos são inevitáveis. Mudanças na estratégia e na técnica de desenvolvimento também são. O conceito de descartar é, em si, apenas a aceitação do fato de que, uma vez que se aprende, muda-se o projeto.[4]

Planeje o Sistema para Mudanças

As formas de projetar um sistema para tais mudanças são bem conhecidas e amplamente discutidas na literatura – talvez mais discutidas do que praticadas. Elas incluem a modularização cuidadosa, definição completa e precisa das interfaces entre os módulos e sua completa documentação. Menos obviamente, é desejável o uso de sequências padrão de chamadas e técnicas orientadas a tabelas sempre que possível.

Mais importante é o uso de uma linguagem de alto nível e técnicas de autodocumentação para reduzir erros induzidos por mudanças. Usar operações em tempo de compilação para incorporar declarações padrão ajuda muito quando mudanças são implementadas.

A quantificação das mudanças é uma técnica essencial. Cada produto deve ter versões numeradas e cada versão deve ter seu próprio cronograma e uma data de congelamento, a partir da qual novas mudanças irão para a versão seguinte.

Planeje a Organização para Mudanças

Cosgrove defende o tratamento de todos os planos, as metas intermediárias (*milestones*) e os cronogramas como tentativas de facilitar a mudança. Indo mais além, isso significa que a falha comum em grupos de programação, hoje, tem muito pouco a ver com controle de gestão.

Ainda assim, ele revela uma grande percepção. Ele observa que a relutância em documentar projetos não é por simples preguiça ou falta de tempo. Ao contrário, ela decorre da relutância do projetista em comprometer-se com a defesa de decisões que não passam de tentativas, e ele sabe disso. "Ao documentar um projeto, o projetista expõe-se à crítica de todos e ele deve ser capaz de defender tudo o que escreve. Se, de qualquer maneira, a estrutura organizacional representa uma ameaça, nada será documentado até que seja inteiramente defensável."

Estruturar uma organização para a mudança é muito mais difícil do que projetar um sistema com a mesma finalidade. Cada indivíduo deve ser designado para um trabalho que amplie seus horizontes, de maneira que toda a força de trabalho seja tecnicamente flexível. Em um projeto de grandes dimensões, o gerente precisa manter dois ou três de seus melhores programadores como uma cavalaria técnica que pode galopar para o resgate em qualquer lugar em que a batalha esteja acirrada.

Estruturas de gestão também precisam ser modificadas segundo as mudanças do sistema. Isso quer dizer que o chefe deve dedicar especial atenção a manter seus gerentes e pessoal técnico tão intercambiáveis quanto seus talentos permitam.

As barreiras são sociológicas e devem ser combatidas com vigilância constante. Em primeiro lugar, os próprios gerentes pensam que pessoas com mais experiência são "muito valiosas" para serem usadas na programação de verdade. Depois, trabalhos de gestão dão mais prestígio. Para vencer esse problema, alguns laboratórios, como o Bell Labs, aboliram todos os títulos de cargos. Cada profissional empregado é um "membro da equipe técnica". Outras empresas, como a IBM, mantêm uma escada dupla de ascensão profissional, como mostra a Figura 11.1. Os degraus paralelos são, em teoria, equivalentes.

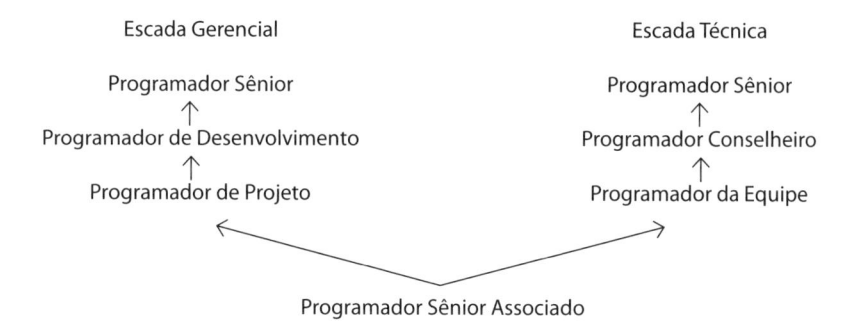

```
       Escada Gerencial                         Escada Técnica
      Programador Sênior                       Programador Sênior
              ↑                                        ↑
  Programador de Desenvolvimento            Programador Conselheiro
              ↑                                        ↑
    Programador de Projeto                   Programador da Equipe
              ←――――――――――――――――――――――――――――――――――→
                     Programador Sênior Associado
```

FIGURA 11.1 A escada dupla de ascensão profissional na IBM

É fácil estabelecer salários correspondentes para degraus paralelos. É muito mais difícil dar a eles o prestígio correspondente. Os escritórios têm que ser iguais em tamanho e objetivo. As atividades de secretaria e outros serviços de apoio devem ser correspondentes. Uma recolocação da escada técnica para um degrau correspondente na gerencial nunca deve ser acompanhada de aumento salarial e deve ser anunciada sempre como "recolocação", nunca como "promoção". A recolocação reversa deve sempre corresponder a um aumento salarial, já que a compensação das forças culturais é necessária.

Gerentes precisam ser enviados a cursos de reciclagem técnica, e a equipe técnica sênior para treinamento de gestão. Os objetivos, o progresso e os problemas de gestão do projeto devem ser compartilhados com toda a equipe sênior.

Sempre que o talento permitir, a equipe sênior deve ser mantida técnica e emocionalmente pronta para gerenciar grupos ou deliciar-se com a construção de programas com suas próprias mãos. Decerto isso requer muito trabalho, e, seguramente, vale a pena.

A noção completa de organizar equipes de programação do tipo cirúrgico é um ataque radical a esse problema. Essa medida tem o efeito de fazer com que um homem sênior não se sinta diminuído ao construir, ele mesmo, programas, e é uma tentativa de remover os obstáculos sociais que o privam do prazer criativo.

Mais do que isso, tal estrutura é projetada para minimizar o número de interfaces. Como tal, ela maximiza a facilidade de mudanças do sistema e torna relativamente tranquila a recolocação de toda a equipe cirúrgica em diferentes tarefas de programação quando as mudanças organizacionais são necessárias. Ela é, de fato, a resposta definitiva para a questão da organização flexível.

Dois Passos Adiante e Um Passo Atrás

Um programa não para de mudar depois que é entregue ao cliente. As mudanças após cada entrega são chamadas de *manutenção do programa*, mas o processo é fundamentalmente diverso do trabalho da manutenção de hardware.

No que diz respeito a um sistema de computador, a manutenção de hardware envolve três atividades: troca de componentes deteriorados, limpeza e lubrificação e a implementação das mudanças de engenharia que corrigem defeitos no projeto. (A maioria, mas não todas as mudanças de engenharia, corrigem defeitos de realização ou implementação e não de arquitetura e, portanto, são invisíveis para o usuário.)

A manutenção do programa não implica em limpeza, lubrificação ou conserto do que se deteriorou. Ela consiste, principalmente, em mudanças que corrigem defeitos de projeto. Com muito mais frequência do que acontece com o hardware, essas mudanças incluem a adição de funções. Em geral, elas são visíveis para o usuário.

O custo total de manutenção de um programa amplamente utilizado costuma ser de 40% ou mais do que seu custo de desenvolvimento. Surpreendentemente, esse custo é bastante afetado pelo número de usuários. Mais usuários encontram mais problemas.

Bety Campbell, do laboratório de ciência nuclear do MIT, aponta o interessante ciclo na vida de uma versão específica de um programa. A Figura 11.2 mostra isso. Inicialmente, antigos problemas encontrados e solucionados em versões anteriores tendem a reaparecer em uma nova versão. Novas funções incorporadas

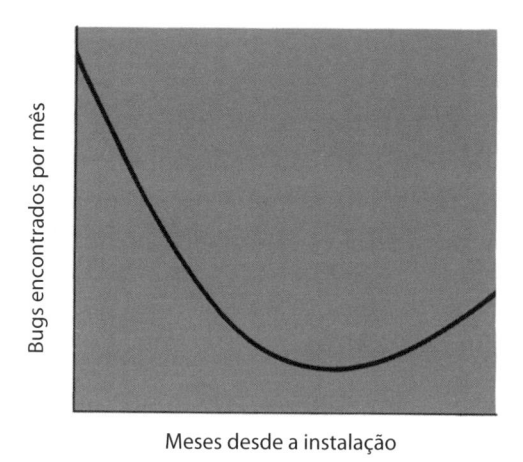

FIGURA 11.2 Ocorrência de bugs como função da idade de uma versão

à nova versão mostram ter defeitos. Esses problemas são resolvidos e tudo vai bem durante vários meses. Depois, o índice de problemas começa a subir novamente. A Srta. Campbell acredita que isso se deve à chegada dos usuários a um novo nível de sofisticação, no qual eles começam a exercitar todas as novas capacidades da versão. Assim, graças a esse intenso exercício, eliminam-se os problemas mais sutis em novas funcionalidades.[5]

O problema fundamental com a manutenção de um programa é que a correção de um defeito tem uma chance considerável (entre 20% e 50%) de introduzir outro. Assim, todo o processo consiste em dois passos para a frente e um passo para trás.

Por que os defeitos não são corrigidos de forma mais limpa? Em primeiro lugar porque até mesmo um defeito sutil mostra-se como algum tipo de falha local. Na verdade, não raro ele tem ramificações que alcançam todo o sistema e que, em geral, não são óbvias. Qualquer tentativa de corrigi-lo com o menor esforço irá reparar seu efeito local e óbvio, mas a menos que a estrutura seja pura ou a documentação muito boa, os efeitos de longo alcance do conserto passarão despercebidos. Em segundo lugar porque aquele que conserta não é, normalmente, quem escreveu o código e, frequentemente, ele é um programador júnior ou *trainee*.

Como consequência da introdução de novos bugs, a manutenção do programa requer muito mais testes de sistema por declaração escrita do que qualquer outra programação. Teoricamente, depois de cada mudança, deve-se executar um banco inteiro de casos de testes que já foram executados anteriormente no sistema, para garantir que o mesmo não tenha sido danificado de alguma forma obscura. Na prática, tal *teste de regressão* deve, de fato, aproximar-se desse ideal teórico, e isso é muito caro.

É claro que métodos de projetar programas de forma a eliminar, ou ao menos evidenciar, efeitos colaterais podem representar um imenso retorno em custos de manutenção, da mesma forma que métodos para a implementação de projetos com menos pessoas, menos interfaces e, portanto, menos bugs.

Um Passo Adiante e Um Passo Atrás

Lehman e Belady estudaram a história de sucessivas versões em um grande sistema operacional.[6] Eles descobriram que o número total de módulos aumenta linearmente com o número da versão, mas que o número total de módulos afetados aumenta exponencialmente a cada nova versão. Todos os reparos tendem a destruir a estrutura, aumentar a entropia e a desordem do sistema. Cada vez menos esforço é dedicado à correção das falhas originais, e mais e mais esforço é dedicado a consertar falhas introduzidas por consertos anteriores. Com o passar do tempo, o sistema torna-se cada vez menos bem-ordenado. Mais cedo ou mais tarde, os consertos deixam de ter alguma vantagem. Cada passo adiante é anulado por um passo atrás. Mesmo que, a princípio, o sistema seja utilizável para sempre, ele se esgotou como base para qualquer progresso. Além disso, as máquinas mudam, as configurações se alteram e os requisitos dos usuários são outros. Assim, de fato, o sistema não é utilizável eternamente. Um projeto completamente novo, a partir do zero, é necessário.

Assim, a partir de um modelo mecânico estático, Belady e Lehman chegam a uma conclusão mais generalizada sobre os sistemas de programação e que é apoiada pela experiência global de todos. "As coisas sempre são melhores no princípio", disse Pascal. C. S. Lewis declarou com muita percepção o seguinte:

Esta é a chave para a história. Imensa energia é consumida – fundam-se civilizações –, excelentes instituições são concebidas, mas sempre dá algo errado. Algum erro fatal sempre leva pessoas egoístas e cruéis ao topo e mais uma vez tudo desmorona em miséria e ruína. De fato, a máquina engüiça. Ela parece dar a partida muito bem e rodar alguns metros, mas depois quebra.[7]

A construção de sistemas de programação é um processo de entropia decrescente, portanto inerentemente metaestável. A manutenção de programas é um processo de entropia crescente e mesmo sua execução mais hábil apenas irá prorrogar a sobrevivência de um programa até que ele atinja um nível de obsolescência do qual não tem volta.

12

Ferramentas Afiadas

A. Pisano, *Lo Scultore*, da Capela de Santa Maria del Fiore, Florença, circa 1335
Scala/Art Resource, NY

12

Ferramentas Afiadas

Um bom trabalhador é reconhecido por suas ferramentas.

PROVÉRBIO

Mesmo nos dias atuais, no tocante às ferramentas, muitos projetos de programação ainda operam como oficinas mecânicas. Cada mecânico mestre tem o seu próprio conjunto, coletado durante toda a vida e cuidadosamente trancado e guardado – as provas visíveis de suas habilidades pessoais. Da mesma forma, o programador mantém pequenos editores, utilitários para ordenação e *dumps** binários, aplicativos para a análise de espaço em disco etc., todos armazenados em seu arquivo pessoal.

Tal enfoque, porém, tem pouca importância para um projeto de programação. Em primeiro lugar, porque o problema essencial é a comunicação e, assim, ferramentas individuais entravam, em vez de ajudar nessa comunicação. Em segundo lugar, porque a tecnologia muda quando se troca de máquina ou linguagem de programação e, por isso, o tempo de vida das ferramentas é curto. Por último, porque é obviamente muito mais eficaz ter o desenvolvimento e a manutenção unificados para ferramentas de programação genéricas.

Ferramentas genéricas não são, porém, suficientes. Tanto as necessidades especiais quanto as preferências pessoais ditam a necessidade também de ferramentas especializadas. Por isso, quando da discussão de equipes de programação, eu postulei a existência de um ferramenteiro por equipe. Esse indivíduo domina todas as ferramentas comuns e é capaz de instruir seu chefe-cliente em seu uso. Ele também constrói as ferramentas especializadas de que seu chefe precisa.

O gerente de um projeto necessita, pois, estabelecer uma filosofia e disponibilizar recursos para a construção de ferramentas comuns. Ao mesmo tempo, ele precisa reconhecer a necessidade de ferramentas especializadas, e não tentar

---

* Fred refere-se aqui às ferramentas utilizadas para extrair dados binários de uma parte da memória e, normalmente, imprimi-los em formato hexadecimal, decimal ou alfanumérico. Desta forma, era possível visualizar o que um determinado programa gravava ou buscava na memória, auxiliando no processo de análise e depuração. (N. T.)

impedir suas equipes de trabalho quando elas constroem as suas próprias. Essa é uma tentação perigosa. Alguém pode sentir que, se todos esses construtores de ferramentas espalhados se reunissem para aumentar a equipe de ferramentas comuns, o resultado seria uma maior eficiência. Mas não é o que acontece.

Quais são as ferramentas sobre as quais o gerente deve filosofar, planejar e organizar? Em primeiro lugar, o *ambiente de computação*. Isso requer máquinas, assim como uma filosofia de agendamento a ser adotada. E requer também um *sistema operacional* e filosofias de serviço a serem estabelecidas. Requer uma *linguagem de programação* e uma política de linguagem definida. Depois vêm os *utilitários*, os *auxiliares de depuração*, os *geradores de casos de testes* e um *sistema de processamento de texto* para tratar da documentação. Vamos analisar cada item.[1]

Máquinas-alvo

O suporte de máquinas costuma ser dividido entre a *máquina-alvo* e as *máquinas-veículo*. A máquina-alvo é aquela para a qual o software está sendo escrito e onde ele deve, principalmente, ser testado. As máquinas-veículo são aquelas que fornecem os serviços usados na construção do sistema. Se um novo sistema operacional está sendo construído para uma máquina antiga, ela pode servir não apenas de alvo, mas também de veículo.

QUE TIPO DE INSTALAÇÃO ALVO? Equipes construindo supervisores ou outros softwares centrais para o sistema precisarão, é claro, de suas próprias máquinas. Tais sistemas precisarão de operadores e um ou dois programadores de sistema, que serão responsáveis pelo suporte padrão, mantendo a máquina atualizada e pronta para uso.

Se uma máquina extra for necessária, trata-se de uma questão um tanto peculiar – ela não precisa ser rápida, mas deve ter ao menos um milhão de bytes de memória principal, uma centena de milhões de bytes em discos online e terminais. Apenas terminais alfanuméricos são necessários, mas eles devem ser muito mais rápidos do que os 15 caracteres por segundo que caracterizam as impressoras tipográficas. Uma grande memória ajuda muito na produtividade, pois permite que se realizem ajustes finos de superposição e ocupação de espaço após o teste funcional.

A máquina de depuração, ou seu software, também precisa estar bem aparelhada, de maneira que contagens e medidas de todos os tipos de parâmetros de programas possam ser feitas automaticamente durante a depuração. Padrões de uso de memória, por exemplo, são diagnósticos poderosos para a descoberta de causas de estranhos comportamentos lógicos ou desempenho inesperadamente baixo.

AGENDAMENTO. Quando a máquina-alvo é nova, com seu primeiro sistema operacional sendo construído, o tempo de máquina é raro e o agendamento é um grande problema. O tempo requerido para o uso de uma máquina-alvo tem uma curva de crescimento peculiar. No desenvolvimento do OS/360, tínhamos bons simuladores do System/360 e outros veículos. A partir de experiências anteriores, projetamos quantas horas do System/360 precisaríamos e começamos a obter máquinas novas produzidas pela fábrica. Mas elas ficaram paradas durante vários meses. Então, de uma vez só, todos os 16 sistemas estavam completamente ocupados, e a divisão de seu uso era o problema. A utilização era algo parecido com a Figura 12.1. Todos começaram a depurar seus primeiros componentes ao mesmo tempo e, depois, toda a equipe estava constantemente depurando alguma coisa.

Centralizamos todas as nossas máquinas e biblioteca de fitas e providenciamos uma equipe profissional e com experiência em sala de máquinas para que mantivessem tudo em funcionamento. Para maximizar o tempo escasso do System/360, rodamos todas as tarefas de depuração em lote em qualquer sistema que estivesse desocupado e fosse apropriado. Rodávamos os lotes de depurações quatro vezes ao dia (duas horas e meia por execução) e demandávamos quatro horas para as execuções. Usávamos um 1401 auxiliar, com terminais, para agendar as execuções, mantendo o registro dos milhares de tarefas e monitorando o tempo de execução.

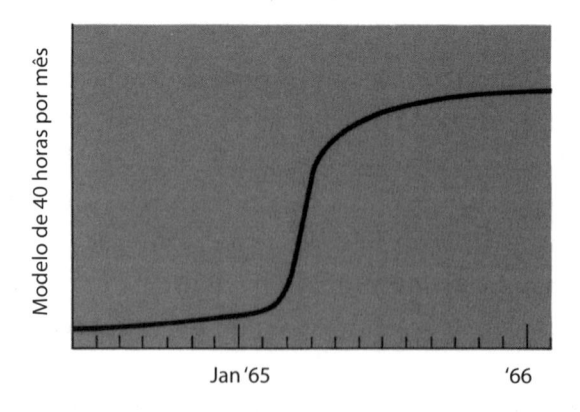

FIGURA 12.1 Crescimento da utilização de máquinas alvo

Mas toda essa organização era um tanto exagerada. Após poucos meses de lentas execuções, críticas mútuas e outras agonias, partimos para a alocação de tempo de máquina em blocos substanciais. Toda a equipe de ordenação, com 15 homens, por exemplo, recebia um sistema para um bloco de quatro a seis horas. Ficava a cargo deles seu próprio agendamento. Se a máquina ficasse ociosa, nenhuma outra equipe poderia utilizá-la.

Isso acabou se revelando a melhor forma de alocação e agenda. Mesmo que a utilização da máquina pudesse ter sido um pouco menor (e frequentemente não era), a produtividade foi muito maior. Para cada homem em dada equipe, dez execuções em um bloco de seis horas eram muito mais produtivas do que as mesmas dez execuções com intervalos de três horas entre uma e outra, porque a manutenção da concentração reduz o tempo de pensamento. Depois de cada rodada, a equipe em geral precisava de um ou dois dias para pôr em dia a papelada antes de solicitar outro bloco. Não raro, um grupo pequeno de três programadores podia proveitosamente compartilhar e subagendar um bloco de tempo. Esta parece ser a melhor maneira de usar uma máquina-alvo quando da depuração de um novo sistema operacional.

Sempre foi assim na prática, mesmo que nunca tenha sido em teoria. A depuração de sistemas tem sido sempre uma ocupação para o pessoal do turno da noite, como ocorre na astronomia. Há 20 anos, no 701, fui iniciado na informalidade produtiva das horas anteriores ao nascer do sol, quando todos os chefes da sala de máquinas estão no sono profundo, em suas casas, e os operadores não estão inclinados a impor regras. Passaram-se três gerações de máquinas, as tecnologias mudaram totalmente, novos sistemas operacionais surgiram e, mesmo assim, o método preferido de trabalho não mudou. Ele perdura por ser o mais produtivo. O tempo veio a reconhecer sua produtividade e abraçar abertamente esta frutífera prática.

Máquinas-veículo e Serviços de Dados

SIMULADORES. Se o computador-alvo é novo, ele precisa de um simulador lógico para ele. Isso proporciona um veículo para a depuração muito antes de o alvo real existir. Igualmente importante, ele dá acesso a um veículo de depuração *confiável* mesmo depois que uma máquina-alvo esteja disponível.

Confiável não é o mesmo que *preciso*. O simulador decerto irá falhar em algum respeito na fiel e precisa implementação da arquitetura da nova máquina.

Mas ele terá a *mesma* implementação de um dia para o outro, o que não é verdade para o novo hardware.

Estamos acostumados, hoje, a ter hardware de computadores que funciona corretamente quase em tempo integral. A menos que um programador de aplicação observe o comportamento inconsistente do sistema entre duas execuções idênticas, ele é aconselhado a procurar bugs em seu código em vez de buscá-los em seu equipamento.

Essa experiência, entretanto, constitui um mau treinamento para o suporte à programação em uma máquina nova. Máquina feita em laboratório, preprodução ou hardware recente *não* irão funcionar como definido, *não* irão funcionar de forma confiável e *não* se manterão os mesmos de um dia para o outro. Quando se detectam bugs, as mudanças de engenharia são feitas em todas as máquinas iguais, incluindo aquelas do grupo de programação. Essa base inconstante já é ruim o suficiente. Falhas de hardware, em geral intermitentes, são piores. A incerteza é o pior de tudo, pois ela rouba o incentivo de se procurar minuciosamente no código um bug que nem mesmo pode estar ali. Assim, um simulador confiável em um veículo bem experimentado mantém sua utilidade pelo maior tempo possível.

VEÍCULOS PARA A COMPILAÇÃO E MONTAGEM (*ASSEMBLER*). Pelas mesmas razões, deseja-se que os compiladores e montadores sejam executados em veículos confiáveis, mas que compilem o código objeto para a máquina-alvo. Esse objeto, então, pode começar a ser depurado no simulador.

Com linguagens de programação de alto nível, é possível fazer muito da depuração por meio da compilação e do teste do código objeto na máquina-veículo, antes de se iniciar qualquer teste de código na máquina-alvo. Isso proporciona a eficiência da execução direta associada à confiabilidade de uma máquina estável, em vez daquela da simulação.

BIBLIOTECAS DE PROGRAMAS E REGISTROS. Um exemplo de muito sucesso e importância no uso de uma máquina veículo no esforço de desenvolvimento do OS/360 foi o da manutenção das bibliotecas de programas. Um sistema desenvolvido sob a liderança de W. R. Crowley tinha dois 7010 conectados, compartilhando um grande banco de dados em discos. Os 7010 também forneciam um assembler System/360. Todo o código testado, ou em teste, era mantido nessa biblioteca, tanto o código fonte quanto módulos de carga já montados.

A biblioteca era, de fato, subdividida em sub-bibliotecas com diferentes regras de acesso.

Em primeiro lugar cada grupo ou programador tinha uma área onde ele mantinha cópias de seus programas, seus casos de testes e os degraus necessários para o teste de componentes. Nesse *playground* particular, não havia restrição alguma para o que um programador fizesse com seus programas, afinal, eles eram seus.

Quando um programador tinha seus componentes prontos para a integração com uma peça maior, ele passava uma cópia para o gerente daquele sistema maior, que colocava essa cópia em uma *biblioteca de integração do sistema*. Agora, o programador original não poderia modificá-la, exceto com a permissão do gerente de integração. Com o sistema ficando pronto, este gerente procederia com todos os tipos de testes do sistema, identificando problemas e obtendo seus consertos.

De tempos em tempos, uma versão do sistema ficaria pronta para a utilização mais ampla. Então, a biblioteca seria promovida para a *sub-biblioteca da versão corrente*. Essa cópia era sagrada, tocada apenas para a correção de bugs que comprometiam o sistema. Ela estava disponível para o uso na integração e nos testes de todas as novas versões de módulos. Um diretório de programa no 7010 mantinha o registro de todas as versões de cada módulo, seu estado, a localização e as mudanças.

Cabe destacar duas noções. A primeira é o *controle*, a idéia, de cópias de programas pertencentes aos gerentes, que, apenas eles, podiam autorizar sua mudança. A segunda é a da *separação formal* e *progressão* do playground para a integração, para a versão.

Na minha opinião, essa foi uma das melhores coisas feitas no esforço do OS/360. É uma peça da gestão de tecnologia que parece ter sido desenvolvida independentemente em vários dos intensos projetos de programação, incluindo aqueles do Bell Labs, ICL e Cambridge University.[2] Ela é aplicável à documentação tanto quanto aos programas. É uma tecnologia indispensável.

FERRAMENTAS DE PROGRAMAÇÃO. Com o surgimento de novas técnicas de depuração, as antigas diminuem, mas não desaparecem. Assim, são necessários *dumps* (tanto de memória quanto instantâneos, em tempo de execução), editores de arquivos-fonte e mesmo *traces*.*

---

* Registros da execução de um programa, apontando registradores ou posições de memória modificados e outros elementos que podem ser importantes no processo de depuração. (N. T.)

Da mesma forma, é necessário um conjunto completo de utilitários para transferir cartões perfurados para os discos, fazer cópias em fitas, imprimir arquivos, mudar catálogos. Se for designado um ferramenteiro logo no início do projeto, todas essas ferramentas podem ser confeccionadas de uma vez e estar prontas no momento em que forem necessárias.

SISTEMA DE DOCUMENTAÇÃO. De todas as ferramentas, aquela que economiza mais trabalho pode ser muito bem o sistema computadorizado de edição de textos, funcionando em um veículo confiável. Nós tínhamos um muito útil, concebido por J. W. Franklin. Sem ele, acredito que os manuais do OS/360 sairiam com muito mais atraso e seriam mais obscuros. Há os que argumentariam que os quase dois metros de manuais do OS/360 representam uma diarreia verbal, que seu próprio volume introduz um novo tipo de incompreensibilidade. E há alguma verdade nisso.

Mas respondo a isso de duas maneiras. Em primeiro lugar, a documentação do OS/360 é esmagadora em volume, mas um plano de leitura foi definido com muito cuidado. Usado de maneira seletiva, é possível ignorar a maior parte do volume na maior parte do tempo. É preciso considerar a documentação do OS/360 como uma biblioteca ou uma enciclopédia, e não um conjunto de leituras obrigatórias.

Em segundo lugar, é bem melhor o excesso do que a grave falta de documentação que caracteriza a maioria dos sistemas de programação. Todavia, com certas restrições admito que sua escrita poderia ser aperfeiçoada em algumas partes, e que o resultado dessa melhora implicaria uma redução de volume. Algumas partes (por exemplo, *Concepts and Facilities*) estão, hoje, muito bem escritas.

SIMULADOR DE DESEMPENHO. É melhor ter um. Construído de fora para dentro, como trataremos no próximo capítulo. Use o mesmo projeto de cima para baixo para o simulador de desempenho, o simulador lógico e o produto. Comece a fazer isso logo no princípio. Ouça-o quando ele falar.

Linguagem de Alto Nível e Programação Interativa

As duas ferramentas mais importantes para a programação de sistemas hoje são aquelas que não foram usadas no desenvolvimento do OS/360, há quase uma década. Elas ainda não são amplamente utilizadas, mas todas as evidências apontam para seu poder e aplicabilidade. Elas são (1) a linguagem de alto nível e (2) a programação interativa. Estou convencido de que apenas inércia e preguiça evitam a adoção universal dessas duas ferramentas. As dificuldades técnicas não são mais desculpas válidas.

LINGUAGEM DE ALTO NÍVEL. As principais razões para o uso de uma linguagem de alto nível são a produtividade e a velocidade de depuração. Examinamos anteriormente a produtividade (Capítulo 8). Não há prova numérica abundante, mas a que existe sugere melhoria por fatores inteiros, não apenas incrementos percentuais.

A melhoria na depuração vem do fato de existirem menos bugs, e que eles são mais facilmente descobertos. Há menos bugs porque se evita um nível inteiro de exposição a erros, um nível no qual não apenas erros de sintaxe são cometidos, mas também semânticos, como o uso errado de registradores. Os bugs são mais facilmente detectados porque o compilador os diagnostica e nos auxilia na localização e, mais importante, porque é muito fácil inserir pontos de checagem na depuração.

Para mim, essas razões de produtividade e depuração são indiscutíveis. Não consigo conceber um sistema de programação construído com linguagem de máquina (*assembly*).

Pois bem, e sobre as clássicas objeções quanto a tal ferramenta? Há três: ela não permite que eu faça o que quero; o código objeto é muito grande; o código objeto é muito lento.

Na prática, creio que essas objeções não sejam mais válidas. Todos os testemunhos indicam que se pode fazer o que é necessário ser feito, mas que dá trabalho descobrir como, e podem ser necessários artifícios desagradáveis.[3,4]

No que diz respeito ao espaço, novos compiladores com otimização estão começando a apresentar resultados muito satisfatórios e isso continuará a melhorar.

Quanto à velocidade, compiladores otimizados produzem, hoje, códigos que são mais rápidos do que a maioria daqueles escritos manualmente pelos programadores. Além do mais, tornou-se normal resolver problemas de velocidade com a substituição de 1% a 5% do código gerado pelo compilador por código escrito a mão, depois que o primeiro estiver totalmente depurado.[5]

Qual a linguagem de alto nível a ser usada para a programação de um sistema? A única candidata razoável hoje é a PL/I.[6] Ela tem um conjunto bastante completo de funções, é integrada aos ambientes dos sistemas operacionais e possui uma variedade de compiladores disponíveis. Alguns são interativos, outros permitem bons diagnósticos, outros produzem código altamente otimizado. Eu mesmo acho mais rápido trabalhar com algoritmos em APL e depois traduzi-los para PL/I para que eles correspondam ao ambiente do sistema.

PROGRAMAÇÃO INTERATIVA. Uma das justificativas para o projeto Multics do MIT era a sua utilidade na construção de sistemas de programação. O Multics (e, depois dele, o TSS da IBM) difere conceitualmente de outros sistemas computacionais interativos exatamente em respeito às necessidades de programação de sistemas: muitos níveis de compartilhamento e proteção para dados e programas; extensivo gerenciamento de bibliotecas e utilitários para o trabalho cooperativo entre os usuários dos terminais. Estou convencido de que sistemas interativos jamais substituirão sistemas em lote para muitas aplicações. Mas penso que a equipe do Multics construiu seu mais convincente caso na aplicação para a programação de sistemas.

Não há ainda muitas provas disponíveis dos frutos dessas ferramentas aparentemente tão poderosas. Mas há um amplo reconhecimento de que a depuração é a parte difícil e lenta na programação de sistemas, e a lentidão de seu processo é sua desgraça. Assim, a lógica da programação interativa parece inexorável.[7]

Programa	Tamanho	Batch (B) ou Conversacional (C)	Instruções por homem-ano
Código ESS	800.000	B	500-1.00
Suporte ao 7094 ESS	120.000	B	2100-3400
Suporte ao 360 ESS	32.000	C	8000
Suporte ao 360 ESS	8.300	B	4000

FIGURA 12.2 Produtividade comparativa entre programação em lote (*batch*) e conversacional (interativa)

Mais adiante, ouviremos bons testemunhos dos muitos que construíram pequenos sistemas ou parte de sistemas dessa maneira. Os únicos números que eu vi com relação à programação de grandes sistemas foram os relatados por John Harr, do Bell Labs. Eles são mostrados na Figura 12.2. Esses números referem-se à escrita, à montagem e à depuração de programas. O primeiro programa é sobretudo o de controle. Os outros três são tradutores de linguagens, editores e afins. Os dados de Harr sugerem que um ambiente interativo, no mínimo, dobra a produtividade na programação de sistemas.[8]

O uso eficaz da maioria das ferramentas interativas requer que o trabalho seja feito em uma linguagem de alto nível, já que teletipos e impressoras tipográficas não podem ser utilizados para a depuração usando *dumps* de memória. Com uma linguagem de alto nível, a edição do código fonte e a impressão seletiva do mesmo podem ser facilmente feitas. Em seu conjunto, elas constituem, de fato, um par de ferramentas afiadas.

13

O Todo e as Partes

© The Walt Disney Company

13

O Todo e as Partes

Eu posso chamar os espíritos da vasta profundeza.
   Porque eu posso, ou qualquer homem pode. Mas eles virão quando você chamar por eles?

SHAKESPEARE, *REI HENRIQUE IV*, PARTE I

A mágica moderna, assim como a antiga, tem seus praticantes fanfarrões: "Sou capaz de escrever programas que controlam o tráfego aéreo, interceptam mísseis balísticos, reequilibram contas bancárias e gerenciam linhas de produção." Para esse tipo de declaração, a resposta é a seguinte: "Eu também sou capaz, assim como qualquer homem, mas eles funcionarão quando você os escreve?"

Como pode ser construído um programa que funcione? Como um programa é testado? E como um conjunto testado de programas componentes pode ser integrado em um sistema já provado e confiável? Nós já arranhamos essas técnicas aqui e ali. Agora vamos examiná-las de forma um pouco mais sistemática.

Projetando sem Bugs

A DEFINIÇÃO À PROVA DE BUGS. Os bugs mais perniciosos e sutis são problemas de sistema que decorrem de premissas errôneas feitas pelos autores dos vários componentes. A abordagem da integridade conceitual analisada nos Capítulos 4, 5 e 6 trata, diretamente, desses problemas. Em suma, a integridade conceitual de um produto não apenas o torna mais fácil de usar, mas também facilita a sua construção e o deixa menos sujeito a bugs.

E assim também é o esforço de arquitetura, minucioso e cansativo, que implica esta abordagem. V. A. Vyssotsky, do projeto Safeguard do Bell Telephone Laboratories, afirma que "a tarefa crucial é ter o produto definido. Muitas e muitas falhas referem-se a aspectos que nunca chegaram a ser bem especificados".[1] A definição cuidadosa de funções e especificações, em conjunto com o exorcismo disciplinado de funcionalidades supérfluas e arroubos técnicos, reduz o número de bugs que terão que ser descobertos.

TESTANDO A ESPECIFICAÇÃO. Muito antes de qualquer código existir, a especificação deve ser entregue a um grupo externo de testes para se verificar se ela está completa e clara. Como assinala Vyssotsky, os desenvolvedores não podem fazer isso sozinhos: "Eles não dirão a você que eles não entenderam a especificação. Eles inventarão, com muita alegria, meios para resolver as lacunas e partes obscuras."

PROJETO DE CIMA PARA BAIXO. Em um artigo bastante claro, publicado em 1971, Niklaus Wirth formalizou um procedimento de projeto que tem sido utilizado há anos pelos melhores programadores.[2] Além disso, suas noções, ainda que concebidas para o projeto de programas, aplicam-se totalmente ao projeto de sistemas complexos. A divisão da construção de um sistema em arquitetura, implementação e realização é a incorporação dessas noções. A implementação de cada uma dessas divisões é mais bem feita com métodos de cima para baixo (*top-down*).

Resumidamente, o procedimento de Wirth consiste na identificação do projeto como uma sequência de *passos de refinamento*. Escreve-se uma descrição grosseira de uma tarefa e um método de solução igualmente grosseiro que atinja o resultado principal. Em seguida, examina-se a definição com mais cuidado para ver de que forma o resultado difere do desejado e, a partir daí, toma-se o passo maior da solução, dividindo-a em passos menores. Cada refinamento da definição da tarefa torna-se um refinamento no algoritmo para a solução, e cada qual pode ser acompanhado também de um refinamento na representação de dados.

Neste processo, identificam-se *módulos* da solução ou dos dados, cujos refinamentos futuros podem prosseguir de forma independente de outras tarefas. O grau desta modularidade determina a adaptabilidade e capacidade de mudanças do programa.

Wirth defende o uso de uma notação em nível mais alto quanto possível a cada passo, expondo os conceitos e escondendo os detalhes até que um refinamento adicional seja necessário.

Um bom projeto de cima para baixo evita bugs de várias maneiras. Em primeiro lugar, a clareza da estrutura e da representação facilita a precisa declaração de requisitos e funções dos módulos. Em segundo lugar, o particionamento e a independência dos módulos evitam bugs de sistema. Em terceiro lugar, a supressão de detalhes torna as falhas na estrutura mais aparentes. Em quarto lugar, o projeto pode ser testado em cada um de seus passos de refinamento, assim os testes podem começar mais cedo, com foco no nível apropriado de detalhamento em cada passo.

O processo de refinação por passo não significa que não seja necessário voltar atrás, jogar fora o primeiro nível e começar tudo de novo quando se encontra algum detalhe inesperadamente emaranhado. Na verdade, isso acontece com frequência. Mas assim é muito mais fácil descobrir exatamente quando e por que razão um projeto bruto deve ser jogado fora, para se começar tudo de novo. Muitos sistemas ruins surgem de tentativas de salvar um projeto básico fraco, remendando-o com toda a sorte de alívios cosméticos. O projeto de cima para baixo reduz esta tentação.

Estou convencido que o projeto de cima para baixo é a mais importante formalização nova para a programação.

PROGRAMAÇÃO ESTRUTURADA. Outro conjunto importante de novas ideias para projeto com os bugs fora dos programas deriva bastante de Dijkstra,[3] e é construído a partir da estrutura teórica de Böhm e Jacopini.[4]

Basicamente, o enfoque é projetar programas cujas estruturas de controle consistam apenas em laços definidos por declarações, como DO WHILE e porções condicionais delineadas em grupos de declarações marcadas por chaves e definidas por um IF ... THEN ... ELSE. Böhm e Jacopini mostram que essas estruturas são, em tese, suficientes. Dijkstra argumenta que a alternativa, saltos ilimitados através da declaração GO TO, produz estruturas que levam a erros lógicos.

A noção básica, decerto, faz sentido. Houve muitas críticas, e estruturas adicionais de controle, como a ramificação *n-way* (a chamada declaração CASE) para a distinção entre várias contingências, e o desastroso escape (*bail-out* – GO TO ABNORMAL END) são muito convenientes. Mais adiante, alguns tornaram-se bastante dogmáticos, recomendando que se evitassem todos os GO TOs, o que parece um exagero.

O ponto importante e vital para a construção de programas livres de bugs é que se deve pensar nas estruturas de controle de um sistema como tal, e não como declarações de ramificações individuais. Essa forma de pensar é um importante passo à frente.

Depuração de componentes

Os procedimentos para a depuração de programas atravessaram um grande ciclo nos últimos vinte anos e, de certa forma, estão de volta ao começo. Este ciclo foi composto de quatro fases e é divertido lembrá-las e observar a motivação de cada uma.

DEPURAÇÃO NA MÁQUINA. As máquinas antigas tinham relativamente poucos dispositivos de entrada e saída, com longos tempos de espera. A máquina lia e escrevia em fitas de papel ou magnéticas e instalações offline eram usadas para a preparação das fitas e a impressão. Isso tornava o uso de entrada e saída em fitas intoleravelmente complicado para a depuração e, em lugar disso, utilizava-se a console. Assim, a depuração era projetada de forma a permitir o máximo de tentativas por sessão de acesso à máquina.

O programador esmerava-se em projetar seu procedimento de depuração – planejando pontos de parada, quais localizações de memória a serem examinadas, o que deveria encontrar nelas e o que fazer caso não as encontrasse. Essa meticulosa programação dele mesmo como uma máquina de depuração poderia muito bem tomar metade do tempo usado para escrever o programa a ser depurado.

O pecado essencial era se arriscar e pressionar START sem ter segmentado o programa em seções de teste com paradas planejadas.

DUMPS DE MEMÓRIA. A depuração na máquina era muito eficaz. Em uma sessão de duas horas era possível identificar, talvez, pouco mais de uma dezena de problemas. Mas computadores eram muito raros e caros. Pensar que todo aquele tempo de máquina estava sendo desperdiçado era terrível.

Assim, quando impressoras de alta velocidade foram conectadas online, a técnica mudou. Executava-se um programa até que uma verificação falhava e, então, fazia-se uma cópia impressa (*dump*) de toda a memória. A partir de então, começava-se uma análise trabalhosa, com a verificação dos conteúdos de cada posição de memória. O tempo de trabalho não era muito diferente daquele tomado pela depuração na máquina, mas ele ocorria após a execução do teste, na decodificação, em vez de no planejamento, que era o que acontecia antes. A depuração para qualquer usuário em particular levava muito mais tempo, porque o tempo para os testes dependia da disponibilidade de tempo entre o processamento de demais lotes. O procedimento completo, entretanto, era concebido para minimizar o uso do tempo do computador e para atender a tantos programadores quanto fosse possível.

SNAPSHOTS. As máquinas nas quais os dumps de memória foram desenvolvidos tinham entre 2.000 e 4.000 palavras, ou 8K a 16K de memória. Mas o tamanho da memória cresceu a tal ponto, que dumps completos tornaram-se impraticáveis. Assim, foram desenvolvidas técnicas para dumps seletivos, rastreamento seletivo e para inserir snapshots em programas sem a necessidade de nova montagem ou recompilação.

DEPURAÇÃO INTERATIVA. Em 1959, Codd e seus colegas de trabalho[5] e Strachey[6] relataram seu trabalho direcionado a compartilhamento de tempo de depuração, uma forma de atingir tanto a resposta instantânea da depuração em uma máquina dedicada quanto a eficiência da utilização da depuração em lote. O computador teria múltiplos programas na memória, prontos para serem executados. Um terminal, controlado apenas por programa, seria associado a cada programa sendo depurado no computador. A depuração, por sua vez, estaria sob o controle de um programa supervisor. Quando o programador, em seu terminal, interrompesse seu programa para examinar seu progresso ou fazer modificações, o supervisor executaria um outro programa, mantendo, assim, o computador sempre ocupado.

O sistema de multiprogramas de Codd foi desenvolvido, mas a ênfase estava no aumento da velocidade mediante a utilização eficiente de entradas e saídas, e a depuração interativa não foi implementada. As ideias de Strachey foram aperfeiçoadas e implementadas em 1963, em um sistema experimental para o 7090, por Corbató e seus colegas no MIT.[7] Esse desenvolvimento levou ao MULTICS, ao TSS e a outros sistemas atuais de tempo compartilhado.

As principais diferenças percebidas pelos usuários entre a depuração na máquina, como era inicialmente praticada, e a depuração interativa eram as facilidades que se tornaram possíveis com a presença do programa supervisor e seus interpretadores de linguagem associados. Com eles, é possível programar e depurar em uma linguagem de alto nível. Funções eficientes para a edição tornam fáceis as mudanças e a obtenção de snapshots.

O retorno à resposta instantânea da depuração na máquina não ocasionou ainda o retorno ao planejamento prévio de sessões de depuração. Tal planejamento não é tão necessário quanto antes, já que o tempo da máquina não é desperdiçado enquanto o programador está sentado e pensando.

Ainda assim, os resultados experimentais interessantes de Gold mostram um progresso três vezes maior na primeira interação de cada sessão de depuração interativa do que nas sessões subsequentes.[8] Isso é um forte indicador de que não estamos percebendo o potencial da interação devido à falta de planejamento das sessões. Está na hora de tirar a poeira das velhas técnicas de depuração na máquina, colocando-as em uso.

Eu descobri que o uso apropriado de um bom terminal requer duas horas em uma mesa de trabalho para cada duas horas em frente ao terminal. Metade deste tempo é dedicado a organizar tudo depois da última sessão: atualizar meu registro de depuração, arquivar os programas atualizados no diário de meu sistema, explicar fenômenos estranhos. A outra metade é gasta na preparação: planejar mudanças e melhorias e projetar testes detalhados para a próxima sessão. Sem tal planejamento é difícil manter-se produtivo integralmente por duas horas. Não colocar as coisas em ordem depois de cada sessão torna difícil a manutenção de sessões sistemáticas que dão andamento ao trabalho no terminal.

Casos de teste. Gruenberger tem um tratamento especialmente bom tanto para o projeto de procedimentos reais de depuração quanto para casos de teste.[9] E existem outros tratamentos menores em outros textos.[10,11]

Depuração de Sistema

A parte inesperadamente difícil da construção de um sistema de programas é o seu teste. Tenho analisado algumas razões tanto para esta dificuldade quanto para o fato de ser inesperada. De todos os aspectos, deve-se estar ciente de dois fatores: a depuração do sistema tomará mais tempo do que o esperado, e sua dificuldade justifica um enfoque meticuloso, sistemático e planejado. Vamos ver agora em que consiste esse enfoque.[12]

UTILIZE COMPONENTES DEPURADOS. O bom senso, ainda que não seja a prática comum, determina que a depuração de um sistema só deve começar depois que todas as suas peças pareçam funcionar.

A prática comum diverge disso de duas maneiras. Em primeiro lugar, pela abordagem do tipo "junte tudo e tente". Isso parece basear-se na noção de que existirão problemas de interface do sistema associados aos problemas de cada componente. Quanto mais rapidamente as peças são colocadas juntas, mais rapidamente os problemas do sistema aparecerão. De certa forma, menos sofisticada é a noção de que ao usar um componente para testar o outro é possível evitar várias etapas de testes.

Um pouco mais sutil é o enfoque do "problema documentado". Ele diz que determinado componente está pronto para entrar em um teste de sistema quando todas as suas falhas foram *encontradas*, muito antes do tempo de serem todas *corrigidas*. Dessa forma, no teste do sistema – assim funciona em teoria – os efeitos esperados desses problemas são conhecidos e podem ser ignorados, permitindo a concentração em novos fenômenos.

Tudo é apenas a racionalização de um desejo, criada como uma desculpa plausível para o sofrimento causado por atrasos no cronograma. *Não* é possível saber todos os efeitos de problemas conhecidos. Se as coisas fossem assim diretas, o teste do sistema não seria tão difícil. Além disso, a correção dos problemas documentados de um componente, decerto, introduzirá novos problemas desconhecidos e, então, o teste do sistema será confuso.

CONSTRUA DEGRAUS SUFICIENTES. Chamo de degraus todos os programas e dados construídos para efeito de depuração, mas nunca destinados a fazer parte do produto final. É razoável existir a metade da quantidade do código do produto final nos degraus.

Uma forma de degrau é o *componente fictício* (*dummy*), que consiste apenas em interfaces e, talvez, alguns dados falsos ou pequenos casos de teste. Por exemplo, um sistema pode incluir um programa de ordenação que ainda não foi finalizado. Seus vizinhos podem ser testados usando um componente fictício que meramente lê e testa o formato dos dados de entrada e retorna um conjunto de dados bem formatados, sem significado algum, mas ordenados.

Outra maneira é o *arquivo miniatura*. Uma forma bastante comum de bug de sistema é a má interpretação de formatos para arquivos em fita e disco. Assim, vale a pena construir alguns pequenos arquivos que tenham apenas alguns registros característicos, mas todas as descrições, ponteiros etc.

O caso limite de um arquivo miniatura é o *arquivo fictício*, que simplesmente não existe. A linguagem de controle de tarefas (JCL) do OS/360 tem essa funcionalidade, que é extremamente útil na depuração de componentes.

Mais uma forma de degrau são os *programas auxiliares*. Geradores de dados de teste, analisadores de relatórios impressos, analisadores de tabelas de referências cruzadas são todos exemplos de mecanismos que podem ser produzidos.[13]

CONTROLE DE MUDANÇAS. O firme controle durante os testes é uma das técnicas impressionantes para a depuração de hardware que se aplica também aos sistemas de software.

Em primeiro lugar, alguém deve ser o responsável. Ele – e apenas ele – pode autorizar a modificação de componentes ou a substituição de uma versão por outra.

Então, como comentado anteriormente, devem existir cópias controladas do sistema: uma cópia bloqueada das últimas versões, usada para teste de componentes; uma cópia sob testes, com as correções em andamento; cópias de *playground*, onde cada programador pode trabalhar com seus componentes, seja corrigindo ou fazendo extensões.

Nos modelos de engenharia do System/360 podiam ser observados fios de cor púrpura ocasionais no meio dos costumeiros fios amarelos. Quando um bug era descoberto, duas medidas eram tomadas. Fazia-se uma rápida correção que em seguida era instalada no sistema, de forma que os testes pudessem prosseguir. Esse conserto era feito com o fio púrpura, de forma a ser tão evidente quanto um polegar inchado. Isso era registrado. Ao mesmo tempo, um documento oficial de mudança era preparado e inserido no processo de automação do projeto. No fim, isso resultava em esquemas atualizados, listas de fiação e novos painéis de conexão nos quais a mudança era implementada em circuito impresso ou fios amarelos. Agora o modelo físico e o documentado estavam novamente sintonizados, e os fios de cor púrpura desapareceram.

A programação precisa de uma técnica de fio púrpura, assim como necessita muito de um controle firme e um profundo respeito pelo documento que é, em última instância, o produto. Os ingredientes vitais de tal técnica são o registro em um diário de todas as mudanças e a sua diferenciação, visivelmente registrada no código fonte, no meio das correções rápidas e daquelas devidamente bem pensadas, testadas e documentadas.

ADICIONE UM COMPONENTE POR VEZ. Trata-se de um óbvio mandamento, mas o otimismo e a preguiça são nossa tentação para violá-lo. Fazer isso requer componentes fictícios e outros degraus, e isso dá trabalho. E se, depois de tudo, todo este trabalho não for necessário? E se não existirem bugs?

Não! Resista à tentação! É disso que se trata o teste sistemático do sistema. Deve-se presumir que existirão muitos bugs e planejar um procedimento disciplinado para eliminar todos eles.

Note que é necessário dispor de casos de testes completos, testando os sistemas parciais depois que cada nova peça lhes é adicionada. E as peças antigas que foram testadas com sucesso em passagens anteriores devem ser novamente testadas para a regressão do sistema.

QUANTIFIQUE AS ATUALIZAÇÕES. À medida que o sistema vai ficando pronto, os construtores de componente chegarão com versões quentíssimas de suas peças – mais rápidas, menores, mais completas ou supostamente com menos problemas. A substituição de um componente que está funcionando por sua versão mais nova requer o mesmo procedimento sistemático de teste que a adição de um novo componente, apesar de demorar menos tempo, já que casos de testes mais completos e eficientes normalmente estarão disponíveis.

Cada equipe que está construindo outro componente está usando a mais recente versão testada do sistema integrado como a base para a depuração de sua peça. Seu trabalho será atrasado ao ter que mudar a sua base de teste. Assim, cada usuário tem períodos de estabilidade produtiva interrompidos por rajadas de mudanças em sua base de teste. Isso perturba muito menos do que mudanças contínuas.

Lehman e Belady fornecem a prova de que cada quantificação deve ser bastante grande e amplamente espaçada, ou muito pequena e frequente.[14] Esta última é mais sujeita à instabilidade, de acordo com seu modelo. Minha experiência confirma isso: eu jamais arriscaria tal estratégia na prática.

Mudanças quantificadas acomodam perfeitamente a técnica do fio púrpura. A correção rápida permanece firme até que a próxima versão regular do componente seja disponibilizada, que deve incorporar a correção em sua forma testada e documentada.

14

Incubando uma Catástrofe

A. Canova, "Ercole e Lica", 1802. Hércules leva à morte o mensageiro Licas, que inocentemente lhe entregara a túnica fatal.
Scala/Art Resource, NY

14

Incubando uma Catástrofe

Ninguém ama o portador de más notícias.

SÓFOCLES

Como um projeto consegue atrasar um ano?
(...) Dia após dia.

Quando alguém comenta a respeito de um desastroso atraso no cronograma de um projeto, imagina-se que uma série de grandes calamidades ocasionou isso. Todavia, geralmente, o desastre é devido a cupins e não a furacões. O cronograma foi atrasando dia após dia, e ninguém percebeu. De fato, grandes calamidades são mais fáceis de gerenciar. Reage-se a elas com grande força, reorganização radical, com a invenção de novas abordagens. Toda a equipe fica atenta para uma ocasião dessas.

Mas os pequenos tropeços diários são mais difíceis de reconhecer, de prever e recuperar. Ontem, uma das pessoas-chaves adoeceu, por isso a reunião não se realizou. Hoje, todas as máquinas estão inoperantes porque um raio atingiu o transformador do prédio. Amanhã, as rotinas de teste dos discos não poderão ser iniciadas porque a fábrica atrasou em uma semana a entrega do primeiro disco. Temporais, obrigações legais, problemas de família, reuniões de urgência com clientes, auditorias – a lista não tem fim. Cada um desses acontecimentos atrasa alguma atividade por um dia ou meio dia. E o cronograma atrasa, dia após dia.

Pontos de Checagem ou Pedras no Caminho?*

Como é possível manter em dia o cronograma de um grande projeto? O primeiro passo é *ter* um cronograma. Cada elemento de uma lista de eventos, os chamados pontos de checagem, recebe uma data. Escolher as datas é um problema de estimativa, o que já foi analisado e que depende crucialmente da experiência.

---

* O título original desta sessão é "Milestones or Millstones?". Uma tradução literal poderia ser "marcos na estrada ou pedras de moinho?", mas se perderia o sentido em português. A tradução não literal também peca em expressar integralmente a idéia do autor. O tradutor espera que, para o leitor, tal idéia fique mais clara com a leitura do texto. (N. T.)

Há uma única regra relevante para a escolha dos pontos de checagem. Eles devem ser eventos concretos, específicos e mensuráveis, definidos de forma precisa. A codificação, como um contraexemplo, está sempre "90% completa", na maior parte do tempo. A depuração, por sua vez, está "99% completa", na maior parte do tempo. "Planejamento completo" é um evento que pode ser proclamado praticamente a bel-prazer.[1]

Pontos de checagem concretos, por outro lado, são eventos da categoria 100%. "Especificações assinadas por arquitetos e implementadores", "código fonte 100% completo em cartões perfurados e inserido na biblioteca do sistema", "versão depurada passou por todos os casos de teste". Esses pontos de checagem concretos demarcam as fases vagas de planejamento, codificação e depuração.

É mais importante que os pontos de checagem sejam precisos e sem ambiguidades do que facilmente verificáveis pelo chefe. Uma pessoa raramente mentirá sobre seu progresso com relação aos pontos de checagem, *caso* tais pontos sejam tão precisos e não deem margem a equívocos. Mas se os pontos de checagem forem imprecisos, o chefe pode entender de maneira diferente um relato recebido. Parafraseando Sófocles, ninguém gosta de ser o portador de más notícias também. Assim, tais notícias são amaciadas sem a real intenção de enganar alguém.

Dois estudos interessantes sobre a estimativa de comportamento de fornecedores para o governo em projetos de desenvolvimento de larga escala mostram que:

1. As estimativas da duração de uma atividade, concebidas e revistas cuidadosamente a cada duas semanas antes que a atividade se inicie, não mudam significativamente até o momento de iniciar tal atividade, independentemente de quão erradas acabem por mostrar-se.
2. Durante a realização da atividade, *superestimativas* de sua duração diminuirão de acordo com seu andamento.
3. *Sobre-estimativas* não mudam significativamente durante a atividade até que ela esteja a três semanas de sua finalização agendada.[12]

Pontos de checagem precisos são, de fato, um apoio para a equipe, e algo que ela pode com razão esperar de seu gerente. O ponto de checagem confuso é o fardo mais pesado com o qual se pode viver. De fato, ele é a pedra no caminho que corrói o moral da equipe, já que ele mascara o tempo perdido até que se torne irremediável. E o atraso crônico de um cronograma é o assassino do moral.

"A Outra Parte Está Atrasada Também"

O cronograma atrasa um dia, e daí? Qual é o problema de um dia de atraso? Nós podemos compensar depois. Além do mais, a outra parte na qual a nossa irá se encaixar está atrasada também.

Um técnico de futebol reconhece um talento que não é físico, a *malícia*,* como uma dádiva essencial de grandes jogadores e grandes times. É a característica de correr mais rápido que o necessário, prevendo cada necessidade. Ela é fundamental para boas equipes de programadores também. A malícia fornece o fôlego, a reserva de capacidade que permite à equipe superar dificuldades rotineiras, prevenir pequenas calamidades. A resposta calculada e o esforço medido são panos frios que inibem a malícia. Como vimos, *devemos* nos importar com os atrasos de um dia. Eles são os elementos de uma catástrofe.

Mas nem todos os atrasos de um dia são igualmente desastrosos. Assim, algum esquema de resposta é necessário, mesmo que a malícia seja inibida. Como é possível dizer qual atraso é um problema? Não há substituto para um gráfico PERT (*Program Evaluation and Review Technique* – Técnica de Revisão e Avaliação de Programa) ou um cronograma de caminho crítico. Um gráfico assim mostra o que depende de quê. Mostra o que está no caminho crítico, o ponto em que um atraso provoca impacto na data de entrega. Ele também mostra o quanto uma atividade pode atrasar antes de atingir o meio do caminho crítico.

A técnica PERT, falando mais rigorosamente, é uma elaboração de um cronograma de caminho crítico no qual são feitas três estimativas para cada evento, cada qual correspondendo às diferentes probabilidades de atender a prazos desejados. Não creio que tal refinamento valha o esforço, mas sinteticamente chamarei de diagrama PERT qualquer gráfico de caminho crítico.

A preparação de um gráfico PERT é a parte mais valiosa de seu uso. Determinar a rede, identificar suas dependências e estimar suas ramificações, tudo força bastante o planejamento específico e prematuro em um projeto. O primeiro gráfico é sempre terrível e inventa-se continuamente na confecção de um segundo.

Com o avanço do projeto, o gráfico PERT fornece a resposta para a desmoralizante desculpa "a outra parte está atrasada também". Ele mostra quanta malí-

---

* No original, "A baseball manager recognizes a nonphysical talent, *hustle*, as an essential gift of great players and great teams". O tradutor optou por adaptar a analogia para facilitar a compreensão do texto. (N. T.)

cia é necessária para que cada qual mantenha sua própria porção fora do caminho crítico e sugere maneiras de compensar o tempo perdido em outras partes.

Debaixo do Tapete

Quando um gerente de primeira linha vê sua pequena equipe atrasando o cronograma, ele raramente é inclinado a comunicar a seu chefe tal infortúnio. A equipe pode ser capaz de compensar, ou ele mesmo pode ser capaz de inventar ou reorganizar algo para resolver o problema. Por que preocupar o chefe com esse problema? Até aí, tudo bem! O gerente de primeira linha está lá exatamente para resolver esses impasses. E o chefe tem tantos problemas reais com os quais se preocupar, que ele não precisa de mais um. Portanto, toda a sujeira acaba sendo varrida para debaixo do tapete.

Mas cada chefe precisa de dois tipos de informação: desvios no planejamento que necessitem de ação e um retrato do estado atual do projeto.[3] Para isso, ele precisa saber do estado de todas as suas equipes. Ter o retrato atual do estado do projeto é a parte difícil.

Os interesses do gerente de primeira linha e os do chefe estão em um conflito natural. O gerente de primeira linha teme que, se ele relatar o problema, o chefe agirá sobre o mesmo. Chamando a atenção do chefe, sua autoridade será diminuída, arruinando seus outros planos. Assim, enquanto o gerente imagina que ele pode resolver sozinho o problema, ele não contará a seu chefe.

Duas técnicas para levantar o tapete estão disponíveis ao chefe. Ambas devem ser utilizadas. A primeira é reduzir o conflito de papéis e inspirar o compartilhamento do status. A outra é levantar o tapete.

REDUZINDO O CONFLITO DE PAPÉIS. Primeiramente, o chefe deve fazer a distinção entre a informação sobre ação e estado. Ele deve disciplinar-se a *não* agir em problemas que seus gerentes possam resolver e a *nunca* agir sobre problemas quando ele está explicitamente fazendo uma revisão de status. Conheci um chefe que sempre pegava o telefone para dar ordens antes do final da leitura da primeira linha de um relatório de status. Esse tipo de atitude decerto prejudica a total transparência.

Por outro lado, quando o gerente sabe que seu chefe aceitará seus relatórios de status sem pânico ou sem minar sua autoridade, ele fornecerá avaliações honestas.

Todo esse processo torna-se mais fácil se o chefe passa a chamar as reuniões, revisões e conferências de reuniões de *revisão de status*, em vez de reuniões para a *solução de problema*s, e comporta-se, ele mesmo, de acordo. É óbvio que é possível agendar uma reunião para a solução de problemas como consequência de uma reunião de revisão de status, caso se conclua que um problema está fora de controle. Mas ao menos todos sabem como está o placar e, assim, o chefe pensa duas vezes antes de tomar a bola para si.

LEVANTANDO O TAPETE. Ainda assim, é necessário ter técnicas de revisão com as quais o verdadeiro estado do projeto torna-se conhecido, seja de forma cooperativa ou não. O gráfico PERT com seus frequentes pontos de checagem certeiros é a base para tal revisão. Em um grande projeto, pode ser preciso revisar partes dele a cada semana, fazendo os ajustes aproximadamente a cada mês.

Um relatório que mostre os pontos de checagem e sua real finalização é o documento chave. A Figura 14.1 mostra uma parte de um desses relatórios, evidenciando alguns problemas. A aprovação de especificações está atrasada no tocante a vários componentes. A aprovação do manual (SLR) está atrasada no que diz respeito a outro componente, e mais um atrasou-se em sair do primeiro estado (*Alpha*) do teste de produto conduzido de forma independente. Assim, tal relatório serve como a agenda para a reunião de primeiro de fevereiro. Todos conhecem as questões, e o gerente de componentes deve estar preparado para explicar os atrasos, quando os trabalhos estarão concluídos, quais os passos que está tomando e que ajuda, se necessária, ele precisará do chefe e das demais equipes.

V. Vyssotsky, da Bell Telephone Laboratories, acrescenta a seguinte observação:

> *Considero útil manter as datas "agendadas" e "estimadas", no relatório de pontos de checagem. As datas agendadas são propriedade do gerente de projeto e representam um consistente plano de trabalho para o projeto em seu conjunto, um plano que é, a priori, razoável. As datas estimadas são de propriedade do gerente de nível mais baixo, que tem o conhecimento da parte do trabalho em questão e que representa seu melhor julgamento sobre quando algo realmente acontecerá, considerados os recursos que ele tem disponíveis e a data em que ele recebeu (ou a data em que lhe foram prometidos) os requisitos dos quais necessita. O gerente de projeto tem de manter seus dedos fora das datas estimadas, dando ênfase à obtenção de estimativas corretas e imparciais, em vez de estimativas otimistas e digeríveis ou outras medidas protecionistas e conservadoras. Uma vez que isso está claramente estabelecido na mente de todos, o gerente de projetos pode ver com clareza os caminhos que apresentarão problemas no futuro, se ele não tomar uma atitude.*[4]

OS/360 SYSTEM/360 SUMMARY STATUS REPORT
LANGUAGE PROCESSORS + SERVICE PROGRAMS
AS OF FEBRUARY 01, 1965

A=APPROVAL
C=COMPLETED

*=REVISED PLANNED DATE
NE=NOT ESTABLISHED

PROJECT	LOCATION	COMMITMNT ANNOUNCE RELEASE	OBJECTIVE AVAILABLE APPROVED	SPECS AVAILABLE APPROVED	SRL AVAILABLE APPROVED	ALPHA TEST ENTRY EXIT	COMP TEST START COMPLETE	SYS TEST START COMPLETE	BULLETIN AVAILABLE APPROVED	BETA TEST ENTRY EXIT
OPERATING SYSTEM										
12K DESIGN LEVEL (E)										
ASSEMBLY	SAN JOSE	04/--/4 C 12/31/5	10/28/4 C	10/13/4 C 01/11/5	11/13/4 C 11/18/4 A	01/15/5 C 02/22/5				09/01/5 11/30/5
FORTRAN	POK	04/--/4 C 12/31/5	10/28/4 C	10/21/4 C 01/22/5	12/17/4 C 12/19/4 A	01/15/5 C 02/22/5				09/01/5 11/30/5
COBOL	ENDICOTT	04/--/4 C 12/31/5	10/28/4 C	10/15/4 C 01/20/5 A	11/17/4 C 12/08/4 A	01/15/5 C 02/22/5				09/01/5 11/30/5
RPG	SAN JOSE	04/--/4 C 12/31/5	10/28/4 C	09/30/4 C 01/15/5	12/02/4 C 01/15/5 A	01/15/5 C 02/15/5				09/01/5 11/30/5
UTILITIES	TIME/LIFE	04/--/4 C 12/31/5	06/24/4 C		11/20/4 11/30/4 A					09/01/5 11/30/5
SORT 1	POK	04/--/4 C 12/31/5	10/28/4 C	10/19/4 C 01/11/5	11/12/4 C 11/30/4 A	01/15/5 C 03/22/5				09/01/5 11/30/5
SORT 2	POK	04/--/4 C 06/30/6	10/28/4 C	10/19/4 C 01/11/5	11/12/4 C 11/30/4 A	01/15/5 C 03/22/5				03/01/6 05/30/6
44K DESIGN LEVEL (F)										
ASSEMBLY	SAN JOSE	04/--/4 C 12/31/5	10/28/4 C	10/13/4 C 01/11/5	11/13/4 C 11/18/4 A	02/15/5 03/22/5				09/01/5 11/30/5
COBOL	TIME/LIFE	04/--/4 06/30/6	10/28/4 C	10/15/4 C 01/20/5 A	11/17/4 C 12/08/4 A	01/15/5 03/22/5				03/01/6 05/30/6
NPL	HURSLEY	04/--/4 C 03/31/6	10/28/4 C							
2250	KINGSTON	03/30/4 C 03/31/6	11/05/4 C	12/08/4 C 01/04/5	01/12/5 C 01/29/5	01/04/5 C 01/29/5				01/03/6 NE
2280	KINGSTON	06/30/4 C 09/30/6	11/05/4 C			04/01/5 04/30/5				01/28/6 NE
200K DESIGN LEVEL (H)										
ASSEMBLY	TIME/LIFE		10/28/4 C							
FORTRAN	POK	04/--/4 C 06/30/6	10/28/4 C	10/16/4 C 01/11/5	11/11/4 C 12/10/4 A	02/15/5 03/22/5				03/01/6 05/30/6
NPL	HURSLEY	04/--/4 C 03/31/7	10/28/4 C			07/--/5				01/--/7
NPL H	POK	04/--/4 C	03/30/4 C			02/01/5 04/01/5				10/15/5 12/15/5

FIGURA 14.1

A preparação do gráfico PERT é função do chefe e dos gerentes que se reportam a ele. Sua atualização, a revisão e os relatórios requerem a atenção de um pequeno grupo (um a três homens) que funcionam como uma extensão do chefe. Tal grupo de *Planejamento e Controle* é valioso para um projeto de grandes dimensões. Tal grupo não tem autoridade alguma, exceto a de perguntar a todos os gerentes quando eles definem ou modificam seus pontos de verificação e quais deles foram atendidos. Já que o grupo de Planejamento e Controle lida com toda a burocracia, o fardo para os gerentes é reduzido ao essencial; ou seja, tomar decisões.

Nós tínhamos um grupo de Planejamento e Controle hábil, entusiasmado e diplomático, liderado por A. M. Pietrasanta, que dedicou seu considerável talento criativo à concepção de métodos eficazes, mas não impeditivos, de controle. Como resultado, descobri que seu grupo era amplamente respeitado e mais do que, simplesmente, tolerado. Para um grupo cujo papel é em si irritante, essa é uma vitória e tanto.

O investimento de uma quantidade modesta de esforço hábil em funções de Planejamento e Controle é muito compensador. Isso faz mais diferença na realização do projeto do que se essas pessoas estivessem trabalhando diretamente na construção dos produtos de software, já que tal grupo é o vigia que mostra atrasos imperceptíveis e que aponta elementos críticos. Ele é o primeiro sistema de aviso de um sistema que está atrasando um ano, dia após dia.

15

A Outra Face

Uma reprodução de Stonehenge, o maior computador não documentado do mundo.
Arquivo Bettman

15

A Outra Face

O que não entendemos, não possuímos.

GOETHE

*Ah, dai-me críticos boçais,
E desafeitos a esforços mentais.**

CRABBE

---

* No original:
"O give me commentators plain,
Who with no deep researches vex the brain."
A tradução para o português é de Guilherme Braga. (N. T.)

Um programa de computador é uma mensagem de um homem para uma máquina. A rígida sintaxe marcial e todas as escrupulosas definições existem para tornar absolutamente claros os comandos para o estúpido mecanismo.

Mas um programa, uma vez escrito, tem outra face, aquela que conta sua história ao usuário humano. Pois mesmo para o mais privado dos programas, alguma comunicação é necessária. A memória será falha para o autor/usuário e ele precisará de lembranças sobre os detalhes de seu trabalho.

Mais vital ainda é a documentação para um programa público, cujo usuário está longe do autor tanto no tempo quanto no espaço! Para um programa produto, a outra face para o usuário é tão importante quanto a face para a máquina.

Muitos de nós temos, em silêncio, esfolado o autor remoto e anônimo de um programa documentado de forma escassa. E muitos de nós temos, por isso, tentado instilar em novos programadores uma atitude sobre a documentação que os inspiraria por toda a vida, superando a preguiça e a pressão da agenda. Temos falhado de maneira irrefutável. Eu penso que temos usado os métodos errados.

Thomas J. Watson Sr. conta a história de sua primeira experiência como vendedor de caixas registradoras no norte do estado de Nova York. Cheio de entusiasmo, ele saía adiante com sua carroça repleta de caixas registradoras. Ele trabalhou diligentemente seu território, mas sem vender uma única máquina. Cabisbaixo, ele reportou-se a seu chefe. O gerente de vendas ouviu durante algum tempo e depois disse: "Ajude-me a colocar algumas registradoras na carroça, arreie o cavalo e vamos de novo." Assim o fizeram e os dois visitaram cliente após cliente, com o mais velho *mostrando como* vender caixas registradoras. Toda a evidência indica que a lição foi aprendida.

Por muitos anos, diligentemente ensinei em minha aula de engenharia de software a necessidade e propriedade de boa documentação, exortando meus alunos com uma ênfase e eloquência cada vez maiores. Isso não deu certo. Eu presumi que eles aprenderam como documentar corretamente, mas estavam falhando por falta de zelo. Tentei, então, colocar algumas caixas registradoras na carroça, ou seja, *mostrar* a eles como trabalhar. Assim, o restante deste ensaio irá deixar de lado a exortação, concentrando-se no "como" de uma boa documentação.

Qual Documentação é Necessária?

Diferentes níveis de documentação são necessários para o usuário casual de um programa, para aquele que deve depender de um programa e para aquele que deve adaptar um programa com mudanças de circunstância ou propósito.

PARA USAR UM PROGRAMA. Todo usuário necessita de uma descrição em prosa do programa. A maior parte da documentação falha, fornecendo um resumo geral muito pequeno. As árvores estão descritas, suas cascas e folhas estão comentadas, mas não há nenhum mapa da floresta. Para escrever uma descrição em prosa útil, posicione-se à distância e aproxime-se lentamente:

1. *Propósito*. Qual é a principal função, a razão de existir do programa?
2. *Ambiente*. Em que máquinas, configurações de hardware e de sistema operacional ele será executado?
3. *Domínio e variação*. Qual domínio de entrada é válido? Qual variedade de saída pode, legitimamente, aparecer?
4. *Funções realizadas e algoritmos utilizados*. Precisamente, o que ele faz?
5. *Formatos de entrada e saída*, precisos e completos.
6. *Instruções operacionais*, incluindo o comportamento normal e anormal nas finalizações, como observado na console e nas saídas.
7. *Opções*. Quais as escolhas que o usuário tem acerca das funções? Como essas escolhas são, exatamente, especificadas?
8. *Tempo de execução*. Quanto tempo ele levará para resolver um problema de um tamanho específico em uma configuração específica?
9. *Precisão e verificação*. Qual a precisão que se pode esperar das respostas? Quais meios de verificar a precisão estão incorporados?

Não raro, toda essa informação pode ser escrita em três ou quatro páginas. Isso requer que se concentre na concisão e precisão. A maior parte desse documento precisa estar rascunhada antes que o programa seja escrito, já que ele incorpora decisões básicas de planejamento.

PARA ACREDITAR EM UM PROGRAMA. A descrição de como um programa é usado deve ser suplementada com alguma descrição sobre como saber se ele está funcionando bem. Isso significa casos de teste.

Cada cópia enviada de um programa deve incluir alguns pequenos casos de teste que podem ser usados rotineiramente para dar garantias ao usuário de que ele tem o programa carregado em sua máquina e é uma cópia fiel e precisa.

Depois, são necessários casos de teste mais meticulosos, que normalmente são executados após uma modificação no programa. Estes correspondem a três partes do domínio dos dados de entrada:

1. Casos principais, que testam as principais funções do sistema para os dados mais comumente encontrados.
2. Casos apenas de legitimidade, que testam os limites do domínio dos dados de entrada, garantindo que o programa funciona para os maiores e menores valores possíveis e para todos os tipos válidos de exceções.
3. Casos apenas de ilegitimidade, que testam os limites do domínio pelo outro lado, garantindo que entradas inválidas gerem as mensagens de diagnóstico apropriadas.

PARA MODIFICAR UM PROGRAMA. A adaptação ou a correção de um programa requer um nível considerável de informação. Claro que o detalhamento total é necessário e ele está contido em uma lista bem comentada. Para aquele que modificará o programa, assim como para o usuário mais casual, a necessidade fundamental é a de uma visualização resumida e precisa da estrutura interna do programa. Quais são os componentes de tal visualização?

1. Um diagrama de fluxos ou um gráfico da estrutura dos subprogramas. Trataremos desse assunto mais adiante.
2. Descrições completas dos algoritmos utilizados ou, então, referências para tais descrições na literatura.
3. Uma explicação sobre o formato de todos os arquivos utilizados.
4. Um sumário da estrutura de passos – a sequência por meio da qual dados ou programas são trazidos da fita ou disco – e o que acontece em cada passo.

5. Uma análise das modificações contempladas no projeto original, a natureza e a localização das chamadas (*hooks*) e saídas (*exits*) e um texto discursivo das ideias do autor original sobre quais modificações podem ser desejáveis e como isso poderia ser feito. Suas observações sobre armadilhas escondidas também são úteis.

O Curso do Diagrama de Fluxos

O diagrama de fluxos (*flow chart*) é a peça mais superestimada da documentação de um programa. Muitos programas nem mesmo necessitam de tais diagramas, poucos precisam mais do que um diagrama de uma página.

Diagramas de fluxos mostram a estrutura de decisão de um programa, o que é apenas um dos aspectos de toda a sua estrutura. Eles mostram essa estrutura de decisão elegantemente quando o diagrama ocupa uma página, mas a visualização fica muito prejudicada quando ocupa múltiplas páginas, com saídas e conectores numerados.

O diagrama de fluxos de uma página para um programa substancial torna-se, basicamente, um diagrama da estrutura do programa e de suas fases ou passos. Por isso, ele é bastante útil. A Figura 15.1 mostra tal gráfico de estrutura de um subprograma.

Claro que tal gráfico de estrutura não segue ou necessita de padrões ANSI para diagramas de fluxo, cansativamente problemáticos. Todas as regras para formatos de caixas, conectores, numeração, etc. são necessárias apenas para tornar inteligíveis os diagramas de fluxos detalhados.

O detalhado, passo a passo, diagrama de fluxos é, entretanto, um obsoleto incômodo, servindo apenas para introduzir os iniciantes no pensamento algorítmico. Quando apresentado por Goldstine e Von Neumann,[1] as pequenas caixas e seus conteúdos serviam como uma linguagem de alto nível, agrupando as obscuras declarações em linguagem de máquina em blocos significativos. Como Iverson logo reconheceu,[2] em uma linguagem sistemática de alto nível o agrupamento já está feito e cada caixa contém uma declaração (Figura 15.2). Assim, as próprias caixas tornam-se nada mais que um exercício de desenho de caixas, monótono e consumidor de espaço, que pode muito bem ser eliminado. Assim, não fica nada além das setas. Mas as setas que juntam uma declaração à que a segue são redundantes; elimine-as. Isso deixa apenas os GO TOs. Mas, se as boas práticas são seguidas e as estruturas de blocos são utilizadas para minimizar os

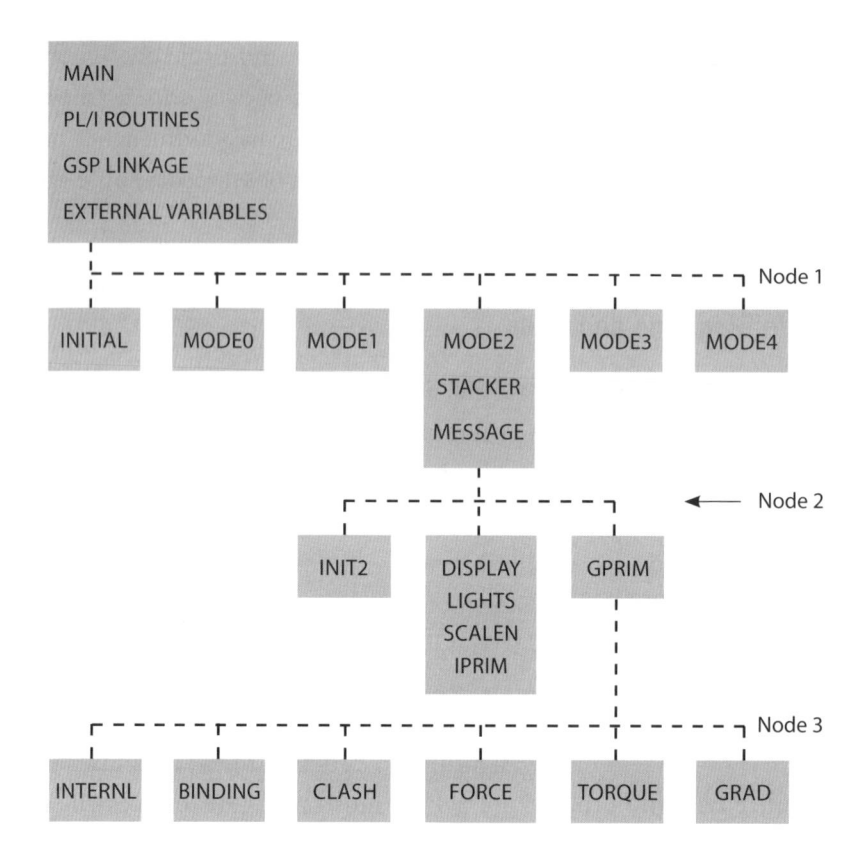

```
┌─────────────────────┐
│ MAIN                │
│ PL/I ROUTINES       │
│ GSP LINKAGE         │
│ EXTERNAL VARIABLES  │
└─────────────────────┘
```

[INITIAL] [MODE0] [MODE1] [MODE2 STACKER MESSAGE] [MODE3] [MODE4] ← Node 1

[INIT2] [DISPLAY LIGHTS SCALEN IPRIM] [GPRIM] ← Node 2

[INTERNL] [BINDING] [CLASH] [FORCE] [TORQUE] [GRAD] ← Node 3

FIGURA 15.1 O gráfico de estrutura de um programa (Cortesia de W. V. Wright)

GO TOs, não sobram muitas setas, mas as que sobram ajudam imensamente na compreensão. Pode até ser desejável desenhá-las diretamente na listagem do código, eliminando por completo o diagrama de fluxos.

De fato, prega-se mais sobre os diagramas de fluxos do que eles são utilizados. Nunca vi um programador experiente que tivesse a rotina de fazer diagramas de fluxos detalhados antes de começar a escrever programas. Quando os padrões da organização exigem diagramas de fluxos, eles são quase sempre produzidos depois do programa. Muitas empresas têm o orgulho de usar programas de computadores para gerar essa "indispensável ferramenta de projeto" a partir do código completo. Vejo essa experiência universal não como um deplorável e vergonhoso desvio da boa prática, a ser admitido apenas com uma risada nervosa. Ao contrário, ela é a aplicação do bom senso, que nos ensina algo sobre a utilidade dos diagramas de fluxos.

O Apóstolo Pedro disse sobre os novos gentios convertidos e a lei dos judeus: "Agora, pois, por que tentais a Deus, pondo sobre a cerviz dos discípulos um jugo que nem nossos pais puderam suportar, nem nós?" (Atos dos Apóstolos 15:10, TEV). Eu diria o mesmo sobre novos programadores e as práticas obsoletas de diagramas de fluxos.

Programas Autodocumentados

Um princípio básico de processamento de dados ensina a loucura que é tentar manter em sincronia arquivos independentes. É muito melhor combiná-los em um único, com cada registro contendo toda a informação que ambos os arquivos tinham com relação a determinada chave.

Agora, nossa prática na documentação de programas viola nossos próprios ensinamentos. Uma característica é que tentamos manter uma forma de um programa que seja legível pela máquina e também um conjunto de documentos que seja legível pelos seres humanos, consistindo na prosa e nos diagramas de fluxos.

Os resultados, de fato, confirmam nossos ensinamentos sobre a loucura dos arquivos separados. A documentação de programas é, notoriamente, pobre e sua manutenção é pior. Mudanças feitas no programa não aparecem pronta, precisa e invariavelmente no papel.

Creio que a solução é combinar os arquivos, incorporando a documentação no código fonte do programa. Isso é ao mesmo tempo um poderoso incentivo no sentido da manutenção apropriada e da garantia de que essa documentação estará sempre à mão do usuário. Tais programas são chamados de *autodocumentados*.

É claro que isso é difícil (mas não impossível), se os diagramas de fluxo tiverem de ser incluídos. Mas dada a obsolescência dos diagramas de fluxo e o uso dominante de linguagens de alto nível, torna-se razoável combinar o programa e a documentação.

O uso do código-fonte do programa como um meio de documentação impõe alguns limites. Por outro lado, a íntima disponibilidade desse código, linha a linha, para o leitor da documentação possibilita novas técnicas. Chegou o tempo para a concepção de novas abordagens e métodos para a documentação de programas.

Como principal objetivo, devemos tentar minimizar o fardo da documentação, fardo que nem nós nem nossos predecessores conseguimos carregar com sucesso.

↗ PGM4: PROCEDURE OPTIONS (MAIN);

```
        DECLARE SALEFL FILE
        RECORD
        INPUT
        ENVIRONMENT (F(80) MEDIUM (SYSIPT, 2501));
DECLARE PRINT4 FILE
        RECORD
        OUTPUT
        ENVIRONMENT (F(132) MEDIUM (SYSLST,1403) CTLASA);
DECLARE 01 SALESCARD,
        03 BLANK1              CHARACTER (9);
        03 SALESNUM            PICTURE '9999';
        03 NAME                CHARACTER (25);
        03 BLANK2              CHARACTER (7);
        03 CURRENT_SALES       PICTURE '9999V99';
        03 BLANK3              CHARACTER (29);
DECLARE 01 SALESLIST,
        03 CONTROL             CHARACTER (1) INITIAL (' ');
        03 SALESNUM_OUT        PICTURE 'ZZ9';
        03 FILLER1             CHARACTER (5) INITIAL (' ');
        03 NAME_OUT            CHARACTER (25);
        03 FILLER2             CHARACTER (5) INITIAL (' ');
        03 CURRENT_OUT         PICTURE 'Z,ZZZV.99';
        03 FILLER3             CHARACTER (5) INITIAL (' ');
        03 PERCENT             PICTURE 'Z9';
        03 SIGN                CHARACTER (1) INITIAL ('%');
        03 FILLER4             CHARACTER (5) INITIAL (' ');
        03 COMMISSION          PICTURE 'Z,ZZZV.99';
        03 FILLER5             CHARACTER (63) INITIAL (' ');

OPEN FILE (SALEFL),FILE (PRINT4);

ON ENDFILE (SALEFL) GO TO ENDOFJOB;
```

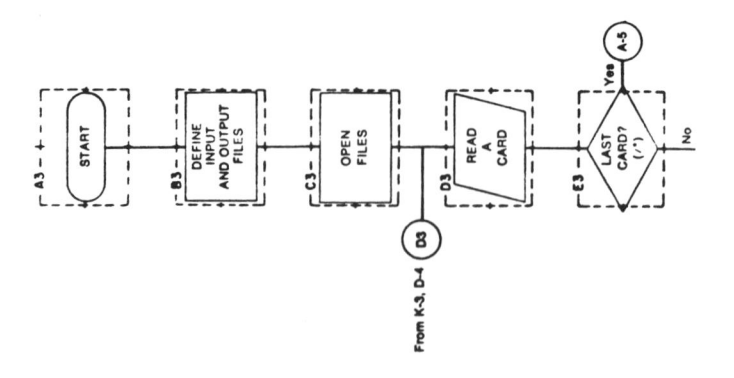

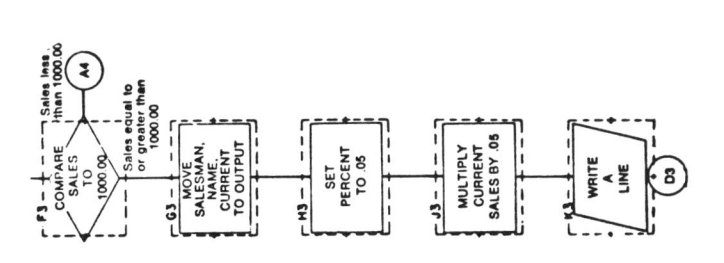

```
READ_CARD:
    READ FILE (SALEFL) INTO (SALESCARD);
    IF CURRENT_SALES < 1000.00 THEN GO TO UNDER_QUOTA
    SALESNUM_OUT=SALESNUM;
    NAME_OUT=NAME;
    CURRENT_OUT=CURRENT_SALES;
    PERCENT=5;
    COMMISSION=CURRENT_SALES*.05;
    WRITE FILE (PRINT4) FROM (SALESLIST);
    GO TO READ_CARD;
```

FIGURA 15.2 Comparação entre um diagrama de fluxos e o programa PL/I correspondente. [Resumido e adaptado das Figuras 15-41, 15-44] do livro *Data Processing and Computer Programming: A Modular Approach*, de Thomas J. Cashman e William J. Keys (Harper & Row, 1971).]

UMA ABORDAGEM. A primeira noção é a de usar partes do programa que necessariamente precisam existir, em função da linguagem de programação, para a carga de tanta informação quanto for possível. Assim, identificações, declarações e nomes simbólicos, todos são usados na tarefa de carregar tanto significado quanto possível para o leitor.

A segunda noção é a de usar o espaço e o formato o máximo possível na melhora da legibilidade, evidenciando subordinações e aninhamentos.

A terceira noção é a de inserir a necessária documentação em prosa no programa como parágrafos de comentários. A maioria dos programas tende a ter comentários suficientes em cada linha. Os programas produzidos de forma a atender rígidos padrões organizacionais de "boa documentação" normalmente têm comentários excessivos. Mesmo esses programas, porém, são normalmente deficientes nos parágrafos de comentários que realmente dão inteligibilidade e a visão sumarizada do todo.

Já que a documentação está construída na estrutura, nos nomes e nos formatos do programa, a maior parte dela *deve* ser escrita quando o programa é inicialmente escrito. Mas isso é quando ela *poderia* ser escrita. Uma vez que a abordagem da autodocumentação minimiza o trabalho extra, há menos obstáculos para fazê-la então.

Algumas técnicas. A Figura 15.3 mostra um programa PL/I autodocumentado.[3] Os números entre círculos não são parte dele. Eles são a metadocumentação que identifica esta discussão.

1. Use nomes de tarefas diferenciados para cada execução e mantenha um registro mostrando o que foi tentado, quando, e quais foram os resultados. Se o nome for composto de uma porção mnemônica (aqui, QLT) e um sufixo numérico (aqui, 4), tal sufixo pode ser usado como o número da execução, conectando as listagens ao registro. Essa técnica requer um novo cartão de trabalho para cada execução, mas eles podem ser produzidos em lotes, replicando a informação comum.
2. Use um nome de programa que seja mnemônico e que também contenha um indicador de versão. Ou seja, presuma que existirão várias versões. Aqui, o índice é o dígito de mais baixa ordem do ano de 1967.
3. Inclua a descrição em prosa como comentários para PROCEDURE.

① //QLT4 JOB ...

② QLTSRT7: PROCEDURE (V);

```
/****************************************************************************/
③ /*A SORT SUBROUTINE FOR 2500 6-BYTE FIELDS, PASSED AS THE VECTOR V.  A     */
   /*SEPARATELY COMPILED, NOT-MAIN PROCEDURE, WHICH MUST USE AUTOMATIC CORE   */
   /*ALLOCATION.                                                              */
   /*                                                                         */
④ /*THE SORT ALGORITHM FOLLOWS BROOKS AND IVERSON, AUTOMATIC DATA PROCESSING,*/
   /*PROGRAM 7.23, P. 350.  THAT ALGORITHM IS REVISED AS FOLLOWS:             */
⑤ /*   STEPS 2-12 ARE SIMPLIFIED FOR M=2.                                    */
   /*   STEP 18 IS EXPANDED TO HANDLE EXPLICIT INDEXING OF THE OUTPUT VECTOR. */
   /*   THE WHOLE FIELD IS USED AS THE SORT KEY.                              */
   /*   MINUS INFINITY IS REPRESENTED BY ZEROS.                               */
   /*   PLUS INFINITY IS REPRESENTED BY ONES.                                 */
   /*   THE STATEMENT NUMBERS IN PROG. 7.23 ARE REFLECTED IN THE STATEMENT    */
   /*      LABELS OF THIS PROGRAM.                                            */
   /*   AN IF-THEN-ELSE CONSTRUCTION REQUIRES REPETITION OF A FEW LINES.      */
   /*                                                                         */
   /*TO CHANGE THE DIMENSION OF THE VECTOR TO BE SORTED, ALWAYS CHANGE THE    */
   /*INITIALIZATION OF T.  IF THE SIZE EXCEEDS 4096, CHANGE THE SIZE OF T,TOO.*/
   /*A MORE GENERAL VERSION WOULD PARAMETERIZE THE DIMENSION OF V.            */
   /*                                                                         */
   /*THE PASSED INPUT VECTOR IS REPLACED BY THE REORDERED OUTPUT VECTOR.      */
/****************************************************************************/

⑥ /* LEGEND   (ZERO-ORIGIN INDEXING)                                         */

   DECLARE
     (H,                    /*INDEX FOR INITIALIZING T                       */
      I,                    /*INDEX OF ITEM TO BE REPLACED                   */
      J,                    /*INITIAL INDEX OF BRANCHES FROM NODE I          */
      K) BINARY FIXED,      /*INDEX IN OUTPUT VECTOR                         */

     (MINF,                 /*MINUS INFINITY                                 */
      PINF) BIT (48),       /*PLUS INFINITY                                  */

      V (*)   BIT (*),      /*PASSED VECTOR TO BE SORTED AND RETURNED        */

      T (0:8190) BIT (48);  /*WORKSPACE CONSISTING OF VECTOR TO BE SORTED, FILLED*/
                            /*OUT WITH INFINITIES, PRECEDED BY LOWER LEVELS  */
                            /*FILLED UP WITH MINUS INFINITIES                */

   /* NOW INITIALIZATION TO FILL DUMMY LEVELS, TOP LEVEL, AND UNUSED PART OF TOP*/
   /* LEVEL AS REQUIRED.                                                      */

⑦ INIT: MINF= (48) '0'B;
         PINF= (48) '1'B;

         DO L=    0 TO 4094;  T(L) = MINF;        END;
         DO L=    0 TO 2499;  T(L+4095) = V(L);   END;
         DO L= 6595 TO 8190;  T(L) = PINF;        END;

⑧ K0:   K = -1;
   K1:   I =  0;                 /*                              ⑪           <------|  */
   K3:   J = 2*I+1;              /*SET J TO SCAN BRANCHES FROM NODE I.        <-----||  */
   K7:   IF T(J) <= T(J+1)       /*PICK SMALLER BRANCH                       __>___|| */
         THEN                    /*                                              ||| */
   ⑨ DO;   ⑫                     /*                                              ||| */
   K11:       T(I) = T(J);       /*REPLACE                                      ||| */
   K13:       IF T(I) = PINF THEN GO TO K16; /*IF INFINITY, REPLACEMENT_+∞_||| */
                                  /*  IS FINISHED                              |||| */
   K12:       I = J;              /*SET INDEX FOR HIGHER LEVEL                 |||| */
              END;                /*                                            |||| */
         ELSE                     /*                                          <---+-||  */
            DO;                   /*                                            | || */
   K11A:       T(I) = T(J+1);     /*                                            | || */
   K13A:       IF T(I) = PINF THEN GO TO K16;  /*                          _+∞_| || */
   K12A:       I = J+1;           /*                                            | || */
              END;                /*                                          < | || */
   K14: IF 2*I < 8191 THEN GO TO K3;  /*GO BACK IF NOT ON TOP LEVEL     ----+-||  */
   K15: T(I) = PINF;              /*IF TOP LEVEL, FILL WITH INFINITY            |  |  */
   K16: IF T(0) = PINF THEN RETURN;  /*TEST END OF SORT                       <---|  |  */
   K17: IF T(0) = MINF THEN GO TO K1;  /*FLUSH OUT INITIAL DUMMIES          _-∞_____|  */
   K18: K = K+1;                  /*STEP STORAGE INDEX                           |  */
        V(K) = T(0);  GO TO K1; ⑫  /*STORE OUTPUT ITEM                    -------|  */
   END QLTSRT7;
```

FIGURA 15.3 Um programa autodocumentado

4. Faça referência à literatura padrão para documentar algoritmos básicos sempre que possível. Isso economiza espaço, normalmente aponta para um tratamento muito mais completo do que aquele que seria descrito e permite ao leitor, que já conhece a informação, pulá-la com a confiança de que entendeu o documento.
5. Mostre o relacionamento com o algoritmo do livro.
   a) mudanças   b) especialização   c) representação
6. Declare todas as variáveis. Use nomes mnemônicos. Use comentários para converter DECLARE em uma legenda completa. Observe que o exemplo já fornece os nomes e as descrições estruturais, necessitando apenas ampliá-los com descrições sobre seu *propósito*. Ao fazer isso, pode-se evitar a repetição de nomes e descrições estruturais em um tratamento separado.
7. Marque a inicialização com um indicador (*label*).
8. Marque os grupos de declarações para evidenciar as correspondências com aquelas da descrição do algoritmo na literatura.
9. Faça uma indentação para evidenciar estrutura e agrupamento.
10. Adicione, manualmente, setas de fluxo lógico à listagem. Elas são muito úteis para a depuração e as mudanças. Elas podem ser incorporadas à margem direita do espaço de comentários, passando a fazer parte do texto legível pela máquina.
11. Use comentários de linha ou destaque algo que não seja óbvio. Caso as técnicas acima tenham sido usadas, os comentários serão curtos e em quantidade menor que o de costume.
12. Coloque múltiplas declarações em uma linha, ou uma declaração em várias linhas, para casar com os agrupamentos pensados e mostrar correspondência com a descrição de outros algoritmos.

POR QUE NÃO? Quais são os aspectos negativos dessa abordagem para a documentação? Há muitos, os quais já foram reais, mas estão tornando-se imaginários com a mudança dos tempos.

A objeção mais séria é o aumento do tamanho do código fonte a ser armazenado. Com a disciplina indo mais em direção ao armazenamento online de código fonte, esta é uma consideração que está se tornando crescente. Eu mesmo sou mais breve nos comentários em um programa APL que reside em disco do que em outro que armazeno em cartões.

Ao mesmo tempo, estamos nos movendo também em direção ao armazenamento online de documentos em prosa para seu acesso e atualização por meio de editores de textos computadorizados. Como vimos anteriormente, combinar a prosa com o programa *reduz* o número total de caracteres a serem armazenados.

Resposta similar aplica-se ao argumento de que programas autodocumentados requerem mais digitação. Um documento datilografado requer que ao menos uma tecla seja pressionada para cada caractere por versão. Um programa autodocumentado tem menos caracteres totais e também menos teclas pressionadas por caractere, já que o que existe em uma versão não necessita ser redigitado na seguinte.

E quanto a diagramas de fluxos e gráficos de estrutura? Caso seja utilizado apenas um gráfico de estrutura do mais alto nível, ele pode seguramente ser mantido como um documento separado, pois não está sujeito a mudanças frequentes. Mas ele pode também ser incorporado ao código fonte como um comentário, e isso parece sensato.

Em qual extensão as técnicas descritas acima aplicam-se no que se refere a programas em linguagem assembly? Creio que a abordagem básica da autodocumentação é perfeitamente aplicável. Os formatos e os espaços não são tão livres, não podendo, portanto, ser usados com tanta flexibilidade. Nomes e declarações estruturais podem, decerto, ser explorados. Macros podem ajudar bastante nisso. O extenso uso de parágrafos de comentários é boa prática em qualquer linguagem.

Mas o enfoque da autodocumentação é estimulado pelo uso de linguagens de alto nível e encontra seu maior poder e sua maior justificativa quando tais linguagens são utilizadas em sistemas online, tanto para o processamento em lote como interativo. Como tenho argumentado, tais linguagens e sistemas ajudam os programadores de muitas maneiras poderosas. Já que as máquinas são feitas para as pessoas, não as pessoas para as máquinas, seu uso faz todo o tipo de sentido, econômico e humano.

16

Não Existe Bala de Prata – Essência e Acidente em Engenharia de Software

O Lobisomem de Eschenbach, Alemanha: litografia, 1685.
Cortesia de The Grainger Collection, Nova York.

16

Não Existe Bala de Prata – Essência e Acidente em Engenharia de Software

Não há um único desenvolvimento, seja em tecnologia ou em técnica de gestão, que, por si só, prometa sequer uma ordem de grandeza de melhoria dentro de uma década, seja em produtividade, confiabilidade ou simplicidade.

Resumo[1]

Toda a construção de software envolve tarefas básicas — a concepção das estruturas conceituais complexas que compõem a entidade abstrata de software —, e tarefas acidentais — a representação dessas entidades abstratas em linguagens de programação e o mapeamento destas em linguagens de máquina, dentro de limites de espaço e velocidade. A maioria das grandes conquistas que já ocorreram em produtividade de software vem da remoção das barreiras artificiais que tornaram as tarefas acidentais dificílimas, como limites severos de hardware, linguagens de programação deselegantes, falta de tempo de máquina. Quanto do que os engenheiros de software ainda fazem hoje está dedicado ao acidental, em oposição ao essencial? A menos que isso seja mais do que 9/10 de todo o esforço, reduzir todas as atividades acidentais para tempo nenhum não representará uma ordem de grandeza em melhoria.

Entretanto, parece que chegou o tempo de endereçar as partes essenciais da tarefa de software, aquelas relacionadas com a concepção de estruturas conceituais abstratas de grande complexidade. Eu sugiro:

- Explorar o mercado de massa para evitar construir o que pode ser comprado.
- Usar a prototipagem rápida como parte de uma iteração planejada no estabelecimento de requisitos de software.
- Crescer organicamente o software, adicionando mais e mais funções aos sistemas à medida que são executados, usados e testados.
- Identificar e desenvolver os grandes projetistas conceituais da geração em ascensão.

Introdução

De todos os monstros que preenchem os pesadelos de nosso folclore, não há mais aterrorizantes que os lobisomens, porque transformam-se inesperadamente de algo familiar em horrores. Para eles, buscamos balas de prata que podem, num passe de mágica, lançá-los na cova.

O familiar projeto de software tem algo desse personagem (ao menos como visto pelo gerente não técnico), usualmente inocente e direto, mas capaz de tornar-se um monstro de cronogramas perdidos, orçamentos estourados e produtos com falhas. Assim, ouvimos pedidos desesperados de uma bala de prata, algo que faça com que os custos de software caiam tão rapidamente quanto os de hardware de computadores.

Mas, quando olhamos para o horizonte de uma década atrás, não vemos bala de prata alguma. Não há um único desenvolvimento, seja em tecnologia ou em técnica de gestão, que, por si só, prometa uma ordem de grandeza de melhoria dentro de uma década, seja em produtividade, confiabilidade ou simplicidade. Neste capítulo tentaremos descobrir o porquê, examinando tanto a natureza do problema de software como as propriedades das balas propostas.

Ceticismo não é pessimismo, entretanto. Ainda que não vejamos nenhum avanço surpreendente e, de fato, acreditemos que tal seja incoerente com a natureza do software, muitas inovações encorajadoras estão surgindo. Um esforço constante e disciplinado para desenvolvê-las, propagá-las e explorá-las deve conduzir, de fato, a uma melhoria de uma ordem de grandeza. Não há um caminho real,* mas há um caminho.

O primeiro passo à frente na direção do controle de doenças foi a substituição das teorias dos demônios e as teorias dos humores pela teoria dos germes. Esse mesmo passo, o começo da esperança, por si varreu todas as esperanças em soluções mágicas. Ele disse aos trabalhadores que o progresso aconteceria em passos, com grande esforço e que um cuidado persistente, incessante, deveria ser prestado à disciplina da limpeza. O mesmo se dá com a engenharia de software hoje.

Precisa Ser Complicado? – Dificuldades Essenciais

Não só não existem balas de prata à vista como a própria natureza do software torna improvável que venha a existir alguma – não há invenção que faça pela

---

* Aqui o autor refere-se às rotas e trilhas criadas pelos espanhóis, inteligando suas colônias no novo mundo. (N. T.)

produtividade, confiabilidade e simplicidade do software o que os componentes eletrônicos, transistores e integração em larga escala fizeram pelo hardware de computadores. Jamais podemos esperar ver ganhos dobrarem a cada dois anos.

Em primeiro lugar, devemos observar que a anomalia não é que o progresso do software seja muito lento, mas que o progresso do hardware de computador é muito rápido. Nenhuma outra tecnologia, desde o início da civilização, observou ganhos de seis ordens de grandeza em preço-desempenho num período de 30 anos. Em nenhuma outra tecnologia é possível escolher obter o ganho tanto em aumento de desempenho como na redução de custos. Esses ganhos fluíram da transformação da manufatura de computadores de uma indústria de montagem para uma indústria de processo.

Em segundo lugar, para ver que taxa de progresso podemos esperar em tecnologia de software, vamos examinar suas dificuldades. Seguindo Aristóteles, eu as divido em *essência* – as dificuldades inerentes à natureza do software – e *acidentes* – aquelas dificuldades que apresentam-se hoje na sua produção, mas que não são inerentes.

Dos acidentes tratarei na próxima seção. Primeiramente, vamos considerar a essência.

A essência de uma entidade de software é um construto de conceitos que se interligam: conjuntos de dados, relações entre itens de dados, algoritmos e chamadas de funções. Essa essência é abstrata, pois o construto conceitual é o mesmo sob muitas representações diferentes. Ele é, todavia, altamente preciso e ricamente detalhado.

Acredito que a parte mais difícil na construção de software é a especificação, o projeto e o teste de seu construto conceitual, não o trabalho de representá-lo e testar a fidelidade da representação. Decerto ainda cometemos erros de sintaxe, mas eles são poeira se comparados com os erros conceituais na maioria dos sistemas.

Se isso for verdade, construir software sempre será difícil. Não há, inerentemente, nenhuma bala de prata.

Vamos examinar as propriedades inerentes dessa irredutível essência de sistemas modernos de software: complexidade, conformidade, flexibilidade e invisibilidade.

COMPLEXIDADE. Entidades de software são mais complexas para o seu tamanho do que, talvez, qualquer outra coisa produzida pelo homem, porque não há sequer duas partes que sejam similares (ao menos, acima do nível das declarações). Se forem similares, transformamos as duas partes em uma, uma sub-rotina, aberta ou fechada. Quanto a isso, sistemas de software diferem profundamente de computadores, prédios ou automóveis, onde elementos repetidos são abundantes.

Computadores digitais são, por si, mais complexos que muitas das coisas construídas pelas pessoas. Eles têm um número muito grande de estados. Isso torna sua concepção, descrição e testes muito difíceis. Sistemas de software têm estados em ordens de grandeza muito maiores que computadores.

Da mesma forma, escalar uma entidade de software não é meramente repetir os mesmos elementos em tamanho maior. É necessário um aumento do número de elementos diferentes. Em muitos casos, os elementos interagem uns com os outros de modo não linear, e a complexidade do todo aumenta muito mais do que linearmente.

A complexidade do software é uma propriedade essencial, não uma acidental. Assim, descrições de uma entidade de software que abstraiam sua complexidade costumam abstrair também sua essência. As ciências físicas e matemáticas tiveram grande progresso durante três séculos construindo modelos simplificados para fenômenos complexos, deduzindo propriedades a partir desses modelos e verificando tais propriedades por meio de experimentos. Isso deu certo porque as complexidades ignoradas nesses modelos não eram propriedades essenciais aos fenômenos. O mesmo não se pode afirmar quando as complexidades são a essência.

Muitos dos problemas clássicos do desenvolvimento de produtos de software vêm dessa complexidade essencial e de seu aumento não linear com o tamanho. Da complexidade vem a dificuldade de comunicação entre os membros da equipe, que leva a deficiências no produto, aumento dos custos, atrasos de cronograma. Da complexidade também vem a dificuldade de enumerar, e muito menos entender, todos os estados possíveis de um programa, e daí vem a falta de confiabilidade. Da complexidade das funções vem a dificuldade de utilizá-las, o que torna os programas difíceis de serem utilizados. Da complexidade da estrutura vem a dificuldade de ampliar os programas com novas funções sem, com isso, criar efeitos colaterais. Da complexidade da estrutura vêm também os estados não percebidos, que acabam por criar vulnerabilidades de segurança.

Tanto os problemas técnicos como os gerenciais advêm da complexidade. A complexidade torna difícil a visão integral do sistema, impedindo, assim, sua integridade conceitual. Ela torna difícil de encontrar e controlar todos os problemas. Isso cria o enorme fardo de aprendizagem e compreensão que torna a rotatividade de pessoal um desastre.

CONFORMIDADE. As pessoas que trabalham com software não estão sozinhas quando encaram a complexidade. A física lida com objetos terrivelmente complexos mesmo no nível de partículas "fundamentais". Todavia, o físico trabalha na firme crença de que existem princípios unificantes a serem encontrados, sejam nos quarks ou na teoria dos campos unificados. Einstein repetia o argumento de que deve haver explicações simples para a natureza, uma vez que Deus não é caprichoso nem arbitrário.

Não há crença assim que dê conforto ao engenheiro de software. A maior parte da complexidade que ele deve dominar é arbitrária, imposta sem rima ou razão por muitos sistemas e instituições humanas às quais suas interfaces devem estar em conformidade. Isso muda de interface para interface e de tempos em tempos, não em função de necessidade, mas apenas porque elas são projetadas por pessoas diferentes e não por Deus.

Em muitos casos, o software deve adequar-se porque veio à cena mais recentemente. Em outros porque ele é percebido como o de mais fácil adequação. Mas em todos os casos, muito da complexidade decorre da conformidade com outras interfaces. Isso não pode ser simplificado apenas pelo reprojeto do software.

MUTABILIDADE. A entidade de software é constantemente sujeita a pressões em prol de uma mudança. Claro, isso é verdade também no que diz respeito a prédios, automóveis, computadores. Mas o que foi produzido não costuma sofrer modificações depois que sai da fábrica. Os produtos se sucedem em novos modelos, ou modificações essenciais são incorporadas em cópias com número da série mais recente do mesmo projeto básico. O recolhimento (*recall* ou *callback*) de automóveis costuma acontecer poucas vezes, e as mudanças de engenharia no campo de computadores, de certa forma, ainda menos. Os dois casos são muito menos frequentes que as modificações de softwares que já estão com seus usuários.

Em parte, isso acontece porque o software em um sistema incorpora suas funções, e cada função é a parte que sente a maior pressão para a mudança. Em outra parte, é porque o software pode ser modificado com mais facilidade – é pura matéria de pensamento, infinitamente maleável. Prédios são, de fato, modificados, mas os custos altos dessas mudanças, compreendidos por todos, servem para frear o ímpeto dos modificadores.

Todo software de sucesso acaba por ser modificado. Dois processos ocorrem. Como a utilidade de um produto de software é descoberta, as pessoas tentarão utilizá-lo até o limite, ou além, de seu domínio original. As pressões em prol da ampliação de sua funcionalidade vêm, primeiramente, de usuários que gostam de sua funcionalidade básica e inventam novos usos para ela.

Em segundo lugar, a vida de um software de sucesso vai além da vida da máquina– veículo para a qual ele foi inicialmente escrito. Se não novos computadores, surgem ao menos novos discos, novos terminais, novas impressoras, e o software deve estar em conformidade com esses novos veículos de oportunidades.

Em suma, o produto de software está inserido em uma matriz cultural de aplicações, usuários, leis e máquinas-veículo. Todos estes mudam continuamente e suas mudanças inexoravelmente forçam seu reflexo no produto de software.

INVISIBILIDADE. Software é invisível e é impossível criar uma boa representação visual para ele. Abstrações geométricas são ferramentas poderosas. A planta baixa de um prédio auxilia tanto o arquiteto como o cliente na avaliação de espaços, fluxo de tráfego, vistas. As contradições tornam-se óbvias, omissões podem ser detectadas. Modelos em escala de peças mecânicas e montagens de encaixe representando moléculas, mesmo sendo abstrações, servem ao mesmo propósito. Uma realidade geométrica é capturada em uma abstração geométrica.

A realidade do software não está intrinsecamente inserida no espaço. Assim, não há representação geométrica pronta para representá-lo, da mesma forma que um terreno tem mapas, circuitos integrados têm seus diagramas, e computadores têm seus diagramas esquemáticos de conectividade. Tão logo tentamos diagramar uma estrutura de software, descobrimos que ela não é apenas um, mas, sim, vários grafos genericamente direcionados, superpostos um acima do outro. Os vários gráficos podem representar o fluxo de controle, o fluxo dos dados, padrões de dependência, sequência de tempos, relações de espaço de nomes. Estes não estão sequer em uma estrutura planar, quanto menos hierárquica. De fato, uma das maneiras de se estabelecer o controle conceitual para tal estrutura é forçar o corte de conexões até que um ou mais dos gráficos tornem-se hierárquicos.[2]

Apesar do progresso na restrição e simplificação das estruturas de software, elas continuam com sua representação visual difícil, não permitindo, assim, a devida atenção a suas mais poderosas ferramentas conceituais. Essa lacuna não prejudica apenas o processo de projeto dentro de uma mente, mas também impede severamente a comunicação entre as mentes.

Avanços do Passado Resolveram Dificuldades Acidentais

Se examinarmos as três etapas que mais frutificaram em tecnologia de software no passado, descobriremos que cada qual atacou uma diferente e principal dificuldade na construção de software, mas essas dificuldades foram as acidentais, não as essenciais. Também podemos verificar os limiteis naturais para a extrapolação de cada um desses ataques.

LINGUAGENS DE ALTO NÍVEL. Decerto, o mais poderoso avanço na produtividade, confiabilidade e simplicidade no desenvolvimento de software tem sido o uso progressivo de linguagens de programação de alto nível. A maioria dos observadores credita a esse avanço no mínimo um multiplicador por cinco na produtividade, com ganhos concomitantes em confiabilidade, simplicidade e abrangência.

O que se obtém com uma linguagem de alto nível? Ela elimina do programa muito de sua complexidade acidental. Um programa abstrato consiste em construções conceituais: operações, tipos de dados, sequências e comunicação. Um programa concreto de máquina preocupa-se com bits, registradores, condições, saltos, canais, discos e assim por diante. À medida que a linguagem de alto nível incorpora as construções desejadas ao programa abstrato e evita todas as demais construções de nível mais baixo, ela elimina um degrau completo de complexidade que de forma alguma era inerente ao programa.

O melhor que uma linguagem de alto nível pode fazer é fornecer todas as construções que o programador imagina no programa abstrato. Com certeza, o nível de nossa sofisticação de pensamento sobre estruturas de dados, tipos de dados e operações está aumentando constantemente, mas a uma taxa de crescimento sempre menor. E o desenvolvimento de linguagens aproxima-se cada vez mais da sofisticação dos usuários.

Além disso, em determinado ponto, a elaboração de uma linguagem de alto nível torna-se um fardo que aumenta, em vez de reduzir, a atividade intelectual do usuário que raramente usa construções esotéricas.

COMPARTILHAMENTO DE TEMPO (*TIME-SHARING*). A maioria dos observadores credita ao compartilhamento de tempo um grande aumento na produtividade dos programadores e na qualidade de seu produto, embora não seja tão grande quanto aquele trazido pelas linguagens de alto nível.

O compartilhamento de tempo ataca uma dificuldade bem diferente. Ele preserva a instantaneidade e assim nos permite manter uma visão panorâmica da complexidade. O longo tempo de espera da programação em lote significa que inevitavelmente esquecemos algum detalhe, se não a completa essência, do que estávamos pensando no momento em que paramos de programar e submetemos o programa à compilação e execução. Essa interrupção da consciência custa tempo, já que precisamos retomá-la. O efeito mais grave pode ser, muito bem, a queda na compreensão de tudo o que acontece em um sistema complexo.

O longo tempo de espera, como o causado por complexidades de linguagem de máquina, é uma dificuldade acidental, e não essencial, no processo de software. Os limites da contribuição do compartilhamento de tempo são diretamente derivados. O principal efeito é a diminuição do tempo de resposta. Ao aproximar-se de zero, em algum ponto ele ultrapassa o limite da percepção humana, cerca de 100 milissegundos. Além desse ponto, não há benefícios que possam ser esperados.

AMBIENTES DE PROGRAMAÇÃO UNIFICADOS. Unix e Interlisp, os primeiros ambientes integrados de programação a serem utilizados em larga escala, proporcionaram a percepção de aumento de produtividade por fatores integrais. Por quê?

Eles atacam as dificuldades acidentais no uso de programas em conjunto, fornecendo bibliotecas integradas, formatos unificados de arquivos, canais (*pipes*) e filtros. Como resultado, estruturas conceituais que, a princípio, poderiam sempre chamar, alimentar e usar uma a outra podem, de fato, fazer isso facilmente na prática.

Tamanho avanço, por sua vez, estimulou o desenvolvimento de bancadas de trabalho completas (*toolbenches*), pois cada nova ferramenta poderia ser aplicada a qualquer um dos programas que utilizam formatos padrão.

Por causa desse êxito, ambientes de desenvolvimento são o objeto de grande parte da pesquisa atual em engenharia de software. Vamos analisar suas promessas e limitações na próxima seção.

Esperanças para a Prata

Vamos agora examinar os desenvolvimentos técnicos que costumam ser mais considerados balas de prata em potencial. Que problemas eles apontam? Eles são problemas essenciais ou são os restos de nossas dificuldades acidentais? Eles proporcionam avanços revolucionários ou incrementais?

ADA E OUTROS AVANÇOS EM LINGUAGENS DE ALTO NÍVEL. Um dos desenvolvimentos recentes mais propalados é a linguagem de programação Ada, uma linguagem de propósito geral, de alto nível, da década de 1980. Ada, de fato, não apenas reflete melhorias evolutivas em conceitos de linguagens mas também incorpora funções que encorajam um projeto moderno e conceitos de modularidade. Talvez, a filosofia Ada seja um avanço maior do que a linguagem Ada, já que é a filosofia da modularidade, da abstração de tipos de dados, da estruturação hierárquica. Ada é, talvez, rica em excesso, resultado natural do processo pelo qual os requisitos foram postos em seu projeto. Isso não é fatal, já que subconjuntos funcionais de vocabulários podem resolver o problema de aprendizagem, e os avanços no hardware nos darão os MIPS baratos para compensar os custos de compilação. O avanço da estruturação de sistemas de software é, na verdade, um excelente uso para os MIPS adicionais que nosso dinheiro poderá comprar. Sistemas operacionais, muito criticados na década de 1960 por seus custos de memória e ciclos de processamento, têm provado ser uma excelente forma pela qual o uso de alguns MIPS e bytes de memória baratos dão sobrevida a hardware do passado.

Ainda assim, a linguagem Ada não provará ser a bala de prata que mata o monstro da produtividade de software. Ela é, enfim, apenas uma outra linguagem de alto nível, e a maior recompensa de tais linguagens vem da primeira transição da complexidade acidental da máquina para a declaração mais abstrata de soluções passo a passo. Assim que esses acidentes se resolverem, os restantes serão pequenos e a recompensa de sua remoção será, decerto, menor.

Posso prever que, em dez anos, quando a eficácia da linguagem Ada for avaliada, será possível observar que ela fez uma substancial diferença, não por causa de uma funcionalidade particular da linguagem nem por causa de todas as funcionalidades combinadas. Tampouco provarão os novos ambientes Ada serem a causa de tais melhorias. A maior contribuição da Ada será que, ao passar a utilizá-la, programadores ocasionalmente serão treinados em técnicas modernas para o projeto de software.

PROGRAMAÇÃO ORIENTADA A OBJETOS. Muitos estudantes da arte mantêm mais esperanças na programação orientada a objetos do que em qualquer outro modismo técnico de hoje.[3] Estou entre eles. Mark Sherman, de Dartmouth, observa que devemos ter cuidado ao distinguir duas ideias separadas que estão sob o mesmo nome: tipos abstratos de dados e tipos hierárquicos, também chamados *classes*. O conceito do tipo abstrato de dados é o de que um tipo de objeto deve ser definido por um nome, um conjunto de valores apropriados e um conjunto de operações apropriadas, em vez de por sua estrutura de armazenamento, que deve estar escondida. Exemplos são os pacotes Ada (*Ada packages*) com tipos privados (*private types*) ou os módulos da linguagem Modula.

Tipos hierárquicos, como as classes do Simula-67, permitem a definição de interfaces genéricas que podem ser depois refinadas pelo fornecimento de tipos subordinados. Os dois conceitos são ortogonais – podem existir hierarquias sem que algo seja escondido (como no caso anterior da estrutura de armazenamento) e que algo seja escondido sem que existam hierarquias. Ambos os conceitos representam avanços reais na arte da construção de software.

Cada uma dessas ideias elimina uma ou mais dificuldades acidentais do processo, permitindo ao projetista expressar a essência de seu projeto sem ter de expressar grandes quantidades de material sintático que não acrescentam nenhum conteúdo novo de informação. Tanto para tipos abstratos quanto para tipos hierárquicos, o resultado é a remoção de uma alta ordem de tipos de dificuldades acidentais, permitindo uma mais alta ordem de expressão do projeto.

Mesmo assim, tais avanços não podem fazer nada além de remover todas as dificuldades acidentais da expressão do projeto. A complexidade do projeto em si é fundamental, e tais ataques não fazem diferença alguma. Um ganho de ordens de grandeza pode ser obtido com a programação orientada a objeto apenas se a desnecessária especificação subjacente de tipos, remanescente hoje em nossa linguagem de programação, for por si só responsável por nove décimos do trabalho envolvido no projeto de um programa produto. Tenho cá minhas dúvidas.

INTELIGÊNCIA ARTIFICIAL. Muitas pessoas esperam que os progressos em inteligência artificial tragam o avanço revolucionário que irá dar ganhos de ordens de grandeza na produtividade e qualidade de software.[4] Eu não. Para ver o porquê, devemos dissecar o significado de "inteligência artificial" e ver como ela se aplica.

Parnas esclareceu o caos terminológico:

> *Duas definições bastante diferentes de IA são de uso comum hoje. IA-1: o uso de computadores para resolver problemas que apenas poderiam ser previamente resolvidos com a aplicação da inteligência humana. IA-2: o uso de um conjunto específico de técnicas de programação, conhecidas como heurística ou programação baseada em regras* (rule-based programming). *Nessa abordagem, especialistas humanos são estudados para determinar quais heurísticas ou regras práticas eles utilizam na solução de problemas.(...) O programa é projetado para resolver um problema da maneira que os humanos parecem solucioná-lo.*

A primeira definição tem um significado escorregadio. (...) Algumas coisas podem encaixar-se na definição de IA hoje, mas uma vez que verifiquemos como o programa funciona e entendamos o problema, não mais pensaremos que ele é IA. (...)Infelizmente eu não posso identificar uma parte de tecnologia que é única neste campo. (...) A maioria do trabalho é especificamente relacionada a um problema, e alguma abstração ou criatividade é necessária para ver como fazer uma analogia.[5]

Concordo plenamente com essa crítica. As técnicas utilizadas para o reconhecimento da fala parecem ter muito pouco em comum com aquelas usadas para o reconhecimento de imagens, e ambas diferem daquelas usadas em sistemas especialistas. Eu tenho dificuldade em ver como o reconhecimento de imagem, por exemplo, fará alguma diferença considerável na prática de programação. O mesmo é verdade para o reconhecimento da fala. A dificuldade em se construir um software está em decidir o que dizer, não em dizer. Nada que facilite a expressão pode trazer mais do que ganhos marginais.

A tecnologia de sistemas especialistas, AI-2, merece uma seção própria.

SISTEMAS ESPECIALISTAS (*EXPERT SYSTEMS*). A parte mais avançada da arte de inteligência artificial, e a mais amplamente aplicada, é a tecnologia para a construção de sistemas especialistas. A maioria dos cientistas de software é diligente na aplicação dessa tecnologia ao ambiente de construção de software.[5] Qual é o conceito e o que ele busca?

Um sistema especialista é um programa que contém um motor genérico de inferência e uma base de regras, projetado para tomar dados e premissas como entrada e explorar as consequências lógicas por meio das inferências derivadas a partir da base de regras, chegando a conclusões e conselhos e oferecendo a explicação de seus resultados mediante o traçado de seu raciocínio para o usuário. Uma característica é que motores de inferência podem lidar com dados – confusos (*fuzzy*) ou probabilísticos – e regras, em adição à lógica puramente determinística.

Tais sistemas oferecem algumas vantagens claras sobre algoritmos programados para chegar às mesmas soluções no tocante aos mesmos problemas:

- A tecnologia do motor de inferência é desenvolvida de forma independente da aplicação, podendo ser utilizada de várias maneiras. O esforço muito maior para o desenvolvimento de motores de inferência pode ser justificado. De fato, essa tecnologia está bastante avançada.

- As partes cambiáveis dos materiais peculiares à aplicação são codificadas na base de regras de maneira uniforme, e ferramentas são fornecidas para o desenvolvimento, a modificação, o teste e a documentação da base de regras. Isso reduz muito a complexidade da própria aplicação.

Edward Feigenbaum diz que o poder de tais sistemas não vem dos cada vez mais elegantes mecanismos de inferência, mas das cada vez mais ricas bases de conhecimento que refletem o mundo real com mais precisão. Eu creio que o mais importante avanço proporcionado pela tecnologia é a separação entre a complexidade da aplicação e o próprio programa.

Como isso pode ser aplicado ao desenvolvimento de software? De muitas maneiras: sugerindo regras de interface, aconselhando em estratégias para testes, lembrando as frequências de ocorrências de tipos de problemas, oferecendo dicas de otimização, etc.

Pense em um conselheiro imaginário de testes, por exemplo. Em sua forma mais rudimentar, um sistema especialista para diagnósticos é muito parecido com a lista de verificação de um piloto, fundamentalmente oferecendo sugestões para as possíveis causas de dificuldade. De acordo com o desenvolvimento da base de regras, as sugestões tornam-se mais específicas, levando mais sofisticadamente em conta os sintomas dos problemas relatados. É possível visualizar um assistente de depuração que oferece, inicialmente, sugestões bastante genéricas, mas, à medida que mais e mais a estrutura do sistema é incorporada na base de regras, mais e mais particulares tornam-se as hipóteses que ele gera e os testes que recomenda. Tal sistema especialista pode divergir radicalmente dos convencionais, já que sua base de regras talvez pudesse ser modularizada hierarquicamente, correspondendo com exatidão ao produto de software. Assim, quando o produto é modificado de forma modular, a base de regras de diagnósticos pode ser modificada também da mesma forma.

O trabalho requerido para gerar as regras de diagnóstico é o mesmo que terá de ser feito, de qualquer maneira, para gerar o conjunto de casos de testes para os módulos e para o sistema. Se for executado de uma maneira genérica apropriada, com uma estrutura uniforme para as regras e para um bom motor de inferência disponível, isso pode, de fato, reduzir o esforço total na introdução de casos de teste e também ajudar durante todo o tempo de vida de manutenção e testes de modificações. Da mesma forma, podemos postular outros conselheiros – provavelmente muitos deles, e provavelmente muito simples – para outras partes da tarefa de construção de software.

Muitas dificuldades impedem que cedo se perceba a utilidade de conselheiros especializados para o desenvolvedor de programas. Uma parte crucial desse panorama imaginário é o desenvolvimento de maneiras simples para sair da especificação da estrutura do programa rumo à geração automática ou semiautomática de regras de diagnósticos. Ainda mais difícil e importante é a tarefa, dividida em duas partes, da aquisição de conhecimento: encontrar especialistas articulados, capazes de autoanálise, que saibam o *porquê* de fazerem as coisas; e desenvolver técnicas eficientes para extrair o que eles sabem, destilando tal saber em bases de regras. O requisito essencial para a construção de um sistema especialista é ter um especialista.

A contribuição mais poderosa de sistemas especialistas será, decerto, a de pôr a serviço do programador inexperiente a sabedoria e a experiência acumuladas pelos melhores programadores. Não é uma contribuição pequena. A lacuna entre a melhor prática de engenharia de software e uma prática mediana é muito grande – talvez maior do que em qualquer outra disciplina de engenharia. Uma ferramenta que dissemina a boa prática seria importante.

PROGRAMAÇÃO "AUTOMÁTICA. Há quase 40 anos as pessoas estão antevendo e escrevendo sobre "programação automática", a geração de um programa para resolver um problema a partir da descrição das especificações de tal problema. Algumas pessoas escrevem, hoje, como se estivessem na expectativa de que essa tecnologia venha a prover o próximo avanço.[7]

Parnas insinua que o termo é usado no sentido de glamour, não semântico, afirmando:

> *Em suma, a programação automática tem sido um eufemismo para a programação com uma linguagem de alto nível que não está disponível, no momento, ao programador.*[8]

No fundo, ele argumenta que na maioria dos casos é o método de solução, e não o problema, para o qual a especificação necessita ser dada.

Existem as exceções. A técnica para a construção de geradores é muito poderosa e é geralmente usada, com grande vantagem, em programas para ordenação. Alguns sistemas para a integração diferencial de equações também permitiram a especificação direta do problema. O sistema avaliava os parâmetros, escolhia uma biblioteca de métodos de solução e gerava os programas.

Essas aplicações têm propriedades bastante favoráveis:

- Os problemas são prontamente caracterizados por uma quantidade relativamente pequena de parâmetros.
- Há muitos métodos conhecidos de solução que fornecem uma biblioteca de alternativas.
- A análise extensiva levou a regras explícitas de seleção das técnicas de solução, dados os parâmetros do problema.

É difícil verificar como tais regras podem ser generalizadas para o mundo mais amplo do sistema de software normal, em que casos com propriedades tão puras são a exceção. É também difícil imaginar como tal avanço em generalização poderia, concebivelmente, acontecer.

PROGRAMAÇÃO GRÁFICA. Uma matéria favorita para dissertações de Ph.D. em engenharia de software é a programação gráfica ou visual, a aplicação da computação gráfica para projeto de software.[9] Às vezes, a promessa de tal enfoque é postulada a partir da analogia com o projeto de chips VLSI,* no qual a computação gráfica tem um papel importante. Outras vezes, a abordagem é justificada ao considerar que diagramas de fluxo são o meio ideal para o projeto de programas e que é preciso fornecer ferramentas poderosas para a sua construção.

Nada sequer convincente e tampouco emocionante surgiu, ainda, de tais esforços. Estou convencido de que nada surgirá.

Em primeiro lugar, como já argumentei em outro texto, o diagrama de fluxos é uma abstração muito pobre da estrutura de software.[10] De fato, ele é mais bem visto como uma tentativa de Burks, von Neumann e Goldstine de fornecer uma linguagem de controle de alto nível, incrivelmente necessária, a seu computador proposto. Na forma deplorável, com múltiplas páginas, cheia de caixas de conexão em que o diagrama de fluxos é elaborado hoje, ele se revelou basicamente inútil como ferramenta de projeto – programadores desenham seus diagramas de fluxo depois, não antes, de escrever os programas que tais diagramas descrevem.

Em segundo lugar, os terminais de vídeo atuais são muito pequenos, em pixels, para mostrar tanto o escopo quanto a resolução de qualquer diagrama sério

---

* Circuito integrado com altíssimo número de componentes. VLSI significa *Very Large Scale Integration*, ou seja, integração em escala muito ampla. (N. T.)

e detalhado de software. A dita "metáfora da mesa de escritório" de uma estação de trabalho atual é, em lugar disso, a metáfora do "assento do avião". Qualquer um que tenha lidado com uma grande quantidade de papéis enquanto sentado na classe econômica de um avião, ao lado de dois passageiros robustos, irá reconhecer a diferença – é possível lidar apenas com pouquíssimas coisas de cada vez. A verdadeira mesa de trabalho fornece uma visão panorâmica e o acesso aleatório a um bom número de papéis. Além disso, quando as doses de criatividade aumentam, mais do que um programador ou escritor ficaram conhecidos por abandonar a mesa de trabalho para o mais espaçoso assoalho. A tecnologia de hardware terá de avançar muito substancialmente antes que a capacidade de visualização de nossos objetivos seja suficiente para a tarefa de projeto de software.*

Mais fundamentalmente, como já argumentei, o software é muito difícil de se visualizar. Quer diagramemos o fluxo de controle, o agrupamento das variáveis segundo seu escopo, referências cruzadas entre variáveis, fluxo de dados, estruturas hierárquicas de dados, ou seja lá o que for, nós perceberemos apenas uma dimensão do rigorosamente interligado elefante de software. Se sobrepusermos todos os diagramas gerados por muitas visualizações relevantes será difícil extrair daí qualquer panorama global. A analogia com o VLSI é em si enganosa – o projeto de um chip é um objeto com camadas bidimensionais, cuja geometria reflete sua essência. Um sistema de software não é assim.

VERIFICAÇÃO DE PROGRAMA. Muito do esforço em programação moderna é dedicado ao teste e à solução de bugs. Será que existe, talvez, uma bala de prata que elimine os erros em sua fonte, na fase de projeto do sistema? Será que a produtividade e a confiabilidade do produto podem ser radicalmente melhoradas ao se seguir a estratégia profundamente diversa de testar com correção os projetos, antes que uma quantidade imensa de trabalho seja colocada na implementação e teste dos mesmos?

Não acredito que encontraremos a mágica aqui. A verificação de programa é um conceito poderoso e será muito importante para coisas como núcleos de sistemas operacionais seguros. A tecnologia não promete, entretanto, economizar

---

* No texto original: *"... before the scope of our scopes is sufficient to the software design task."* – A tradução literal poderia ser "antes que o escopo de nossos escopos", mas ela perderia muito de seu sentido, além de perder totalmente a idéia de alívio cômico embutida no texto, que usa o primeiro *"scope"* no sentido do que é possível ver em um determinado momento, enquanto o segundo *"scopes"* diz respeito ao conjunto de coisas que necessitam ser vistas em um projeto de software. (N. T.)

trabalho. As verificações são tão trabalhosas que apenas alguns poucos programas substanciais foram de fato verificados.

A verificação de programa não se traduz em programas à prova de erros. Não há mágica aqui também. Mesmo provas matemáticas podem ter falhas. Assim, mesmo que a verificação reduza a carga de testes de programas, ela não a eliminará.

O mais grave é que mesmo a perfeita verificação de programa pode apenas estabelecer que um programa atende sua especificação. A parte mais difícil da tarefa de desenvolvimento de software é chegar a uma especificação completa e consistente, e muito da essência da construção de um programa é, de fato, a depuração da especificação.

AMBIENTE E FERRAMENTAS. Qual o ganho que se pode esperar do crescente número de pesquisas sobre melhores ambientes de programação? Uma resposta instintiva é a de que os problemas mais comuns foram os primeiros atacados, e já estão resolvidos: sistemas hierárquicos de arquivos, formatos uniformes de arquivos (e assim, interfaces uniformes para os programas) e ferramentas genéricas. Editores inteligentes, específicos de cada linguagem, são desenvolvimentos que ainda não estão em amplo uso na prática, mas o máximo que eles prometem é livrar os programadores de erros sintáticos e simples erros semânticos.

Talvez, o melhor ganho ainda a se obter no ambiente de programação é o uso de sistemas integrados de bases de dados para manter o registro de miríades de detalhes que devem ser buscados minuciosamente pelo programador individual e mantidos atualizados para um grupo de colaboradores em um único sistema.

Decerto, esse é um trabalho que vale a pena e que resultará tanto em produtividade quanto em confiabilidade. Mas, por natureza, seu retorno, doravante, deve ser marginal.

ESTAÇÕES DE TRABALHO. Que benefícios para a arte do software é possível esperar do evidente e rápido aumento na potência e na capacidade de memória das estações individuais de trabalho? Bem, quantos MIPS podem ser fecundamente utilizados? A composição e a edição de programas e documentos é totalmente suportada pelas velocidades atuais. A compilação mereceria um estímulo, mas o aumento de dez vezes na velocidade da máquina deixaria, com certeza, a atividade mental como predominante no dia de um programador. De fato, parece que é assim hoje.

Estações de trabalho mais poderosas são certamente bem-vindas. Melhorias mágicas trazidas por elas não podemos esperar.

Ataques Promissores na Essência Conceitual

Mesmo que nenhum avanço tecnológico prometa o tipo de resultados mágicos com os quais estamos tão familiarizados na área de hardware, há tanto uma abundância de bons trabalhos em progresso hoje como a promessa de um progresso constante, mesmo que não espetacular.

Todos os ataques tecnológicos aos acidentes do processo de software são, fundamentalmente, limitados pela equação da produtividade:

$$\textit{Tempo da tarefa} = \sum_{i} (\textit{Frequência})_i \times (\textit{Tempo})_i$$

Se, como acredito, os componentes conceituais da tarefa são, agora, os que tomam a maior parte do tempo, então nenhuma quantidade de atividade nos componentes da tarefa, que são meramente a expressão dos conceitos, pode trazer grandes ganhos de produtividade.

Portanto, devemos considerar que aqueles ataques direcionados à essência do problema de software são a formulação dessas estruturas conceituais complexas. Afortunadamente, alguns desses são muito promissores.

COMPRAR *VERSUS* CONSTRUIR. A solução mais radical possível para construir software é não construir.

Isso fica mais fácil a cada dia, pois mais e mais fornecedores oferecem produtos de software em maior quantidade e qualidade para uma impressionante variedade de aplicações. Enquanto os engenheiros de software trabalharam na metodologia de produção, a revolução dos computadores pessoais criou não apenas um, mas, sim, muitos mercados de massa para o software. Cada banca de revistas tem muitas publicações que, organizadas por tipo de máquina, anunciam e analisam dúzias de produtos com preços que variam de alguns poucos dólares a algumas centenas de dólares. Fontes mais especializadas oferecem produtos muito poderosos para estações de trabalho e outros mercados Unix. Até mesmo ferramentas e ambientes de software podem ser comprados em prateleiras. Em algum outro lugar eu propus um mercado para módulos individuais.

A compra de tais produtos custa menos que a construção de um novo. Mesmo a um custo de US$100 mil, uma peça adquirida de software está custando, apenas, cerca de um programador-ano. E a entrega é imediata! Imediata ao menos para produtos que de fato existem, produtos para os quais o desenvolvedor pode apresentar o potencial comprador a um feliz usuário. E mais ainda, tais produtos tendem a ser muito mais bem documentados e, de alguma forma, mais bem mantidos do que o software feito em casa.

Creio que o desenvolvimento do mercado de massa seja a mais profunda tendência de longa duração em engenharia de software. O custo do software sempre foi o de seu desenvolvimento, não o de sua replicação. Compartilhar este custo, mesmo entre poucos usuários, radicalmente diminui o custo por usuário. Outra maneira de olhar é que o uso de n cópias de um sistema de software efetivamente multiplica por n a produtividade de seus desenvolvedores. Isso é uma melhoria na produtividade da disciplina e da nação.

A questão-chave é, claro, a aplicabilidade. Posso usar um pacote disponível em prateleira para fazer minha tarefa? Algo surpreendente aconteceu aqui. Nas décadas de 1950 e 1960, pesquisas constantes mostraram que usuários não usariam pacotes de prateleira para folha de pagamento, controle de inventário, contas a receber, etc. Os requisitos eram muito especializados e a variação entre cada caso era muito grande. Na década de 1980, encontramos tais pacotes em grande demanda e ampla utilização. O que mudou?

Não foram os pacotes, realmente. De alguma forma eles podem ser mais genéricos e customizáveis que anteriormente, mas nem tanto. As aplicações também não mudaram. Além disso, as necessidades científicas e de negócios de hoje estão mais diversificadas, mais complicadas que há 20 anos.

A grande mudança aconteceu na relação de custo entre o hardware e o software. O comprador de uma máquina de US$2 milhões em 1960 sentia que poderia gastar mais US$250 mil para um programa customizado de folha de pagamento, um que entrasse de forma suave e não perturbadora no ambiente social hostil ao computador. Compradores de máquinas de escritório de US$50 mil, hoje, não podem permitir-se pagar por programas customizados de folha de pagamento. Os computadores são agora tão lugar-comum que, mesmo não sendo ainda tão amados, as adaptações a eles são aceitas como fato.

Existem espantosas exceções ao meu argumento de que a generalização dos pacotes de software mudou pouco com o passar dos anos: planilhas eletrônicas e sistemas simples de bases de dados. Essas ferramentas poderosas, tão óbvias na retrospectiva e, ainda assim, de aparecimento tão tardio, permitiram seu uso em uma infinidade de aplicações, algumas muito pouco ortodoxas. Artigos e mesmo livros são abundantes agora, abordando como executar tarefas inesperadas com a planilha de cálculo. Um grande número de aplicações que anteriormente teriam sido escritas como um programa personalizado em Cobol ou RPG (*Report Program Generator*) são hoje escritas com tais ferramentas.

Muitos usuários, atualmente, operam seus computadores utilizando várias aplicações sem escrever um programa sequer. De fato, muitos desses usuários não podem escrever programas para suas máquinas, mas eles estão, apesar disso, aptos para resolver novos problemas com eles.

Acredito que hoje a estratégia mais poderosa de produtividade de software para muitas organizações seja equipar os trabalhadores que estão na linha de frente, não especializados em informática, com computadores pessoais e boas ferramentas genéricas para a escrita, o desenho, a manipulação de arquivos e planilhas de cálculo, deixando-os livres para utilizá-las. A mesma estratégia, com pacotes genéricos para matemática, estatística e alguns utilitários simples de programação, também funcionará para centenas de cientistas em laboratórios.

REFINAMENTO DE REQUISITOS E PROTOTIPAGEM RÁPIDA. A parte mais difícil da construção de um sistema de software é a decisão precisa sobre o que construir. Nenhuma outra parte do trabalho conceitual é tão difícil quanto estabelecer os requisitos técnicos detalhados, incluindo as interfaces para as pessoas, para máquinas e para outros sistemas de software. Nenhuma outra parte prejudica tão seriamente o sistema resultante se for feita de maneira errada. Nenhuma outra parte é mais difícil de corrigir depois.

Portanto, a função mais importante que os construtores de software exercem em benefício de seus clientes é a extração sucessiva e o refinamento dos requisitos do produto. Mas, verdade seja dita, os clientes não sabem o que querem. Eles normalmente não sabem quais perguntas devem ser respondidas e quase nunca pensaram sobre o problema que deve ser especificado. Mesmo a simples resposta – "Faça o novo sistema de software funcionar como o nosso antigo sistema manual de processamento de informações" – é , de fato, simples demais. Os clientes nunca querem exatamente isso. Sistemas complexos de software são, mais do que isso, algo que age, que se movimenta, que trabalha. As dinâmicas dessa ação são difíceis de imaginar. Assim, ao planejar qualquer atividade de software, é necessário permitir uma interação extensa entre o cliente e o projetista como parte da definição do sistema.

Eu daria um passo adiante afirmando que é realmente impossível para os clientes, mesmo aqueles que trabalham com engenheiros de software, especificar completa, precisa e corretamente os requisitos exatos de um produto moderno de software, sem que tenham sido construídas e experimentadas algumas versões do produto que eles estão especificando.

Portanto, um dos atuais esforços tecnológicos mais promissores, um que ataca a essência – não os acidentes – do problema de software, é o desenvolvimento de abordagens e ferramentas para a prototipagem rápida de sistemas como parte da especificação iterativa de requisitos.

Um protótipo de um sistema de software é aquele que simula as interfaces importantes e realiza as principais funções do sistema pretendido, sem estar necessariamente limitado pela mesma velocidade de hardware, pelo tamanho ou pelas restrições de custo. Protótipos tipicamente realizam as principais tarefas da aplicação, mas não fazem nenhuma tentativa de tratamento de exceções, respondem corretamente a entradas inválidas, terminam de forma limpa, etc. O propósito desse protótipo é tornar real a estrutura conceitual especificada, de forma que o cliente possa testá-la em sua consistência e facilidade de uso.

Muitos dos procedimentos atuais para a aquisição de software baseiam-se na premissa de que é possível especificar com antecedência um sistema satisfatório, obter orçamentos para a sua construção, efetivá-la e partir para a sua instalação. Penso que essa premissa é fundamentalmente errada e que muitos problemas na aquisição de software nascem dessa falácia. Portanto, eles não podem ser resolvidos sem uma revisão fundamental, uma que permita o desenvolvimento iterativo e a especificação de protótipos e produtos.

DESENVOLVIMENTO INCREMENTAL – EXPANDA, NÃO CONSTRUA, O SOFTWARE. Ainda lembro o choque que senti em 1958, quando, pela primeira vez, ouvi um amigo referir-se a *construir* um programa, em oposição a *escrevê-lo*. Em um lampejo, ele expandiu totalmente minha visão sobre o processo de software. A mudança de metáfora foi poderosa e precisa. Hoje entendemos a construção de software como a construção de outros processos e livremente usamos outros elementos para a metáfora, como especificações, montagem de componentes e degraus.

A metáfora da construção transcendeu sua utilidade. Está na hora de uma nova mudança. Se, como acredito, as estruturas conceituais que construímos hoje são tão complicadas para serem precisamente especificadas previamente e muito complexas para serem construídas sem falhas, então, precisamos usar uma abordagem radicalmente diversa.

Vamos retornar à natureza e estudar a complexidade das coisas vivas, em vez de apenas os trabalhos mortos do ser humano. Aqui, encontramos construções cujas complexidades nos impressionam de forma incrível. O cérebro, por si, é tão complexo que supera qualquer mapeamento, tão poderoso que é impossível imitar, tão rico em diversidade que se autoprotege se autorrenova. O segredo é que ele é expandido, não construído.

Assim devem ser nossos sistemas de software. Há alguns anos, Harlan Mills propôs que qualquer sistema de software deveria crescer com desenvolvimento incremental.[11] Ou seja, o sistema deveria, primeiramente, ser feito para funcionar, mesmo que ele não faça nada de útil além de chamar o conjunto apropriado de subprogramas fictícios. Depois, bit a bit, o programa toma corpo, com os subprogramas, por sua vez, desenvolvendo-se em ações ou chamadas para pontas vazias nos níveis inferiores.

Tenho observado os mais incríveis resultados desde que comecei a incentivar essa técnica entre os construtores de projetos na minha aula de laboratório de engenharia de software. Nada na década passada mudou tão radicalmente minha própria prática, ou sua eficácia. A abordagem requer um projeto de cima para baixo, uma vez que é um crescimento de cima para baixo do software. Ela permite o fácil retorno a versões anteriores. Ela desencadeia, em si, a prototipagem prematura. Cada funcionalidade adicionada e a nova provisão para dados ou circunstâncias mais complexas crescem organicamente a partir do que já existe.

Os efeitos no moral são surpreendentes. O entusiasmo aumenta quando há um sistema funcional, mesmo que simples. Os esforços redobram quando a primeira imagem de um novo sistema gráfico aparece na tela, mesmo que seja apenas um retângulo. Sempre se tem, a cada estágio do processo, um sistema que funciona. Descobri que equipes podem *expandir* entidades muito mais complexas em quatro meses do que eles poderiam *construir*.

Os mesmos benefícios puderam ser percebidos em grandes projetos, assim como em meus pequenos projetos.[12]

EXCELENTES PROJETISTAS. A questão central é como melhorar os centros de arte de software, como sempre tem sido, por intermédio das pessoas.

Podemos ter bons projetos ao seguir boas práticas ao invés das ruins. Boas práticas de projeto podem ser ensinadas. Programadores estão entre a parcela mais inteligente da população, de modo que eles podem aprender boas práticas. Portanto, um grande impulso nos Estados Unidos é a promulgação de práticas boas e modernas. Novos currículos, nova literatura, novas organizações como o Software Engineering Institute,* todos têm a missão de aumentar o nível de nossa prática, de pobre para boa. Isto é muito apropriado.

Não obstante, não acredito que possamos dar o próximo passo adiante da mesma maneira. Enquanto a diferença entre projetos conceituais bons e ruins pode estar firmemente no método de projeto, a diferença entre projetos bons e excelentes certamente não está. Excelentes projetos vêm de excelentes projetistas. A construção de software é um processo *criativo*. Uma firme metodologia pode fortalecer e dar liberdade à mente criativa, mas não pode acender ou inspirar um trabalhador entediado.

As diferenças não são pequenas – é algo como Salieri e Mozart. Sucessivas pesquisas demonstram que os melhores projetistas produzem, com menor esforço, estruturas mais rápidas, menores, mais simples, mais limpas. Esse fator diferencia o enfoque ótimo do médio em ordens de grandeza.

Uma pequena retrospectiva mostra que, embora muitos sistemas de software bons e úteis tenham sido projetados por comitês e construídos por projetos de múltiplas partes, os sistemas de software que encantaram fãs apaixonados são os produtos do projeto de uma ou poucas mentes, excelentes projetistas. Considere o Unix, APL, Pascal, Modula, a interface do Smalltalk, mesmo o Fortran, e contraste-os com o Cobol, PL/I, Algol, MVS/370 e MS-DOS (Figura 16.1).

Portanto, mesmo que eu suporte plenamente os esforços de transferência de tecnologia e de desenvolvimento de currículo hoje em andamento, creio que o único e mais importante, esforço que podemos organizar está em desenvolver formas de cultivar grandes projetistas.

Sim	**Não**
Unix	Cobol
APL	PL/1
Pascal	Algol
Modula	MVS/370
Smalltalk	MS-DOS
Fortran	

FIGURA 16.1 Produtos fascinantes

---

* O Instituto de Engenharia de Software americano, entidade federal sediada na Universidade de Carnegie Mellon – http://www.sei.cmu.edu (N. T.)

Nenhuma empresa de software pode ignorar esse desafio. Bons gerentes, tão raros quanto eles possam ser, não são mais raros que os bons projetistas. Excelentes projetistas e excelentes gerentes são, ambos, muito raros. A maioria das organizações consome um esforço considerável em encontrar e cultivar perspectivas gerenciais. Não sei de nenhuma que consuma um esforço similar em encontrar e desenvolver os excelentes projetistas dos quais a excelência técnica dos produtos irá, em última instância, depender.

Minha primeira proposta é a de que cada organização de software deva determinar e proclamar que excelentes projetistas são tão importantes para seu sucesso como são os excelentes gerentes, e que eles podem esperar ser promovidos e recompensados da mesma maneira. Não apenas com relação ao salário, mas também com relação aos requisitos, equivalentes de forma integral para seu reconhecimento – tamanho do escritório, mobília, equipamento técnico pessoal, recursos para viagens, equipe de apoio.

Como cultivar excelentes projetistas? O espaço não permite uma análise extensa, mas alguns passos são óbvios:

- Identifique sistematicamente os principais projetistas, o mais cedo possível. Os melhores não costumam ser os mais experientes.
- Designe um mentor para a carreira, que seja responsável pelo desenvolvimento do candidato, e mantenha um cuidadoso arquivo de currículos.
- Crie e mantenha um plano de desenvolvimento de carreira para cada candidato, incluindo a seleção cuidadosa de aprendizagem com os principais desenvolvedores, avanços na educação formal e cursos rápidos, intercalando com serviços de projeto "solo" e de liderança de equipes.
- Forneça oportunidades para os projetistas em formação interagirem entre si, estimulando um ao outro.

17

"Não Existe Bala de Prata" — Mais um Tiro

Montando uma estrutura a partir de peças pré-fabricadas, 1945
Arquivo Bettman

17

"Não Existe Bala de Prata" – Mais um Tiro

Cada bala tem seu alvo.

GUILHERME III DA INGLATERRA, PRÍNCIPE DE ORANGE

Quer impossíveis, sem pensar pretende
O que não houve, não há, nem haverá.

ALEXANDER POPE, *UM ENSAIO SOBRE A CRÍTICA**

---

* No original:
"Whoever thinks a faultless piece to see,
Thinks what ne'er was, nor is, nor e'er shall be"
A tradução foi extraída da edição de 1812 do livro "Poetica de Horatio e o Ensaio Sobre a Critica de Alexandre Pope em Portuguez", dedicado a preciosa Memoria d'el Rey, D. João IV, por huma Portugueza, p.113.

Sobre Lobisomens e Outros Terrores Lendários

"Não Existe Bala de Prata – Essência e Acidente em Engenharia de Software" (agora o Capítulo 16) foi originalmente um artigo escrito por encomenda para a conferência IFIP'86 em Dublin, e publicado em seus anais.[1] A revista *Computer* o reimprimiu, atrás de uma capa gótica, ilustrada com cenas de filmes como *O Lobisomem de Londres*.[2] Eles também colocaram uma barra lateral com a explicação "Para Matar o Lobisomem", levando adiante a lenda (moderna) de que apenas balas de prata servem para essa finalidade. Eu não estava ciente da barra lateral e das ilustrações antes da publicação e eu jamais esperaria que um artigo técnico sério fosse tão embelezado.

Os editores da *Computer* foram especialistas em atingir o efeito desejado, de fato, e parece que muitas pessoas leram o artigo. Escolhi, porém, outra imagem de lobisomem para aquele capítulo, uma ilustração antiga de uma criatura quase cômica. Espero que essa imagem menos cafona tenha o mesmo efeito salutar.

Há, Sim, uma Bala de Prata – E AQUI ESTÁ ELA!

"Não Existe Bala de Prata" declara e argumenta que nenhum desenvolvimento isolado em engenharia de software produzirá a melhoria de uma ordem de grandeza na produtividade de programação dentro de dez anos (a partir da publicação do artigo, em 1986). Entramos agora nove anos na década, assim é oportuno ver que a previsão está se mantendo.

Enquanto "O Mítico Homem-Mês" gerou muitas citações, mas pouca discussão, "Não Existe Bala de Prata" tem gerado até hoje artigos de refutação, cartas para editores de periódicos e ensaios.[3] Muitos deles atacam o argumento central de que não há uma solução mágica e minha opinião clara de que não pode haver uma. Muitos concordam com a maior parte dos argumentos em "Não Existe Bala de Prata", mas seguem adiante para afirmar que existe, sim, uma bala de prata para a besta do software, a que o autor inventou. Enquanto, hoje, releio as primeiras respostas, não posso deixar de notar que os supostos remédios alardeados tão vigorosamente em 1986 e 1987 não tiveram os espantosos efeitos propostos.

Eu compro hardware e software sobretudo em função dos testes e conversas de "usuário feliz" com clientes pagantes confiáveis que utilizam o produto e estão satisfeitos com ele. Da mesma forma, eu devo quase prontamente acreditar que uma bala de prata materializou-se quando um usuário independente, de fé, dá um passo adiante e diz: "Eu usei essa metodologia, ferramenta ou produto e isso trouxe-me um ganho de dez vezes na produtividade de software."

Muitos correspondentes fizeram correções ou esclarecimentos válidos. Alguns empreenderam análises e refutações ponto a ponto, pelas quais sou grato. Neste capítulo, vou compartilhar as melhorias e endereçar os contra-argumentos.

Escrita Obscura será Mal-entendida

Alguns escritores mostraram que falhei em tornar claros alguns argumentos.

ACIDENTE. O argumento central do "Não Existe Bala de Prata" está tão claramente declarado no Resumo do Capítulo 16 quanto eu sei como colocá-lo. Alguns ficaram confusos, entretanto, com os termos *acidente* e *acidental*, que são usados de uma maneira antiga, que data de Aristóteles.[4] Por *acidental*, eu não quis dizer *acontecendo por acaso*, nem *por azar*, mas mais perto do significado de *incidental* ou *colateral*.

Não pretendo denegrir as partes acidentais da construção de software. Em lugar disso, seguirei a dramaturga inglesa, autora de histórias de detetive e teóloga Dorothy Sayers, em ver que toda atividade criativa consiste[1] na formulação dos construtos conceituais,[2] da implementação em um meio real e[3] da interação com usuários em utilizações reais.[5] A parte da construção do software que eu chamo de *essência* é a formulação mental dos construtos conceituais. A parte que eu chamo de *acidente* é seu processo de implementação.

UMA QUESTÃO DE FATO. Parece a mim (ainda que não para todos) que a veracidade do argumento central concentra-se em uma pergunta de fato: qual é a fração do esforço total de software que está agora associada com a precisa e metódica representação do construto conceitual e qual fração corresponde ao esforço da criação mental dos construtos? Em parte, encontrar e corrigir falhas está em cada uma das frações, dependendo se as falhas são conceituais, como a falha em reconhecer alguma exceção, ou representacionais, como um erro de ponteiro ou de alocação de memória.

É minha opinião, apenas isso, que a parte acidental ou representacional do trabalho agora caiu para cerca de metade ou menos do total. Já que essa fração é uma questão de fato, seu valor poderia, em princípio, ser resolvido por meio de medida.[6] Se isso falhar, minha estimativa a esse respeito pode ser corrigida por outras mais recentes e qualificadas. Significantemente, ninguém que tenha escrito, de forma pública ou privada, afirmou que a parte acidental seja tão grande quanto nove décimos do esforço total.

O artigo "Não Existe Bala de Prata" argumenta, irrefutavelmente, que se a parte acidental do trabalho é menos que nove décimos do total, diminuí-la para zero (o que *necessitaria* de mágica) não resultará em uma ordem de magnitude de aumento de produtividade. É *necessário* atacar a essência.

A partir do "Não Existe Bala de Prata", Bruce Blum chamou minha atenção para o trabalho de 1959 de Herzberg, Mausner e Sayderman.[7] Eles descobriram que fatores motivacionais *podem* aumentar a produtividade. Já os fatores ambientais e acidentais, independentemente de quão positivos eles sejam, não podem. Mas esses fatores podem diminuir a produtividade quando negativos. "Não Existe Bala de Prata" argumenta que muito do progresso de software tem sido a eliminação de tais fatores negativos: linguagens de máquina incrivelmente difíceis, longos tempos de resposta em processamento em lote, ferramentas ruins e limites severos de memória.

NÃO HÁ *ESPERANÇA*, ENTÃO, PARA AS DIFICULDADES *ESSENCIAIS?* Um excelente artigo de 1990, escrito por Brad Cox, "There Is a Silver Bullet" (Existe uma Bala de Prata), argumenta com eloquência a favor da abordagem de componentes reutilizáveis e intercambiáveis como um ataque à essência conceitual do problema.[8] Com imenso entusiasmo, concordo plenamente.

Cox, porém, não compreende o "Não Existe Bala de Prata" em dois pontos. Em primeiro lugar, ele o lê como uma afirmação de que as dificuldades do software surgem "de alguma deficiência na forma como programadores constroem software hoje." Meu argumento era o de que as dificuldades essenciais são inerentes à complexidade conceitual das funções do software a serem projetadas e construídas em qualquer momento, por qualquer método. Em segundo lugar, ele (e outros) lê "Não Existe Bala de Prata" como uma afirmação de que não há esperança no ataque das dificuldades essenciais na construção do software. Não foi essa a minha intenção. A elaboração do construto conceitual apresenta, de fato, como dificuldades inerentes à complexidade, conformidade, mutabilidade e invisibilidade. Os problemas causados por cada uma dessas dificuldades podem, porém, ser aliviados.

COMPLEXIDADE DÁ-SE EM NÍVEIS. Por exemplo, a complexidade é a mais importante dificuldade inerente, mas nem toda complexidade é inevitável. Muita, mas não a totalidade, da complexidade conceitual em nossos construtos de software vem da complexidade arbitrária das próprias aplicações. De fato, Lars Sødahl da MYSIGMA Sødahl and Partners, empresa multinacional de consultoria em gestão, escreve:

Na minha experiência, muitas das complexidades que são encontradas no trabalho em sistemas são sintomas de problemas organizacionais. Tentar modelar essa realidade com programas igualmente complexos é, na realidade, preservar a desordem em vez de resolver problemas.

Steve Lukasik da Northrop argumenta que mesmo a complexidade organizacional é, talvez, não arbitrária, mas pode ser suscetível a princípios de organização:

Fui treinado como físico e, por isso, vejo coisas "complexas" como suscetíveis a uma descrição em termos de conceitos mais simples. Agora, você pode ter certeza: não vou afirmar que todas as coisas complexas sejam suscetíveis a princípios de organização.(...). pelas mesmas regras de argumento que você não pode afirmar que elas não sejam.

. . . A complexidade de ontem é a ordem de amanhã. A complexidade da desordem molecular deu passagem para a teoria cinética dos gases e para as três leis da termodinâmica. Hoje, o software não pode sequer revelar esses tipos de princípios de organização, mas você é responsável pelo fardo de explicar por que não. Não estou sendo obtuso nem querendo provocar. Acredito que, algum dia, a "complexidade" do software será entendida em termos de noções de maior ordem (invariáveis para o físico).

Não realizei a análise mais aprofundada solicitada com muita propriedade por Lukasik. Como uma disciplina, precisamos de uma teoria de informação abrangente que quantifique o conteúdo de informação de estruturas estáticas, da mesma forma que a teoria de Shannon faz para fluxos de comunicação. Isso está muito além de mim. Para Lukasik, simplesmente respondo que a complexidade de sistema é função de uma miríade de detalhes que devem ser, cada qual, especificado com exatidão, seja por alguma regra genérica ou detalhe a detalhe, mas não apenas estatisticamente. Parece muito difícil que os trabalhos descoordenados de muitas mentes tenham coerência suficiente para que sejam exatamente descritos por regras gerais.

Muito da complexidade em um construto de software se dá, no entanto, não devido à conformidade com o mundo externo, mas, em lugar disso, à própria implementação – suas estruturas de dados, seus algoritmos, sua conectividade. Expandir o software em pedaços de mais alto nível, construído por outro ou reutilizado de algo de nosso passado, evita a exposição a camadas inteiras de complexidade. O "Não Existe Bala de Prata" defende um ataque dedicado e integral ao problema da complexidade, acreditando com otimismo que o progresso pode ser alcançado. Ele defende a adição da complexidade necessária a um sistema de software:

- Hierarquicamente, com objetos ou módulos em camadas;
- Incrementalmente, de forma que o sistema sempre funcione.

A Análise de Harel

David Harel, em seu artigo de 1992, "Biting the Silver Bullet" (Mordendo a Bala de Prata), empreende a análise mais cuidadosa do "Não Existe Bala de Prata" que já foi publicada.[9]

PESSIMISMO *VERSUS* OTIMISMO *VERSUS* REALISMO. Harel vê tanto o "Não Existe Bala de Prata" quanto o artigo de Parnas de 1984 "Software Aspects of Strategic Defense Systems" (Aspectos de Software de Sistemas Estratégicos de Defesa)[10] como "extremamente sombrios". Assim, ele almeja iluminar o lado mais brilhante da moeda, subtitulando seu artigo "Em Direção a um Futuro mais Claro para o Desenvolvimento de Sistemas". Cox, assim como Harel, vê o "Não Existe Bala de Prata" como um texto pessimista e diz que "se você observar esses mesmos fatos de uma nova perspectiva, uma conclusão mais otimista surge". Ambos interpretaram erroneamente o tom do meu artigo.

Em primeiro lugar, minha esposa, meus colegas e meus editores acham que eu peco muito mais pelo otimismo do que pelo pessimismo. Eu sou, afinal, um programador por formação, e o otimismo é uma doença ocupacional de nossa arte.

O "Não Existe Bala de Prata" diz, explicitamente, que "olhamos para o horizonte de uma década atrás, não vemos bala de prata alguma. Ceticismo não é pessimismo, entretanto. (...) Não há um caminho real, mas há um caminho". Ele prevê que as inovações em andamento em 1986, se desenvolvidas e exploradas, trariam *juntas*, de fato, uma ordem de grandeza de melhoria em produtividade. Com a passagem dos anos entre 1986 e 1996, essa previsão parece, se nada mais, otimista demais, em vez de melancólica.

Mesmo se o "Não Existe Bala de Prata" fosse visto universalmente como pessimista, o que haveria de errado nisto? A declaração de Einstein de que nada pode viajar em uma velocidade maior que a da luz não é "sombria" e "melancólica"? E o que dizer das conclusões de Gödel de que algumas coisas não podem ser computadas? "Não Existe Bala de Prata" busca estabelecer que "a própria natureza do software torna improvável que venha a existir alguma". Turski, em seu excelente artigo de resposta na conferência IFIP disse, com grande ênfase:

> *De todos os empreendimentos científicos maldirecionados, nenhum é mais patético do que a busca da pedra filosofal, substância que supostamente transformaria metais básicos em ouro. O objeto supremo da alquimia, ardentemente almejado por gerações de pesquisadores generosamente patrocinados por governantes seculares e espirituais, é o extrato não destilado de puro desejo que vem da premissa comum de que as coisas são como gostaríamos que fossem. Essa é uma crença bastante humana. É necessário muito esforço para aceitar a existência de problemas insolúveis. O desejo de encontrar uma saída, contrária a todas as probabilidades, mesmo quando está provado que ela não existe, é muito, muito forte. E muitos de nós temos bastante simpatia por aquelas almas corajosas que tentam alcançar o impossível. Assim, isso segue adiante. Dissertações sobre enquadrar um círculo estão sendo escritas. Loções para recuperar o cabelo perdido estão sendo compostas e vendem bem. Métodos para melhorar a produtividade de software estão sendo criados e vendem muito bem.*
>
> *Com muita frequência, somos inclinados a seguir nosso próprio otimismo (ou explorar as esperanças otimistas de nossos patrocinadores). Com muita frequência, estamos dispostos a desconsiderar a voz da razão e atender as sirenes dos que fomentam a panaceia.* [11]

Tanto eu como Turski insistimos que esperanças fantasiosas inibem o *progresso e desperdiçam esforços*.

TEMAS "MELANCÓLICOS". Harel percebe a melancolia em "Não Existe Bala de Prata" surgindo de três temas:

- Intensa separação entre essência e acidente
- Tratamento isolado de cada candidato à bala de prata
- Previsão para apenas dez anos, em vez do tempo suficiente para esperar qualquer melhoria significativa.

Quanto ao primeiro tema, ele constitui-se no ponto integral do artigo. Ainda acredito que essa separação é absolutamente central ao entendimento do por que o software é difícil. Ela é um guia certeiro para determinar os tipos de ataques a serem feitos.

Quanto a tratar os candidatos à bala de forma isolada, o "Não Existe Bala de Prata" realmente faz isso. Os vários candidatos foram propostos individualmente, com os argumentos extravagantes feitos *por cada um*. Não me oponho às técnicas, mas, sim, à expectativa de que elas funcionem como mágica. Glass, Vessey e Conger, em seu artigo de 1992, oferecem provas amplas de que a busca em vão por uma bala de prata ainda não terminou.[12]

Quanto a escolher 10 anos em vez de 40 como um período de previsão, o período menor foi, em parte, uma concessão ao fato de que nossos poderes de previsão nunca foram bons além de uma década. Quem de nós, em 1975, previu a revolução dos microcomputadores da década de 1980?

Há outras razões para o limite de uma década: os argumentos dos candidatos à bala tinham todos um certo imediatismo em si mesmos. Não me lembro de nenhum deles dizendo: "Invista em minha maravilha e você começará a ter retorno depois de dez anos." Além disso, a relação entre desempenho e preço do hardware aumentou, talvez, em uma centena de vezes a cada década e, em comparação, embora um tanto inválida, é subconscientemente inevitável. Sem dúvida faremos um progresso substancial nos próximos quarenta anos, mas uma melhoria em uma ordem de grandeza em quarenta anos dificilmente será mágica.

A IMAGINAÇÃO EXPERIMENTAL DE HAREL. Harel propõe uma experiência em que ele imagina o "Não Existe Bala de Prata" escrito em 1952, em vez de em 1986, mas insistindo nas mesmas propostas. Ele usa esse artifício como um argumento de *reducto ad absurdum* (redução ao absurdo), tentando separar a essência do acidente.

O argumento não funciona. Em primeiro lugar, porque o "Não Existe Bala de Prata" começa afirmando que as dificuldades acidentais grandemente dominaram as essenciais na programação da década de 1950, o que não mais acontece, e que sua eliminação efetivou melhorias de ordens de grandeza. Traduzir tal argumentação para um cenário de 40 anos antes não é razoável. É muito difícil imaginar alguém, em 1952, declarando que as dificuldades acidentais não eram responsáveis pela maior parte do esforço.

Em segundo lugar, porque o estado das coisas que Harel imagina ter prevalecido na década de 1950 é impreciso:

> *Essa era a época em que, em vez de batalhar com o projeto de sistemas grandes e complexos, o negócio dos programadores era desenvolver programas individuais (que teriam cerca de 100 a 200 linhas em uma linguagem moderna de programação) que serviam para executar tarefas algorítmicas limitadas. Dadas a tecnologia e a metodologia então disponíveis, tais tarefas eram similarmente formidáveis. Falhas, erros e prazos perdidos estavam todos presentes.*

Ele, então, descreve como as falhas, os erros e os prazos perdidos postulados na programação individual convencional foram melhorados em ordem de grandeza nos 25 anos seguintes.

Mas o estado da arte na década de 1950 não era, de fato, programas pequenos de apenas uma pessoa. Em 1952, o Univac estava processando o censo de 1950 com um programa complexo desenvolvido por cerca de oito programadores.[13] Outras máquinas estavam trabalhando com dinâmicas químicas, cálculos de difusão de nêutrons, de desempenho de mísseis etc.[14] Era rotina utilizar assemblers, linkeditores e carregadores dinâmicos, sistemas interpretados de ponto flutuante etc.[15] Em 1955, estavam em construção programas comerciais com 50 a 100 homens-ano.[16] Em 1956, a General Electric tinha em operação um sistema de folha de pagamento, em sua fábrica de eletrodomésticos de Louisville, com mais de 80 mil palavras de programa. Em 1957, o computador de defesa aérea SAGE ANFSQ/7 estava rodando havia dois anos e um sistema duplex, tolerante a falhas, de tempo real, baseado em 75 mil instruções, baseadas em comunicação, estava em operação em 30 localidades.[17] É difícil sustentar que é a evolução das técnicas de programas feitos por uma pessoa que primariamente descrevem os esforços de engenharia de software desde 1952.

E AQUI ESTÁ. Harel prossegue, oferecendo sua própria bala de prata, uma técnica de modelagem chamada "The Vanilla Framework".* A própria abordagem não

---

* A tradução literal de *vanilla* é baunilha. Aqui o termo é usado como referência à simplicidade, no sentido de que um sorvete de baunilha (ou de creme) é o mais simples de todos. Uma tradução livre ao ambiente proposto por Harel seria "O Ambiente Simples". (N. T.)

está descrita em detalhe suficiente para uma avaliação, mas há referência a um artigo e a um relatório técnico que apareceriam na forma de um livro no devido tempo.[18] A modelagem não chega à essência, à criação e à depuração apropriada de conceitos; portanto, é possível que o Vanilla Framework será revolucionário. Assim espero. Ken Brooks relatou que achou a metodologia útil quando a aplicou a uma tarefa real.

INVISIBILIDADE. Harel argumenta fortemente que muito da construção conceitual do software é de natureza intrinsecamente topológica e que suas relações têm equivalentes naturais em representações gráficas ou espaciais:

> *O uso de formalismos visuais apropriados pode ter um efeito espetacular em engenheiros e programadores. Além disso, esse efeito não é limitado a questões meramente acidentais. Observou-se melhor qualidade e organização em seu próprio pensamento. O sucesso no desenvolvimento futuro de sistemas irá girar no entorno de representações visuais. Em primeiro lugar iremos conceituar usando entidades e relações "apropriadas" e, depois, formularemos e reformularemos nossas concepções na forma de uma série de modelos cada vez mais compreensíveis, representados por meio da apropriada combinação de linguagens visuais. Deve ser uma combinação, já que modelos de sistemas têm várias facetas, cada qual evocando diferentes tipos de imagens mentais.*
> *. . . . Alguns aspectos do processo de modelagem não têm sido tão promissores quanto outros ao permitir, a eles mesmos, uma boa visualização. Operações algorítmicas em variáveis e estruturas de dados, por exemplo, provavelmente permanecerão textuais.*

Harel e eu estamos bem próximos aqui. O que eu argumento é que a estrutura de software não está inserida em um espaço tridimensional, de forma que não existe um mapeamento natural direto de um projeto conceitual para um diagrama, tenha ele duas ou mais dimensões. Ele considera, e eu concordo, que são necessários muitos diagramas, cada qual cobrindo um aspecto distinto, e que muitos aspectos não podem ser, de forma alguma, bem-diagramados.

Compartilho plenamente do entusiasmo de Harel no uso de diagramas como auxiliares para o pensamento e o projeto. Durante longo tempo gostava de fazer a seguinte pergunta a candidatos a programadores: "Onde está o próximo novembro?" Se a pergunta é muito obscura, então "fale-me sobre seu modelo mental para um calendário". Os programadores realmente bons têm um senso espacial bastante forte. Eles normalmente possuem modelos geométricos de tempo e costumam entender a primeira pergunta sem nenhuma explicação. Eles têm modelos altamente individuais.

O ponto de Jones – Produtividade Segue a Qualidade

Capers Jones, primeiro escrevendo em uma série de memorandos e, mais adiante, em um livro, oferece um panorama penetrante, o qual foi citado por vários de meus correspondentes. "Não Existe Bala de Prata", como a maioria dos escritos da época, estava focado na *produtividade*, o software resultante por unidade de entrada. Jones diz: "Não. Foque na *qualidade* e a produtividade virá a seguir."[19] Ele argumenta que projetos caros e atrasados investem a maior parte do trabalho e tempo adicional na busca e no conserto de erros de especificação, projeto e implementação. Ele fornece dados que mostram uma forte correlação entre a falta de controles sistemáticos de qualidade e desastres no cronograma. Eu acredito nisso. Boehm aponta que a produtividade cai novamente quando se persegue a qualidade extrema, como no software da IBM para o ônibus espacial.

Coqui também argumenta que disciplinas de desenvolvimento sistemático de software foram criadas em resposta a preocupações quanto à qualidade (sobretudo como desculpa para maiores desastres), em vez de preocupações quanto à produtividade.

Mas note: o objetivo da aplicação de princípios de Engenharia à produção de Software na década de 1970 deu-se em razão de aumentar a Qualidade, Testabilidade, Estabilidade e Previsibilidade dos produtos de software – não necessariamente a eficiência da produção de Software.

A força motivadora para o uso de princípios de Engenharia de Software na produção de software foi o medo de acidentes maiores que poderiam ter sido causados ao se ter artistas incontroláveis responsáveis pelo desenvolvimento de sistemas cada vez mais complexos.[20]

Então, o que Aconteceu com a Produtividade?

NÚMEROS DA PRODUTIVIDADE. Os números da produtividade são muito difíceis de definir, calibrar e encontrar. Capers Jones acredita que para dois programas equivalentes, escritos em COBOL, com dez anos de diferença entre eles, um sem uma metodologia estruturada e outro com, o ganho é de um fator de três.

Ed Yourdon diz: "Vejo pessoas conseguirem uma melhora de cinco vezes em função de estações de trabalho e ferramentas de software." Tom DeMarco acredita que "sua expectativa de ganhos de uma ordem de grandeza em dez anos, devida a uma cesta cheia de técnicas, era otimista. Eu não tenho observado organizações conseguirem melhorias de uma ordem de grandeza."

SOFTWARE DE PRATELEIRA – COMPRE, NÃO CONSTRUA. Uma das avaliações de 1986 no "Não Existe Bala de Prata" tem, penso eu, se revelado correta: "desenvolvimento do mercado de massa é (...) a mais profunda tendência de longa duração em engenharia de software." Do ponto de vista da disciplina, o mercado de massa de software é uma indústria praticamente nova se comparada com a de desenvolvimento de software personalizado, seja de forma interna ou externa à empresa. Quando vendem-se pacotes aos milhões – ou mesmo aos milhares –, qualidade, sazonalidade, desempenho do produto e custo de suporte tornam-se questões dominantes, ao contrário do custo de desenvolvimento, que é tão crucial para sistemas personalizados.

FERRAMENTAS PODEROSAS PARA A MENTE. A forma mais impressionante de melhorar a produtividade de programadores de sistemas de gestão de informação (*MIS – management information systems*) é ir até a sua loja de informática local e comprar das prateleiras o que eles terão de construir. Isso não é bobagem. A disponibilidade de pacotes de software baratos e poderosos tem atendido a muitas necessidades que antigamente deram origem a pacotes personalizados. Essas ferramentas poderosas para a mente são mais parecidas com furadeiras elétricas, serras e lixadeiras do que similares a grandes e complexas ferramentas de produção. A integração delas em conjuntos compatíveis e interconectados como o Microsoft Works e o mais bem integrado ClarisWorks resulta em imensa flexibilidade. E, assim como na coleção caseira de poderosas ferramentas manuais, o uso frequente de um conjunto pequeno, para as mais variadas tarefas, desenvolve familiaridade. Tais ferramentas devem enfatizar a facilidade de uso para o usuário casual, não para o profissional.

Ivan Selin, presidente da American Management Systems, Inc., escreveu-me em 1987:

> *Discordo de seu argumento de que os pacotes não mudaram muito... Penso que você descartou levianamente as maiores implicações de sua observação de que [os pacotes de software] "podem ser, de alguma forma, mais genéricos e customizáveis que anteriormente, mas nem tanto". Mesmo aceitando essa declaração pelo seu valor nominal, creio que os usuários veem os pacotes como mais genéricos e mais fáceis de personalizar e que é essa percepção que faz com que os usuários apreciem mais facilmente os pacotes. Na maioria dos casos que ocorreram em minha empresa, são os usuários [finais], não o pessoal de software, que são relutantes ao uso de pacotes, porque pensam que perderão funcionalidades ou características essenciais e, por isso, a possibilidade de fácil customização é um grande ponto de convencimento para eles.*

Penso que Selin está bastante correto – eu subestimo tanto o nível de personalização de um pacote quanto a sua importância.

Programação Orientada a Objetos – Uma Bala de Bronze Serve?

CONSTRUINDO COM PEÇAS MAIORES. A ilustração na abertura deste capítulo nos lembra que estruturas bastante ricas se constroem rapidamente, se montamos algo a partir de um conjunto de peças, cada qual podendo ser complexa, e todas projetadas para terem boas interfaces.

Uma visão da programação orientada a objetos é a de que ela é uma disciplina que incentiva a *modularidade* e as interfaces limpas. Uma segunda visão enfatiza o *encapsulamento*, o fato de que não é possível ver, muito menos projetar, a estrutura interna das peças. Outra visão enfatiza a *herança*, com sua concomitante estrutura *hierárquica* de classes com funções virtuais. Mais uma visão enfatiza, ainda, a *forte abstração de tipos de dados*, com a garantia de que um tipo particular de dado será apenas manipulado por operações próprias a ele.

Agora, qualquer uma dessas disciplinas podem ser usadas sem a necessidade de um pacote inteiro de Smalltalk ou C++, muitas delas datam de antes da tecnologia de orientação a objetos. O charme do enfoque da orientação a objetos é o mesmo de um comprimido polivitamínico: engolindo-se um (isto é, o retreinamento do programador), obtém-se tudo. É um conceito bastante promissor.

POR QUE A TÉCNICA DE ORIENTAÇÃO A OBJETOS TEM CRESCIDO DEVAGAR? Nos nove anos que se passaram desde o "Não Existe Bala de Prata", a expectativa tem crescido constantemente. Por que a adoção, de fato, da técnica tem sido lenta? Há muitas teorias. James Coggins, autor por quatro anos da coluna "The Best of comp.lang.c++"* em *The C++ Report*, oferece a seguinte explicação:

> *O problema é que programadores em orientação a objetos têm experimentado em aplicações incestuosas, com baixos, ao invés de altos, objetivos de abstração. Por exemplo, eles têm construído classes como listas encadeadas ou conjuntos, em vez de classes como de usuário ou de radiação ou de elemento finito. Infelizmente, a mesma verificação estrita de tipos em C++, que ajuda os programadores a evitarem erros, também torna difícil a construção de coisas maiores, além dessas pequenas.*[21]

---

* comp.lang.c++ é uma lista de discussões sobre a linguagem C++. Esta é apenas uma de uma infinidade de listas mantidas na Usenet, um sistema de discussões distribuído e disponível na Internet. A coluna de Coggins trazia uma compilação do que havia de melhor nas discussões sobre C++. (N. T.)

Ele volta ao problema básico de software, argumentando que uma forma de endereçar necessidades de software não atendidas é aumentar o tamanho da força de trabalho inteligente, habilitando ou cooptando nossos clientes. Isso pede um projeto de cima para baixo:

> *Se projetarmos classes com grande granularidade que atendam aos conceitos com os quais nossos clientes já estão trabalhando, eles podem entender e questionar o projeto à medida que ele se desenvolve e, assim, podem cooperar no desenvolvimento de casos de testes. Meus colaboradores oftalmologistas não querem saber de pilhas. Mas eles realmente se importam com a função polinomial de Legendre para a descrição de córneas. Pequenos encapsulamentos levam a pequenos benefícios.*

David Parnas, cujo artigo foi uma das origens dos conceitos de orientação a objetos, vê essa questão de uma forma diferente. Ele escreve-me:

> *A resposta é simples. É porque [a orientação a objetos] tem sido amarrada a uma variedade de linguagens complexas. Em vez de ensinar que a orientação a objetos é um tipo de projeto, fornecendo os princípios de projeto, as pessoas têm ensinado que a orientação a objetos é o uso de uma ferramenta em particular. Podemos escrever programas bons ou ruins com qualquer ferramenta. A não ser que ensinemos como projetar, as linguagens importam muito pouco. O resultado é que as pessoas fazem projetos ruins com essas linguagens e obtêm muito pouco valor delas. Se o valor percebido é pequeno, a tecnologia não pega.*

CUSTOS MAIORES NO COMEÇO, BENEFÍCIOS DEPOIS. Minha crença pessoal é a de que técnicas de orientação a objetos têm o caso peculiar e grave de uma enfermidade que caracteriza muitas melhorias metodológicas. Os custos iniciais são consideráveis – basicamente o retreinamento dos programadores para que eles pensem de uma forma bem diferente, e também o investimento adicional na transformação de funções em classes genéricas. Os benefícios, que penso serem reais e não meramente suposições, ocorrem durante todo o ciclo de desenvolvimento. Mas os grandes benefícios compensam durante as atividades subsequentes de construção, extensão e manutenção. Coggins diz: "As técnicas de orientação a objetos não tornarão o primeiro projeto de desenvolvimento mais rápido, nem o seguinte. O quinto desenvolvimento, nesta família de projetos, será espantosamente veloz."[22]

Apostar dinheiro de verdade no futuro, em função de benefícios projetados, mas incertos, é o que investidores fazem todos os dias. Em muitas empresas de programação, porém, isso requer uma coragem gerencial de fato, um bem muito mais raro que competência técnica ou proficiência administrativa. Eu acredito que o grande degrau entre os custos iniciais e os benefícios posteriores é o maior fator isolado que está atrasando a adoção de técnicas de orientação a objetos. Mesmo assim, a linguagem C++ parece estar, passo a passo, substituindo C em muitas comunidades.

E Quanto à Reutilização?

A melhor forma de atacar a essência da construção de software é nem sequer construí-lo. Pacotes de software são apenas uma maneira de fazer isso. A reutilização de programas é outra. De fato, a promessa do fácil reuso de classes, com sua fácil customização por meio de heranças, é um dos fortes atrativos das técnicas de orientação a objetos.

Como costuma acontecer, assim que se adquire alguma experiência com uma nova forma de se fazer as coisas, essa novidade não é tão simples quanto inicialmente parece.

Claro, os programadores sempre reutilizaram seus próprios trabalhos. Jones afirma:

> *Muitos programadores experientes têm bibliotecas particulares que lhes permitem desenvolver software com cerca de 30% de código reutilizado por volume. A capacidade de reutilização no nível da empresa almeja 75% de código reutilizado por volume e requer uma biblioteca especial e suporte administrativo. A reutilização de código corporativo também implica mudanças nas práticas de contabilidade e de medidas, para que seja dado o devido crédito à reutilização.[23]*

W. Huang propôs a organização de fábricas de software com uma matriz de gerenciamento de especialistas funcionais, aparelhando, assim, a propensão natural de cada um reutilizar seu código.[24]

Van Snyder, da JPL, apontou-me que a comunidade de software para a matemática tem uma longa tradição de reutilizar software:

> *Deduzimos que as barreiras para a reutilização não estão do lado do produtor, mas do consumidor. Se um engenheiro de software, um potencial consumidor de componentes padronizados de software, percebe que é mais caro encontrar um componente que sirva à sua necessidade e verificá-lo do que escrever um novo, do princípio, um componente duplicado será escrito. Note que usamos o verbo "perceber". Não importa, então, qual será o real custo desta reconstrução.*
>
> *A reutilização tem sido um sucesso para o software matemático por duas razões: (1) Seus fatores são amplamente conhecidos, requerendo uma quantidade enorme de intelectualidade por*

linha de código; e (2) há uma nomenclatura rica e padronizada, a própria matemática, para descrever a funcionalidade de cada componente. Assim, o custo de reconstrução de um componente para um software matemático é elevado, e o custo para descobrir a mesma funcionalidade em um componente existente é baixo. A longa tradição de periódicos profissionais, que publicam e colecionam algoritmos, oferecendo-os a um baixo custo, e a disponibilidade comercial de algoritmos de alta qualidade a um custo mais alto (mas ainda atrativo) tornam mais simples a descoberta de um componente que atenda a uma determinada necessidade do que em muitas outras disciplinas em que, algumas vezes, não é possível especificá-la de forma precisa e concisa. Esses fatores colaboraram para tornar mais atraente a reutilização do que a reinvenção de software matemático.

O mesmo fenômeno de reutilização é encontrado em muitas comunidades, como aquelas que constroem programas para reatores nucleares, modelos climatológicos e oceânicos, pelas mesmas razões. Essas comunidades foram estabelecidas no entorno dos mesmos livros-texto e das mesmas notações padronizadas.

QUAL É A AGENDA PARA A REUTILIZAÇÃO CORPORATIVA HOJE? Muitos estudos, relativamente pouca prática nos Estados Unidos, relatórios ilustrativos de mais reutilização em outros países.[25]

Jones relata que todos os clientes de sua empresa, com mais de 5 mil programadores, têm pesquisas formais sobre reutilização, enquanto menos de 10% dos clientes com menos de 500 programadores efetivamente o fazem.[26] Ele relata que em indústrias com grande potencial de reutilização, a pesquisa sobre a mesma (não sua efetivação) "é ativa e enérgica, mesmo que não seja, ainda, um sucesso total". Ed Yourdon relata que uma *software house* em Manila tem 50 de seus 200 programadores construindo apenas módulos reutilizáveis para a utilização dos demais: "Tenho visto alguns poucos casos – a adoção é devida a fatores *organizacionais*, como uma estrutura de recompensas, e não a fatores técnicos."

De Marco conta-me que a disponibilidade de pacotes de mercado de massa e sua aplicabilidade como fornecedores de funções genéricas, como sistemas de bases de dados, tem substancialmente reduzido tanto a pressão como a utilidade marginal da reutilização de código de determinadas aplicações. "Os módulos reutilizáveis tendiam, de qualquer maneira, a funções genéricas."

Parnas escreve:

É muito mais fácil falar sobre reutilização do que efetivá-la. Sua efetivação requer tanto um bom projeto quanto uma documentação excelente. Mesmo quando observamos um bom projeto, o que não é comum, não vemos os componentes serem reutilizados sem uma boa documentação.

Ken Brooks comenta sobre a dificuldade de prever *qual* generalização se mostrará necessária: "Ainda tenho de ficar adequando as coisas, mesmo quando utilizo pela quinta vez minha biblioteca pessoal de interfaces de usuário."

A reutilização de fato parece estar apenas no princípio. Jones relata que poucos módulos de código reutilizável são oferecidos no mercado a preços que variam de 1% a 20% dos custos normais de desenvolvimento.[27] DeMarco observa:

Estou me desencorajando muito com relação a todo o fenômeno da reutilização. Há uma quase total ausência de um teorema para isso. O tempo confirmou que há um grande custo em tornar as coisas reutilizáveis.

Yourdon estima esse grande custo: "Uma boa regra geral é a de que tais componentes reutilizáveis tomarão o dobro dos esforços de um componente 'descartável'."[28] Vejo esse investimento como o esforço exato para transformar esse componente em um produto, o que foi visto no Capítulo 1. Assim, minha estimativa é que esses esforços são triplicados.

É claro que estamos vendo muitas formas e variedades de reutilização, mas nem perto de tantas quantas esperávamos observar agora. Ainda há muito a aprender.

A Aprendizagem de Grandes Vocabulários – Um Problema Previsível, mas Imprevisto, da Reutilização de Software

Quanto mais alto o nível de pensamento, maior o número de elementos primitivos de pensamentos com os quais é preciso lidar. Assim, linguagens de programação são muito mais complexas que linguagens de máquina, e linguagens naturais ainda mais complexas. Linguagens de nível mais alto possuem maiores vocabulários, sintaxe mais complexa e semântica mais rica.

Como uma disciplina, não ponderamos as implicações desse fato na reutilização de programas. Para aumentar a qualidade e a produtividade, queremos construir programas por meio da composição de pedaços de funções depuradas que estão em um nível substancialmente mais alto que as declarações das linguagens de programação. Portanto, seja fazendo isso com o uso de bibliotecas de classes de objetos ou procedimentos, devemos encarar o fato de que estamos radicalmente aumentando os tamanhos de nossos vocabulários de programação.

A aprendizagem de vocabulário não constitui uma parte pequena da barreira intelectual à reutilização.

Assim, as pessoas têm hoje bibliotecas com mais de 3 mil objetos. Muitos deles requerem a especificação de 10 a 20 parâmetros e variáveis opcionais. Qualquer um que programe com uma dessas bibliotecas deve aprender a sintaxe (as interfaces externas) e as semânticas (o comportamento funcional detalhado) de seus membros, se desejar atingir todo o potencial da reutilização.

Essa tarefa está longe de ser desesperadora. Falantes, em sua língua natal, adotaram como rotina utilizar vocabulários de mais de 10.000 palavras. Pessoas letradas usam ainda mais. De alguma forma, aprendemos a sintaxe e as mais sutis semânticas. Nós diferenciamos corretamente as palavras *gigantesco, enorme, vasto, imenso, grandioso*. As pessoas não se referem a um vasto elefante ou a um deserto grandioso sem saber o que estão dizendo.

Precisamos pesquisar, para o uso apropriado do problema da reutilização de software, o vasto conhecimento de como as pessoas aprendem seu idioma. Algumas lições são imediatamente óbvias:

- As pessoas aprendem no contexto de sentenças. Assim, precisamos publicar muitos exemplos de produtos compostos, não apenas bibliotecas de componentes.
- As pessoas não memorizam além do que soletram. Elas aprendem a sintaxe e as semânticas gradativamente, dentro de um contexto, com o seu uso.
- As pessoas agrupam as regras de composição de palavras por meio de classes sintáticas, não pelos subconjuntos compatíveis de objetos.

Sumário sobre as Balas – A Posição é a Mesma

Voltemos agora aos fundamentos. Complexidade *é* o negócio no qual estamos e a complexidade é o que nos limita. O que R. L. Glass escreveu em 1988 precisamente resume minha visão em 1995:

Então, em retrospectiva, o que Parnas e Brooks nos disseram? Que o desenvolvimento de software é algo conceitualmente difícil. Que as soluções mágicas não se encontram nas esquinas. Que é tempo para o praticante examinar as melhorias evolutivas em vez de esperar – ou desejar – por melhorias revolucionárias.

Alguns, no campo do software, acham que esse é um cenário desestimulante. Eles são os que pensam que avanços estão ao alcance de suas mãos.

Mas alguns de nós – aqueles calejados o suficiente para pensar que somos realistas – encaram isso como uma lufada de ar fresco. Ao menos podemos nos focar em algo um pouco mais viável que um bolo celestial. Agora, talvez, possamos prosseguir com os avanços incrementais possíveis para a produtividade no desenvolvimento de software em vez de ficar esperando avanços revolucionários que, provavelmente, não aparecerão.[29]

18
Proposições de *O Mítico Homem-Mês*: Verdadeiras ou Falsas?

Brooks apresentando uma proposição, 1967
Foto de J. Alex Langley para a revista *Fortune*

18

Proposições de *O Mítico Homem-Mês*: Verdadeiras ou Falsas?

Em suma, é muito bom,
Quer sejamos ou não entendidos.

SAMUEL BUTLER, HUDIBRAS

Sabe-se muito mais hoje sobre engenharia de software do que se sabia em 1975. Quais das declarações na edição original de 1975 estão baseadas em dados e experiências? Quais foram reprovadas? Quais se tornaram obsoletas em função do mundo em mudanças? Para ajudá-lo nesse julgamento aqui, na forma de um resumo, está a essência do livro de 1975 – declarações que acredito serem verdadeiras: fatos e regras gerais vindos da experiência – extraída sem alterações de significado. (Você poderia perguntar, "Se era isso tudo o que dizia o livro original, por que ele ocupou 177 páginas para fazê-lo?") Os comentários entre colchetes são novos.

Muitas dessas proposições já são passíveis de testes. Minha esperança ao apresentá-las mais adiante em seu formato original, rigorosamente, é focar os pensamentos, as medidas e os comentários dos leitores.

Capítulo 1. O Poço de Alcatrão

1.1   Um produto da programação de sistemas requer um esforço aproximadamente nove vezes maior do que o requerido para a escrita de componentes de programas para uso privado. Estimo que a transformação em um produto impõe um fator de três; e que o projeto, a integração e os testes de componentes em um sistema integrado impõe outro fator de três; e que estes componentes do custo independem, basicamente, uns dos outros.

1.2   A arte da programação "gratifica anseios criativos construídos profundamente dentro de nós e deleita sensibilidades que temos em comum com todos os homens", fornecendo cinco tipos de alegrias:
- A satisfação de construir algo;
- A felicidade de se construir algo útil para os outros;

- O fascínio da montagem de objetos complexos, como em um quebra-cabeça com peças móveis que se interconectam;
- A alegria da aprendizagem constante, que vem da natureza não-repetitiva da tarefa;
- A delícia de se trabalhar em um meio tão maleável – pura matéria de pensamento – que ainda assim existe, movimenta-se e funciona de uma maneira impossível para palavras simplesmente escritas.

1.3 De forma similar, a arte tem tristezas intrínsecas a ela:
- O ajuste aos requisitos de perfeição é a parte mais difícil do aprendizado da programação;
- São outros os que definem os objetivos, e há a dependência de coisas (especialmente programas) impossíveis de controlar; a autoridade não é equivalente à responsabilidade;
- Isso parece pior do que é: a autoridade real é adquirida no exato momento da realização;
- Aliadas a qualquer atividade criativa estão também melancólicas horas de trabalho monótono e cansativo; programar não é exceção;
- O projeto de programação converge mais lentamente ao se aproximar do final, quando o esperado é que convirja mais rápido;
- Um determinado produto está sempre em risco de se tornar obsoleto antes de estar completo. O tigre real nunca é páreo para o de papel, a não ser que sua utilidade verdadeira seja desejada.

Capítulo 2. O Mítico Homem-Mês

2.1 Projetos de software falharam, em sua maioria, mais por falta de tempo no calendário do que em função da combinação de todas as outras causas.

2.2 Cozinhar uma boa refeição leva tempo; algumas tarefas não podem ser apressadas sem comprometer o resultado.

2.3 Todos os programadores são otimistas. "Tudo irá bem."

2.4 Como o programador constrói a partir do pensamento, esperamos poucas dificuldades de implementação.

2.5 Mas como nossas próprias ideias têm falhas, nós temos problemas.

2.6 Nossas técnicas para estimativa, que evoluíram a partir da contabilidade de custos, confundem esforço e progresso. *O homem-mês é um mito perigoso e enganoso, já que implica que homens e meses sejam intercambiáveis.*

2.7 A divisão de uma tarefa entre múltiplas pessoas resulta em esforços adicionais de comunicação – treinamento e intercomunicação.

2.8 Minha regra geral é que um terço do cronograma vai para o projeto, um sexto para a codificação, um quarto para o teste de componentes e um quarto para testes do sistema.

2.9 Como disciplina, nos faltam dados para as estimativas.

2.10 Como não temos certeza das nossas estimativas de cronogramas, não raro nos falta coragem para defendê-las com firmeza ante a pressão da gerência e do cliente.

2.11 Lei de Brooks: a adição de recursos humanos a um projeto de software atrasado irá atrasá-lo ainda mais.

2.12 A adição de pessoas a um projeto de software aumenta o esforço total necessário por três motivos: o trabalho e a perturbação causados pela própria divisão das tarefas; o treinamento das novas pessoas; a intercomunicação adicional.

Capítulo 3. A Equipe Cirúrgica

3.1 Excelentes programadores profissionais são dez vezes mais produtivos do que os fracos, com o mesmo treinamento e dois anos de experiência. (Sackman, Grant e Erickson)

3.2 Os dados de Sackman, Grant e Erickson não mostraram correlação alguma entre experiência e desempenho. Duvido da universalidade desse resultado.

3.3 Uma equipe pequena e afiada é melhor – tão poucas mentes quanto possível.

3.4 Uma equipe de duas pessoas com um líder costuma gerar o melhor uso das mentes. [Observe o plano de Deus para o casamento.]

3.5 Uma equipe pequena e afiada é muito lenta para sistemas realmente grandes.

3.6 A maior parte da experiência com grandes sistemas de programação demonstra que a abordagem de força bruta para escalar seu desenvolvimento é custosa, lenta, ineficiente e produz sistemas que não estão conceitualmente integrados.

3.7 Uma organização com um programador-chefe e uma equipe cirúrgica oferece uma forma de se obter a integridade do produto de poucas mentes e a produtividade total de muitos ajudantes, com comunicação radicalmente reduzida.

Capítulo 4. Aristocracia, Democracia e o Projeto de Sistemas

4.1 "A integridade conceitual é *a* consideração mais importante no projeto de sistemas."

4.2 "A *razão* entre funcionalidade e a complexidade conceitual é o derradeiro teste de projeto de um sistema", não apenas a riqueza das funcionalidades. [Esta razão é a medida da facilidade de uso, válida tanto para usos simples quanto complexos.]

4.3 Para atingir a integridade conceitual, um projeto deve se originar de uma mente, ou de um pequeno grupo de mentes concordantes.

4.4 "A separação entre os esforços de arquitetura e a implementação é uma maneira poderosíssima de obter a integridade conceitual em projetos muito grandes." [Em projetos pequenos também.]

4.5 "Se um sistema deve ter integridade conceitual, alguém deve controlar os conceitos. Esta é uma aristocracia que não precisa se desculpar."

4.6 A disciplina é boa para a arte. Os fatores externos dispostos a uma arquitetura melhoram, em vez de prejudicar, o estilo criativo do grupo de implementação.

4.7 Um sistema conceitualmente integrado é mais rapidamente construído e testado.

4.8 Muito da arquitetura de software, da implementação e da realização pode seguir em paralelo. [Os projetos de hardware e software podem, da mesma forma, andar paralelamente.]

Capítulo 5. O Efeito do Segundo Sistema

5.1 Uma comunicação contínua, desde o princípio, pode dar ao arquiteto boas informações sobre os custos e a confiança do construtor no projeto, sem nublar a clara divisão de responsabilidades.

5.2 Como pode um arquiteto influenciar, com sucesso, a implementação:
- Lembrando que o construtor tem a responsabilidade criativa pela implementação; o arquiteto apenas sugere;

- Estando sempre preparado para propor uma forma de implementação de qualquer coisa especificada e também para aceitar qualquer outra forma igualmente boa;
- Lidando quieta e privadamente com tais sugestões;
- Estando pronto para abrir mão dos créditos sobre as melhorias sugeridas;
- Ouvindo as sugestões do construtor quanto a melhorias na arquitetura.

5.3 O segundo é o mais perigoso sistema já projetado por uma pessoa; a tendência geral é a de superprojetá-lo.

5.4 O OS/360 é um bom exemplo do efeito do segundo sistema. [O Windows NT parece ser um exemplo dos anos 1990.]

5.5 Designar antecipadamente valores em bytes e microssegundos para funções é uma disciplina digna do seu esforço.

Capítulo 6. Transmitindo a Mensagem

6.1 Mesmo que uma equipe de projeto seja grande, os resultados devem ser transformados em um documento por apenas uma ou duas pessoas a fim de que as minidecisões sejam coerentes.

6.2 É importante definir explicitamente as partes de uma arquitetura que *não* estão prescritas de forma tão cuidadosa quanto aquelas que estão.

6.3 São necessárias tanto a definição formal de um projeto, para a precisão, quanto a definição em prosa, para a descrição.

6.4 Uma das definições, seja a em prosa ou a formal, deve ser a definição padrão e, a outra, a derivativa. Cada definição pode prestar-se a qualquer papel.

6.5 Uma implementação, incluindo uma simulação, pode servir de definição de arquitetura. Tal aplicação tem formidáveis desvantagens.

6.6 A incorporação direta é uma técnica bastante clara para incentivar um padrão de arquitetura em software. [Em hardware também – considere a interface WIMP, do Mac, implementada em ROM.]

6.7 Uma definição de arquitetura "será mais limpa e a disciplina mais rígida se ao menos duas implementações forem inicialmente construídas".

6.8 É importante permitir o contato telefônico ao arquiteto responsável pelas perguntas dos implementadores. É imperativo registrar e publicar os registros. [O correio eletrônico é, hoje, o meio escolhido.]

6.9 "O melhor amigo do gerente de projeto é seu adversário de todos os dias: a organização independente de teste de produto."

Capítulo 7. Por que a Torre de Babel Falhou?

7.1 O projeto da Torre de Babel falhou por falta de *comunicação*, e, por causa dessa falta, a *organização* falhou.

Comunicação

7.2 "Cronograma desastroso, desvios funcionais e erros no sistema. Todos surgem porque a mão esquerda não sabe o que a direita está fazendo." As equipes perdem-se nas premissas.

7.3 As equipes devem comunicar-se umas com as outras de todas as formas possíveis: informalmente, em reuniões regulares de projeto com sinopses técnicas e por meio de um diário de bordo formal e compartilhado. [E pelo correio eletrônico.]

Diário de Bordo do Projeto

7.4 Um diário de bordo de um projeto "não é, exatamente, um documento à parte, já que é uma estrutura imposta aos documentos produzidos, de qualquer forma, pelo projeto."

7.5 "*Todos* os documentos do projeto fazem parte, necessariamente", da estrutura do diário de bordo.

7.6 A estrutura do diário de bordo precisa ser projetada de maneira *cuidadosa*, logo no *início* do projeto.

7.7 A estruturação apropriada da documentação em desenvolvimento desde o princípio "molda, em consequência, uma documentação que será segmentada de forma a corresponder a tal estrutura" e irá melhorar os manuais do produto.

7.8 "*Cada* membro da equipe deveria ter acesso a *todo* esse material [do diário de bordo]." [Devo dizer, hoje, que cada membro da equipe *deve ser capaz* de ver todo o material. Isto é, páginas na *World-Wide Web* são suficientes.]

7.9 Atualizações bem planejadas são de crítica importância.

7.10 O usuário precisa ter sua atenção especialmente direcionada para as mudanças desde sua última leitura, com comentários sobre sua significância.

7.11 O diário de bordo do projeto OS/360 começou com papel e depois mudou para microfichas.

7.12 Hoje [mesmo em 1975], o diário eletrônico compartilhado é um mecanismo muito melhor, mais barato e mais simples para atingir estes objetivos.

7.13 Ainda há a necessidade de se marcar o texto com [o equivalente funcional de] barras de mudanças e datas de revisão. Ainda é necessário um sumário eletrônico de mudanças do tipo LIFO.

7.14 Parnas argumenta fortemente que o objetivo de ter todos vendo tudo é totalmente errado. As partes devem ser encapsuladas de forma que ninguém precise – ou tenha a permissão de – ver o interior de nenhuma outra parte a não ser a sua, mas que possa ver apenas as interfaces.

7.15 A proposta de Parnas é a receita para um desastre. [*Fui bastante convencido de outra forma por Parnas e mudei completamente de ideia.*]

Organização

7.16 O propósito da organização é reduzir a quantidade de comunicação e coordenação necessárias.

7.17 A organização incorpora a *divisão de trabalho* e a *especialização de funções* a fim de evitar a comunicação.

7.18 A organização convencional, em árvore, reflete o princípio de estrutura de *autoridade* no qual pessoa alguma pode servir a dois mestres.

7.19 A estrutura de comunicação em uma organização é uma rede, não uma árvore. Assim, todos os tipos especiais de mecanismos de organização ("linhas pontilhadas") tiveram de ser concebidos para superar as deficiências de comunicação na organização estruturada em árvore.

7.20 Cada subprojeto tem dois papéis de liderança a serem preenchidos, o do produtor e o do diretor técnico, ou arquiteto. As funções dos dois papéis são bastante distintas e requerem talentos diferentes.

7.21 Qualquer uma das três relações entre os dois papéis pode ser bastante eficaz:
- O produtor e o diretor podem ser a mesma pessoa;
- O produtor pode ser o chefe e o diretor seu braço direito;
- O diretor pode ser o chefe e o produtor seu braço direito.

Capítulo 8. Prevendo o Lançamento

8.1 Não se pode prever precisamente o esforço total ou o cronograma de um projeto de programação por meio da simples estimativa do tempo de codificação e da multiplicação por fatores relativos a outras partes da tarefa.

8.2 Os dados para a construção de pequenos sistemas isolados não são aplicáveis a projetos de programação de sistemas.

8.3 A programação aumenta exponencialmente de acordo com as dimensões do programa.

8.4 Alguns estudos publicados mostram que esse expoente é de cerca de 1,5 [Os dados de Boehm não estão totalmente de acordo com isso, mas variam de 1,05 a 1,2][1]

8.5 Os dados de Portman, da ICL, mostram que programadores em tempo integral aplicam apenas cerca de 50% de seu tempo à programação e depuração, *versus* outras tarefas de sobrecarga.

8.6 Os dados de Aron, da IBM, mostram a produtividade variando de 1,5 KLOC* (mil linhas de código) por homem-ano a 10 KLOC/homem-ano como função do número de interações entre partes do sistema.

8.7 Os dados de Harr, da Bell Labs, mostram produtividades no trabalho relacionado a sistemas operacionais na ordem de 0,6 KLOC/homem-ano e 2,2 KLOC/homem-ano em trabalho relacionado a compiladores, para produtos acabados.

8.8 Os dados de Brooks, do OS/360, concordam com os de Harr: 0,6 a 0,8 KLOC/homem-ano em sistemas operacionais e 2 a 3 KLOC/homem-ano em compiladores.

8.9 Os dados de Corbató, do projeto MULTICS do MIT, mostram a produtividade de 1,2 KLOC/homem-ano em um mix de sistemas operacionais e compiladores, mas esses dados referem-se a linhas de código PL/I, enquanto todos os outros dados referem-se a linhas de código assembler!

8.10 A produtividade parece constante em termos de declarações elementares.

8.11 A produtividade da programação pode ser aumentada em até cinco vezes quando uma linguagem de alto nível adequada é utilizada.

Capítulo 9. Dez quilos em um saco de cinco

9.1 Além do tempo de execução, o *espaço em memória* ocupado por um programa é um custo principal. Isso é especialmente verdade para sistemas operacionais, em que há muitos programas residentes em memória, o tempo todo.

---

* KLOC é o acrônimo para *Kilo-lines of code*. (N. T.)

9.2 Mesmo assim, o dinheiro gasto em memória para a residência de programas pode resultar em um valor funcional muito bom por cada dólar, melhor do que outras formas de investimento em configuração. O espaço ocupado por um programa não é ruim, mas o espaço desnecessário é.

9.3 O construtor de software deve configurar metas para o espaço, controlá-lo e criar técnicas para a sua redução, da mesma maneira que o construtor do hardware faz para os componentes.

9.4 Orçamentos de espaço devem ser explícitos não apenas com relação ao reservado a programas residentes, mas também com relação aos acessos a disco ocasionados pelas buscas dos programas.

9.5 Orçamentos de espaço devem estar conectados a atribuições de funções: defina exatamente o que um módulo deve fazer no momento em que você especifica seu tamanho.

9.6 Em equipes grandes, as subequipes tendem a subotimizar para atender às suas próprias necessidades em vez de considerar o efeito total sobre o usuário. Essa quebra na orientação é o maior perigo em grandes projetos.

9.7 Ao longo de toda a implementação, os arquitetos do sistema devem manter constante vigilância para garantir a contínua integridade do sistema.

9.8 Promover uma atitude orientada ao usuário, visando ao sistema completo, pode muito bem ser a mais importante função do gerente de programação.

9.9 Decisões iniciais devem ser tomadas quanto à granularidade das opções do usuário, uma vez que o agrupamento das mesmas economiza a utilização de memória [e, não raro, custos de marketing].

9.10 O tamanho do espaço transiente (temporário, para paginação) e, portanto, a quantidade de programa por acesso a disco, é uma decisão crucial, uma vez que o desempenho é uma função superlinear de tal tamanho. [Toda essa decisão tornou-se obsoleta, primeiro em função da memória virtual, depois pelo preço baixo da memória real. Os usuários, hoje, tipicamente compram memória real suficiente para acomodar todo o código das aplicações principais.]

9.11 Para estabelecer bons compromissos entre espaço e tempo, uma equipe necessita ser treinada nas técnicas de programação particulares a uma determinada linguagem ou máquina, sobretudo se uma delas for nova.

9.12 A programação tem uma tecnologia, e cada projeto necessita de uma biblioteca de componentes padrão.

9.13 As bibliotecas de programas devem ter duas versões para cada componente, uma otimizada para o desempenho (rápida) e outra para o espaço ocupado (enxuta). [Isso parece obsoleto hoje.]

9.14 Programas enxutos, econômicos e rápidos são quase sempre resultado de avanço estratégico, em vez de sabedoria tática.

9.15 Frequentemente, tal avanço será um novo *algoritmo*.

9.16 Mais comum ainda, avanços virão da remanufatura da *representação* de dados ou tabelas. *A representação é a essência da programação*.

Capítulo 10. A Hipótese dos Documentos

10.1 "A hipótese: Em meio a uma grande quantidade de papel, um pequeno número de documentos torna-se o eixo central ao redor do qual gira a gestão do projeto. Esses documentos são as principais ferramentas do gerente."

10.2 Para um projeto de desenvolvimento de um computador, os documentos críticos são os objetivos, o manual, o cronograma, o orçamento, o organograma, as distribuições de espaço e a estimativa, as previsões e os preços para a própria máquina.

10.3 Para um departamento de uma universidade, os documentos críticos são similares: os objetivos, os requerimentos de graduação, as descrições de cursos, as propostas de pesquisa, os cronogramas de aulas e a designação de professores, o orçamento, a distribuição de espaço, a designação de funcionários e estudantes de graduação.

10.4 Para um projeto de software, as necessidades são as mesmas: os objetivos, o manual do usuário, a documentação interna, o cronograma, o orçamento, o organograma e a distribuição de espaço.

10.5 Mesmo em um projeto pequeno, por consequência, o gerente deveria, desde o princípio, formalizar tal conjunto de documentos.

10.6 A preparação de cada documento desse pequeno conjunto foca o pensamento e cristaliza a discussão. O ato de escrever requer uma centena de pequenas decisões e a existência delas distingue as políticas claras e exatas daquelas confusas.

10.7 A manutenção de cada documento crítico fornece um mecanismo de vigilância e alerta.

10.8 Cada documento funciona como uma lista de verificação e base de dados.

10.9 O trabalho fundamental do gerente de projetos é manter todos na mesma direção.

10.10 A principal tarefa diária do gerente de projetos é a comunicação, não a tomada de decisão, e os documentos comunicam os planos e as decisões a toda a equipe.

10.11 Apenas uma pequena parte do tempo do gerente técnico de projetos – talvez 20% – é gasta em tarefas de cujas informações não estão em sua mente.

10.12 Por essa razão, o propalado conceito de marketing de um "sistema gerencial de informação total" que auxilie executivos não é baseado em um modelo válido do comportamento de executivos.

Capítulo 11. Inclua em seus planos o verbo descartar

11.1 Engenheiros químicos aprenderam a não levar um processo da bancada do laboratório para a fábrica de uma vez só, mas a construir uma planta-piloto para adquirir experiência de escalar com o aumento de quantidades e de operação em ambientes desprotegidos.

11.2 Esse passo intermediário é igualmente necessário no que diz respeito aos produtos de programação, mas engenheiros de software ainda não adotam como rotina testar um sistema-piloto antes de efetuar a entrega de um produto real. [Isso tornou-se, agora, prática comum, com uma versão beta. Isso não é o mesmo que um protótipo com funções limitadas, uma versão alfa, que eu também defenderia.]

11.3 Para a maioria dos projetos, o primeiro sistema construído é de uso sofrível: muito lento, muito grande, muito difícil de usar, ou tudo isso.

11.4 O descarte e redesenho podem ser feitos de uma vez só ou por partes, *mas serão feitos*.

11.5 Entregar o sistema a ser descartado para os clientes economiza tempo, só que o preço é a agonia do usuário, a dispersão dos construtores, que terão que prestar o suporte, enquanto trabalham no redesenho do sistema, e a má reputação do produto, que será difícil de superar.

11.6 Portanto, *inclua em seus planos o verbo descartar. Você terá de fazer isso de qualquer jeito.*

11.7 "O programador proporciona a satisfação de uma necessidade do usuário, muito mais que qualquer produto tangível." (Cosgrove)

11.8 Tanto a necessidade real quanto a percepção do usuário relativa a essa necessidade *mudarão* enquanto os programas são construídos, testados e utilizados.

11.9 Tanto a maleabilidade quanto a invisibilidade de um produto de software expõem (excepcionalmente) seus construtores a mudanças perpétuas em seus requisitos.

11.10 Algumas mudanças válidas nos objetivos (e em estratégias de desenvolvimento) são inevitáveis e é melhor estar preparado para elas do que presumir que elas não acontecerão.

11.11 As técnicas para planejar um produto de software para mudanças, sobretudo a programação estruturada com documentação cuidadosa da interface dos módulos, são bem conhecidas, mas não são praticadas uniformemente. É bom usar também técnicas orientadas a tabelas, sempre que possível. [Custos atuais de memória e espaço tornam tais técnicas cada vez melhores.]

11.12 Use linguagem de alto nível, operações em tempo de compilação, declarações por referência e técnicas de autodocumentação para reduzir erros induzidos por mudanças.

11.13 Quantifique as mudanças em versões numeradas bem definidas. [Hoje é uma prática padrão.]

Planeje a Organização para Mudanças

11.14 A relutância do programador em documentar projetos não vem da preguiça ou da falta de tempo, mas da relutância em comprometer-se à defesa de decisões que, ele sabe, são tentativas. (Cosgrove)

11.15 Estruturar uma organização para a mudança é muito mais difícil do que projetar um sistema para tal.

11.16 O chefe do projeto deve trabalhar para manter seus gerentes e pessoal técnico tão intercambiáveis quanto seus talentos permitam. Em particular, deve ser possível mover as pessoas facilmente entre papéis técnicos e de gestão.

11.17 As barreiras para organizações efetivas de "escada dupla"* são sociológicas e devem ser combatidas com constante vigilância e energia.

---

* Onde as pessoas podem ir e voltar da "escada" técnica para a de gestão. (N. T.)

11.18 É fácil estabelecer salários correspondentes para degraus paralelos em uma escada dupla, mas isso requer fortes medidas proativas para proporcionar o prestígio correspondente: escritórios iguais, serviços de apoio iguais, compensando, sobremaneira, as ações de gestão.

11.19 A organização de uma equipe cirúrgica é um ataque radical a todos os aspectos do problema. Ela é, de fato, a resposta definitiva para a questão da organização flexível.

Dois Passos Adiante e Um Passo Atrás

11.20 A manutenção de um programa é fundamentalmente diferente da manutenção de hardware. Ela consiste, principalmente, na correção de defeitos do projeto, na adição incremental de funções ou na adequação às mudanças no ambiente de utilização ou em sua configuração.

11.21 O custo total de manutenção de um programa amplamente utilizado é tipicamente 40% ou mais do que seu custo de desenvolvimento.

11.22 O custo de manutenção é fortemente afetado pelo número de usuários. Mais usuários encontram mais bugs.

11.23 Campbell chama a atenção para uma interessante curva "desce e sobe" de bugs por mês durante o tempo de vida de um produto.

11.24 O conserto de um defeito tem chance substancial (20% a 50%) de introduzir outro.

11.25 Após cada mudança, deve-se executar um banco inteiro de casos de testes que já foram executados antes no sistema, garantindo que o mesmo não foi danificado de alguma forma obscura.

11.26 Métodos de projetar programas para eliminar, ou ao menos evidenciar, efeitos colaterais podem representar um imenso retorno em custos de manutenção.

11.27 Isso também é válido no tocante aos métodos para a implementação de projetos com menos pessoas, menos interfaces e, portanto, menos bugs.

Um Passo Adiante e Um Passo Atrás – A Entropia do Sistema Aumenta com o Tempo

11.28 Lehman e Belady descobriram que o número total de módulos aumenta linearmente com o número da versão de um grande sistema operacional (OS/360), mas que o número total de módulos afetados aumenta exponencialmente a cada nova versão.

11.29 Todos os reparos tendem a destruir a estrutura, aumentar a entropia e a desordem do sistema. Mesmo a mais hábil manutenção de um programa apenas retarda seu colapso em um caos sem conserto, a partir do qual é necessário um redesenho a partir do zero. [Muitas das necessidades reais para atualizar um programa, tal como aumentar seu desempenho, atacam sobretudo os limites de suas estruturas internas. Não raro, esses limites originais são a causa das deficiências que posteriormente emergem.]

Capítulo 12. Ferramentas Afiadas

12.1 O gerente de um projeto necessita, pois, estabelecer uma filosofia e disponibilizar recursos para a construção de ferramentas comuns. Ao mesmo tempo, ele precisa reconhecer a necessidade de ferramentas especializadas.

12.2 Equipes construindo seu sistema operacional necessitam de uma máquina-alvo sob seu controle, na qual irão depurar seu código. Mais do que muita velocidade, ela precisa ter muita memória, assim como um programador do sistema que mantenha o software padrão atualizado e passível de manutenção.

12.3 A máquina para a depuração, ou seu software, também precisa estar bem-aparelhada, de maneira que contagens e medidas de todos os tipos de parâmetros de programas possam ser feitas automaticamente durante a depuração.

12.4 Os requisitos de uma máquina-alvo têm uma curva de crescimento particular: baixa atividade seguida de um crescimento explosivo que, depois, se torna linear.

12.5 A depuração de sistemas, assim como a astronomia, é um trabalho, principalmente, noturno.

12.6 A distribuição de tempo de máquina-alvo em blocos substanciais para uma subequipe demonstrou ser a melhor forma de agendamento, muito melhor do que intercalar o uso por subequipes, independentemente do que diz a teoria.

12.7 Esse método preferencial de agendamento de computadores escassos, por blocos, sobreviveu por 20 anos [em 1975] de mudanças na tecnologia porque é o mais produtivo. [Ainda é, em 1995].

12.8 Se o computador alvo é novo, ele precisa de um simulador lógico. O simulador é disponibilizado *rapidamente* e ele garante um veículo de depuração *confiável* mesmo depois que a máquina real esteja pronta.

12.9 Uma biblioteca mestre de programa deve ser dividida em (1) um conjunto de playgrounds individuais, (2) uma sub-biblioteca de integração do sistema, atualmente sob os testes do sistema e (3) uma versão disponibilizada. A separação formal e a progressão servem para proporcionar controle.

12.10 A ferramenta que economiza a maior parte do trabalho em um projeto de programação é provavelmente o sistema de edição de textos.

12.11 O volume em uma documentação de sistema de fato introduz um novo tipo de incompreensibilidade [veja o Unix, por exemplo], mas é preferível à grave falta de documentação, que é tão comum.

12.12 Construa um simulador de desempenho, de fora para dentro, de cima a baixo. Comece logo cedo. Ouça quando ele falar.

Linguagem de Alto Nível

12.13 Apenas inércia e preguiça evitam a adoção universal de linguagens de alto nível e programação interativa. [E hoje elas foram adotadas universalmente.]

12.14 A linguagem de alto nível melhora não apenas a produtividade, mas também a depuração; menos bugs e mais facilidade para detectá-los.

12.15 As objeções clássicas quanto a funções, tamanho do código-objeto e velocidade do código-objeto tornaram-se obsoletas pelo avanço na tecnologia da linguagem e compiladores.

12.16 A única linguagem razoavelmente candidata à programação de sistemas hoje é a PL/I. [Não mais verdade.]

Programação Interativa

12.17 Sistemas interativos jamais substituirão sistemas em lote no que diz respeito a algumas aplicações. [Ainda é verdade.]

12.18 A depuração é a parte mais difícil e demorada da programação de sistemas, e o longo tempo de espera é a ruína da depuração.

12.19 Evidências limitadas mostram que a programação interativa ao menos dobra a produtividade na programação de sistemas.

Capítulo 13. O Todo e as Partes

13.1 O detalhado e doloroso esforço de arquitetura implicado nos Capítulos 4, 5 e 6 não apenas torna o produto mais fácil de usar, ele o torna mais fácil de construir e reduz o número de bugs de sistema a serem descobertos.

13.2 Vyssotsky diz: "Muitas e muitas falhas referem-se a aspectos que nunca chegaram a ser bem especificados."

13.3 Muito antes de qualquer código existir, a especificação deve ser entregue a um grupo externo de testes para se verificar se ela está completa e clara. Os desenvolvedores não podem fazer isso sozinhos. (Vyssotsky)

13.4 "O projeto de cima para baixo de Wirth [por meio de passos de refinamento] é a mais importante nova formalização de programação da década [1965 – 1975]."

13.5 Wirth defende o uso de uma notação de tão alto nível quanto possível em cada passo.

13.6 Um bom projeto de cima para baixo evita bugs de quatro maneiras.

13.7 Algumas vezes é necessário um passo atrás, descartar um nível alto e começar de novo.

13.8 A programação estruturada, com o projeto de programas cujas estruturas de controle consistam apenas em um conjunto de estrutura de controle que governem blocos de código (em oposição a saltos diversos), é uma boa forma de evitar bugs e é a forma correta de pensar.

13.9 Os resultados experimentais de Gold mostram um progresso três vezes maior na primeira interação de cada sessão de depuração interativa do que nas sessões subsequentes. Ainda vale a pena planejar cuidadosamente a depuração antes de começar o projeto. [Creio que isso *ainda* é válido em 1995.]

13.10 Creio que o uso apropriado de um bom sistema [de resposta rápida para a depuração interativa] requer duas horas em uma mesa de trabalho para cada duas horas na máquina: uma hora é dedicada a pôr as coisas em ordem e documentar depois da sessão, e outra para planejar as mudanças e os testes para a próxima vez.

13.11 A depuração de sistema (em contraste com a depuração de componentes) levará mais tempo do que se espera.

13.12 A dificuldade da depuração de sistema justifica um enfoque cuidadosamente sistemático e planejado.

13.13 A depuração de um sistema só deve começar depois que todas as suas peças pareçam funcionar (ao contrário da abordagem do tipo "junte tudo e tente" a fim de eliminar os bugs de interface; e em vez de começar a depuração do sistema quando todos os bugs dos componentes são conhecidos mas não corrigidos.) [Isso é válido sobretudo para equipes.]

13.14 Vale a pena construir muitos degraus de depuração e códigos de teste, talvez mesmo 50% do código total do produto que está sendo depurado.

13.15 As versões e as mudanças de documentos devem ser controladas, com os membros da equipe trabalhando com cópias de "playground".

13.16 Adicione um componente por vez durante a depuração do sistema.

13.17 Lehman e Belady fornecem a prova de que cada quantificação deve ser bastante grande e amplamente espaçada, ou muito pequena e frequente. Esta última é mais sujeita à instabilidade. [Uma equipe da Microsoft trabalha com atualizações pequenas e frequentes. O sistema em crescimento é reconstruído a cada noite.]

Capítulo 14. Incubando uma Catástrofe

14.1 "Como um projeto consegue atrasar um ano? (...) Dia após dia."

14.2 Os pequenos tropeços diários no cronograma são mais difíceis de reconhecer, de prever e recuperar do que as calamidades.

14.3 O primeiro passo para se controlar um grande projeto em um cronograma apertado é *ter* um cronograma, composto de pontos de checagem e datas para eles.

14.4 Os pontos de checagem devem ser concretos, específicos e mensuráveis, definidos de forma precisa.

14.5 Um programador raramente mentirá sobre seu progresso com relação aos pontos de checagem, caso tais pontos sejam precisos a ponto de que ele não possa enganar a si mesmo.

14.6 Estudos sobre a estimativa de comportamento de fornecedores para o governo em projetos grandes mostram que a revisão cuidadosa das estimativas de tempo a cada duas semanas não muda significativamente até que chegue o tempo de início de tal atividade, que durante a realização da atividade, *superestimativas* de sua duração diminuirão progressivamente e que *sobre-estimativas* não mudam até que a atividade esteja a três semanas de sua finalização agendada.

14.7 O atraso crônico de um cronograma é o assassino do moral. [Jim McCarthy, da Microsoft, diz: "Se você perdeu um prazo, garanta que não perderá o próximo."[2]]

14.8 A malícia é essencial para equipes de bons programadores, da mesma forma que para bons times de futebol.

14.9 Não há substituto para um cronograma de caminho crítico que mostre quais atrasos são os mais importantes.

14.10 A elaboração do gráfico de caminhos críticos é a parte de mais valor de seu uso, uma vez que desenhar a rede, identificando suas dependências e estimando seus segmentos, força bastante o planejamento muito específico logo no início do projeto.

14.11 O primeiro gráfico é sempre terrível e inventa-se continuamente na confecção de um segundo.

14.12 O gráfico de caminhos críticos fornece a resposta para a desmoralizante desculpa "a outra parte está atrasada também."

14.13 Cada chefe precisa tanto da informação sobre os desvios no planejamento que necessitem de ação quanto de um retrato do estado atual do projeto para educação e alerta prematuro.

14.14 Ter o retrato atual do estado do projeto é a parte difícil, pois os gerentes subordinados têm todas as razões para não compartilhá-lo.

14.15 Com ações impróprias, um chefe impedirá a transparência nos relatórios; de forma contrária, a separação cuidadosa dos relatórios de status e a aceitação dos mesmos sem pânico ou preconceito encorajará a honestidade nos relatórios.

14.16 É preciso ter técnicas de revisão por meio das quais o estado real se torne conhecido de todas as pessoas do projeto. Para esse fim, um cronograma com pontos de checagem e finalização é o documento-chave.

14.17 Vyssotsky: "Considero útil manter as datas 'agendadas' (datas do chefe) e 'estimadas' (datas do gerente de mais baixo nível), no relatório de pontos de checagem. O gerente de projeto tem de manter seus dedos fora das datas estimadas."

14.18 Um grupo de *Planejamento e Controle*, que mantém o relatório de pontos de checagem, é valioso para um projeto de grandes dimensões.

Capítulo 15 – A Outra Face

15.1 Para um programa produto, a outra face para o usuário, a documentação, é tão importante quanto a face para a máquina.

15.2 Mesmo para o mais privado dos programas, alguma comunicação é necessária, já que a memória irá falhar para o autor/usuário.

15.3 Professores e gerentes falharam grandemente em instilar nos programadores uma atitude acerca da documentação que os inspiraria por toda a vida, superando a preguiça e a pressão do cronograma.

15.4 Essa falha não se deve à falta de zelo ou eloquência, mas, sim, em mostrar *como* documentar efetiva e economicamente.

15.5 A maioria da documentação falha em dar um panorama muito pequeno. Posicione-se à distância e aproxime-se lentamente.

15.6 A documentação crítica para o usuário deve ser rascunhada antes que o programa seja construído, já que ela incorpora decisões básicas de planejamento. Ela deve descrever nove elementos (veja o capítulo).

15.7 Um programa deve incluir alguns casos de teste, alguns para dados válidos de entrada, outros para dados-limite de entrada, e outros para dados claramente inválidos.

15.8 A documentação dos aspectos internos do programa, para a pessoa que deve modificá-lo, também necessita de um resumo em prosa que deve ter cinco componentes (veja o capítulo).

15.9 O diagrama de fluxos (*flow chart*) é a peça mais cuidadosamente superestimada da documentação de um programa; tal detalhamento é um incômodo, tornado obsoleto pela linguagem *escrita* de alto nível. (O diagrama de fluxos é uma linguagem de alto nível *diagramada*.)

15.10 Poucos programas precisam de mais do que uma página de diagrama de fluxos. [Os requisitos de documentação MILSPEC* estão realmente errados neste ponto.]

15.11 Um gráfico da estrutura do programa é realmente necessário, mas não precisa dos padrões ANSI para diagramas de fluxo.

15.12 Para a manutenção da documentação, é crucial que ela esteja incorporada ao código do programa, em vez de a um documento separado.

15.13 Três noções são a chave para minimizar o fardo da documentação:
- Usar partes do programa que necessariamente precisam existir, como nomes e declarações, para a carga de tanta informação quanto for possível;
- Usar o espaço e o formato o máximo possível, evidenciando subordinações e aninhamentos, melhorando a legibilidade;

---

[3] Padrões definidos pelo exército americano. (N. T.)

- Inserir a necessária documentação em prosa no programa como parágrafos de comentário, especialmente no cabeçalho dos módulos.

15.14 Na documentação a ser utilizada pelos modificadores do programa, diga o *porquê* das coisas serem como são, em vez de simplesmente o que elas são. O *propósito* é a chave para o entendimento, mesmo a sintaxe da linguagem de alto nível não expressa, implicitamente, o propósito.

15.15 Técnicas de programação com autodocumentação encontram seu maior uso e poder em linguagens de alto nível usadas com sistemas online, que são as ferramentas que *deveriam* estar em uso.

Epílogo Original

E.1 Sistemas de software são, talvez, os mais intrincados e complexos (em termos do número de partes de tipos distintos) entre as coisas produzidas por humanos.

E.2 O poço de alcatrão da engenharia de software continuará grudento ainda por muito tempo.

19

O Mítico Homem-Mês, 20 anos depois

Subindo as Corredeiras
Arquivo Bettman

19

O Mítico Homem-Mês, 20 anos depois

*Desconheço outra forma de julgar o futuro
que não seja pelo passado.*
PATRICK HENRY

Você jamais poderá planejar o futuro pelo passado.
EDMUND BURKE

Por que Há uma Nova Edição no Vigésimo Aniversário?

O avião zumbiu a noite inteira em direção a La Guardia. Nuvens e escuridão escondiam todas as paisagens interessantes. O documento que eu estudava era banal. Eu, no entanto, não sentia tédio. O estranho sentado a meu lado estava lendo *O Mítico Homem-Mês* e eu esperava para ver se ele reagiria, falando ou sinalizando algo. Finalmente, enquanto o avião se aproximava da aterrissagem, não consegui mais me conter:

"Que tal é o livro? Você recomenda?"
"Hmm! Não há nada nele que eu já não saiba."
Resolvi não me apresentar.

Por que *O Mítico Homem-Mês* persistiu? Por que ele ainda é visto como relevante para a prática de software hoje? Por que ele ainda tem leitores de fora da comunidade de engenharia de software, gerando críticas, citações e correspondências de advogados, doutores, psicólogos, sociólogos, assim como pessoas da área de software? Como pode um livro escrito há 20 anos, sobre uma experiência de construção de software 30 anos atrás, ainda ser relevante, ainda útil?

Uma explicação às vezes ouvida é que a disciplina de desenvolvimento de software não avançou normal ou propriamente. Essa visão costuma ser sustentada pelo contraste entre a produtividade do desenvolvimento de software e a de manufatura de hardware, a qual multiplicou-se ao menos umas mil vezes nas últimas duas décadas. Como o Capítulo 16 explica, a anomalia não é que o software tem sido lento no seu progresso, mas sim que a tecnologia dos computadores explodiu de maneira sem igual na história humana. Esse avanço se deve, sobremaneira, à transição gradual da fabricação de computadores, de uma indústria de montagem para uma indústria de processo, de uma manufatura de trabalho intensivo para outra de capital intensivo. O desenvolvimento de hardware e software, em contraste com a manufatura, permanece intrinsecamente atrelado à intensidade do trabalho.

A segunda explicação, frequentemente apresentada, é que *O Mítico Homem-Mês* é apenas incidentalmente sobre software, mas primariamente sobre como pessoas em equipes fazem as coisas. Há, decerto, alguma verdade nisso; o prefácio para a edição de 1975 menciona que o gerenciamento de um projeto de software é mais parecido com qualquer outro gerenciamento do que a maioria dos programadores a princípio acredita. Creio ainda que isso seja verdade. A história humana é um drama no qual as histórias permanecem as mesmas, os scripts dessas histórias mudam vagarosamente com as culturas em evolução, e as configurações dos palcos mudam todo o tempo. E é assim que nós nos vemos, em nosso século, espelhados em Shakespeare, Homero e na Bíblia. Por isso, como *O Mítico Homem-Mês* é sobre pessoas e equipes, sua obsolescência levará tempo.

Qualquer que seja a razão, os leitores continuam a comprar o livro e continuam a enviar-me comentários que muito aprecio. Hoje é comum me fazerem a seguinte pergunta: "O que você acha, agora, que estava errado quando foi escrito? O que está obsoleto hoje? O que é realmente novo no mundo da engenharia de software?" Essas questões, bastante distintas, são todas um cojunto e eu irei respondê-las da melhor maneira possível. Não nessa ordem, no entanto, mas em grupos de tópicos. Em primeiro lugar, examinemos o que era correto à época em que o livro foi escrito, e ainda é.

O argumento central: Integridade Conceitual e o Arquiteto

INTEGRIDADE CONCEITUAL. Um produto de programação claro e elegante deve apresentar a cada um de seus usuários um modelo mental coerente da aplicação, das estratégias para efetuar a aplicação, das táticas a serem usadas em ações e parâmetros específicos na interface com o usuário. A integridade conceitual do produto, como percebida pelo usuário, é o fator mais importante na facilidade em usá-lo. (Há outros fatores, é claro. A uniformidade da interface do usuário do Macintosh presente em todas as suas aplicações é um importante exemplo. Além do mais, é possível construir interfaces coerentes que são, não obstante, um tanto estranhas. Considere o MS-DOS.)

Há muitos exemplos de produtos de software elegantes projetados por uma única mente, ou por um par de mentes. A maioria dos trabalhos puramente intelectuais, como livros ou composições musicais, são produzidos assim. O processo de desenvolvimento de produtos, em diversas setores, não pode, no entanto, bancar essa abordagem direta de integridade conceitual. Pressões competitivas forçam a urgência; em muitas tecnologias modernas o produto final é bastante complexo e o projeto requer muitos homens-meses de esforço. Produtos de softwares são complexos e ferozmente competitivos em sua produção.

Qualquer produto que seja suficientemente grande ou urgente para requerer o esforço de muitas mentes acaba se deparando com uma dificuldade peculiar: o resultado deve ser conceitualmente coerente para a mente única do usuário e, ao mesmo tempo, ser projetado por muitas mentes. Como é possível organizar os esforços de projeto para atingir tal integridade conceitual? Essa é a questão central de *O Mítico Homem-Mês*. Uma das teses do livro é que a gestão de grandes projetos de programação é qualitativamente diferente da gestão de pequenos projetos, apenas pelo número de mentes envolvidas. Ações de gestão devem ser necessariamente tomadas, até de forma heroica, para que a coerência seja atingida.

O ARQUITETO. Eu argumento entre os Capítulos 4 e 7 que a ação mais importante é encarregar uma das mentes para atuar como o *arquiteto* do produto, que por sua vez é responsável pela integridade conceitual de todos os aspectos do produto perceptíveis ao usuário. O arquiteto forma e apropria-se do modelo mental público do produto que será utilizado para explicar seu uso ao usuário. Isso inclui a especificação detalhada de todas as suas funções e os meios para chamá-las e controlá-las. O arquiteto é também o agente do usuário, representando, com conhecimento de causa, seus interesses nas inevitáveis negociações que envolvem funcionalidade, desempenho, tamanho, custo e cronograma. Essa tarefa é um trabalho de tempo integral e apenas em equipes muito pequenas essa função pode ser combinada com a de gerente. O arquiteto equivale ao diretor e o gerente ao produtor de um filme.

SEPARAÇÃO DA ARQUITETURA, DA IMPLEMENTAÇÃO E DA REALIZAÇÃO. Para fazer com que a tarefa crucial do arquiteto seja, ao menos, concebível, é necessário separar a arquitetura, a definição do produto como é percebido pelo usuário, de sua implementação. A arquitetura *versus* a implementação define um claro limite entre as partes da tarefa do projeto, e há muito trabalho de cada lado.

RECURSÃO DE ARQUITETOS. No caso de produtos muito grandes, uma mente não pode se encarregar de toda a arquitetura, mesmo depois que todas as preocupações com a implementação tenham sido divididas. Assim, é preciso que o arquiteto principal do sistema o divida em subsistemas. Os limites do subsistema devem estar naqueles lugares em que as interfaces entre os subsistemas são mínimas e, assim, mais fáceis de serem rigorosamente definidas. Dessa forma, cada parte terá seu próprio arquiteto, que deve reportar-se ao arquiteto chefe do sistema, com relação à arquitetura. É óbvio que esse processo pode ser utilizado tantas vezes quantas necessárias.

HOJE EU ESTOU MAIS CONVENCIDO QUE NUNCA. A integridade conceitual é essencial à qualidade do produto. Ter um arquiteto do sistema é o passo individual mais importante para alcançar a integridade conceitual. Esstes princípios não estão de forma alguma limitados a sistemas de software, mas, sim, ao projeto de qualquer construção complexa, seja um computador, um avião, uma iniciativa de defesa estratégica, um sistema de posicionamento global (GPS). Depois de dar aulas em um laboratório de engenharia de software por mais de 20 vezes, eu passei a insistir que mesmo as pequenas equipes de estudantes, com quatro pessoas, escolhessem um gerente e um arquiteto diferentes. Definir papéis distintos em equipes tão pequenas pode ser um pouco exagerado, mas eu tenho observado que isso funciona bem e contribui para o sucesso do projeto, mesmo em equipes pequenas.

O Efeito do Segundo Sistema: "Ferramentite" e Adivinhação de Frequências

PROJETANDO PARA CENÁRIOS COM MUITOS USUÁRIOS. Uma das consequências da revolução do computador pessoal é que, de modo crescente, ao menos na comunidade de processamento de dados, pacotes de prateleira estão substituindo aplicações personalizadas. Além do mais, pacotes de software padrão são vendidos às centenas de milhares de cópias, ou mesmo milhões. Arquitetos para o software fornecido pelo fabricante de um equipamento sempre tiveram de projetar para um conjunto grande, amorfo de usuários, ao invés de para uma aplicação individual, bem definida, em uma empresa. Muitos e muitos arquitetos de sistemas agora enfrentam essa tarefa.

O paradoxo é que é muito mais difícil projetar uma ferramenta para um propósito geral do que projetar uma ferramenta para um propósito especial, precisamente porque no primeiro caso devem ser designados pesos para as diferentes necessidades nos diversos usos da ferramenta.

"FERRAMENTITE". A tentação que persegue o arquiteto de uma ferramenta de propósito geral, como uma planilha ou um processador de texto, é a de sobrecarregar os produtos com funcionalidades de utilidade marginal, em prejuízo da performance e até da facilidade no uso. O apelo das ferramentas propostas é evidente no início; os problemas na performance ficam claros apenas quando se realizam os testes de sistema. O prejuízo na facilidade de uso esgueira-se, traiçoeiramente, à medida que ferramentas são adicionadas em pequenos incrementos e os manuais engordam mais e mais.[1]

Para produtos de mercados de massa, que sobrevivem e evoluem ao longo de muitas gerações, essa tentação é muito forte. Milhões de clientes solicitam centenas de melhorias; qualquer solicitação é, por si, uma prova de que "há uma demanda de mercado". Não raro, o arquiteto do sistema original partiu para glórias maiores e a arquitetura está nas mãos de pessoas com menos experiência em representar, com equilíbrio, o interesse de todos os usuários. Uma análise recente do Microsoft Word 6.0 diz "o Word 6.0 está carregado de funcionalidades, sua atualização é lenta em função desta bagagem. (...) O Word 6.0 é grande e lento." Ela mostra, consternada, que o Word 6.0 necessita de 4 MB de RAM, e segue adiante dizendo que a riqueza de funções adicionais significa que "mesmo um Macintosh IIfx está apenas sofrivelmente apto a executar o Word 6.0".[2]

DEFININDO O CONJUNTO DE USUÁRIOS. Quanto maior e mais amorfo o conjunto de usuários, mais necessário é definir explicitamente se o desejo é atingir a integridade conceitual. Cada membro da equipe de projeto terá, com certeza, uma imagem mental implícita dos usuários, e a imagem de cada projetista será diferente. Como a imagem que um arquiteto tem do usuário, consciente ou subconscientemente, afeta cada decisão relacionada à arquitetura, é fundamental para uma equipe de projetos chegar a uma imagem única, compartilhada. E isso requer a escrita de todos os atributos do conjunto de usuários esperado, incluindo:

- Quem são eles;
- Do que eles precisam;
- Do que eles acham que precisam;
- O que eles querem.

FREQUÊNCIAS. Para qualquer produto de software, quaisquer dos atributos do conjunto de usuários são, na verdade, uma distribuição com muitos valores possíveis, cada qual com sua própria frequência. Como o arquiteto deve determinar tais frequências? Pesquisar essa população maldefinida é uma proposição duvidosa e cara.[3] Com o passar dos anos, acabei por convencer-me que um arquiteto deve *adivinhar*, ou, se você preferir, *postular*, um conjunto completo de atributos e valores com suas freqüências, para desenvolver uma descrição completa, explícita e compartilhada do conjunto de usuários.

Muitos benefícios advêm desse procedimento incomum. Em primeiro lugar, o processo de adivinhação cautelosa das frequências fará com que o arquiteto pense com muito cuidado sobre o conjunto esperado de usuários. Em segundo lugar, ao escrever as frequências ele as submeterá ao debate, o que clareará as ideias de todos os participantes e trará à superfície as diferenças entre as imagens dos usuários que os vários projetistas carregam. Em terceiro lugar, enumerar as frequências explicitamente ajuda todos a reconhecerem quais decisões dependem de quais propriedades do conjunto de usuários. Até mesmo esse tipo de análise de sensibilidade informal é válido. Quando se descobre que decisões muito importantes estão relacionadas diretamente a alguns palpites específicos, então vale a pena o custo de estabelecer estimativas melhores para tal valor. (O sistema gIBIS, desenvolvido por Jeff Conklin, fornece uma ferramenta para um formal e preciso rastreamento de decisões de projetos, documentando as razões para cada uma delas.[4] Eu ainda não tive a oportunidade de usá-lo, mas acho que seria de grande ajuda.)

Resumindo: escreva as adivinhações explícitas para os atributos dos conjuntos de usuários. *É muito melhor ser explícito e estar errado do que ser vago.*

E SOBRE O "EFEITO DO SEGUNDO SISTEMA"? Um aluno perspicaz observou que *O Mítico Homem-Mês* prescreveu uma receita para o desastre: planeje entregar a segunda versão de qualquer sistema novo (Capítulo 11), que o Capítulo 5 caracteriza como sendo o mais perigoso sistema que alguém já projetou. Eu tive de reconhecer que em seu comentário havia um "te peguei!".

A contradição é mais linguística do que real. O "segundo" sistema descrito no Capítulo 5 é o segundo sistema em campo, aquele sistema subsequente que convida a funções e enfeites adicionais. O "segundo" sistema no Capítulo 11 é a segunda tentativa de construção do que seria o primeiro sistema a ser entregue aos clientes. Ele é construído segundo todo o cronograma, talento e limites de ignorância que caracterizam novos projetos – os limites que forçam uma disciplina mais enxuta.

O Triunfo da Interface WIMP

Um dos mais impressionantes desenvolvimentos em software nos últimos 20 anos foi o triunfo da interface *Windows, Icons, Menus, Pointing* (Janelas, Ícones, Menus, Mouse) – em resumo, WIMP. Hoje isso é tão familiar que nem mesmo precisa de descrição. Esse conceito foi primeiramente mostrado ao público por Doug Englebart e sua equipe do Instituto de Pesquisa de Stanford, na Western Joint Computer Conference, de 1968.[5] De lá, as ideias foram para o Centro de Pesquisas Xerox Palo Alto, onde elas emergiram na estação pessoal de trabalho Alto, desenvolvida por Bob Taylor e equipe. As ideias foram aproveitadas por Steve Jobs, no Apple Lisa, um computador lento demais para levar adiante seus eletrizantes conceitos de facilidade de uso. Esses mesmos conceitos foram incorporados por Jobs no sucesso comercial que se tornou o Apple Macintosh em 1985. Mais adiante, eles foram adotados no Microsoft Windows para os computadores IBM PC e compatíveis. A versão do Mac será o meu exemplo.[6]

A INTEGRIDADE CONCEITUAL POR INTERMÉDIO DA METÁFORA. WIMP é um exemplo soberbo de interface de usuário que tem integridade conceitual, atingida pela adoção de um modelo mental familiar, a metáfora da mesa de trabalho, e sua extensão cuidadosa e consistente ao explorar uma implementação gráfica computadorizada. Por exemplo, a decisão custosa, mas apropriada, de sobrepor as janelas em lugar de colocá-las lado a lado vem diretamente da metáfora. A habilidade de modificar o tamanho e a forma das janelas é uma extensão consistente, que dá ao usuário os novos poderes permitidos por meio da computação gráfica. Os papéis em uma mesa de trabalho não podem ter seu tamanho e sua forma prontamente modificados. Arrastar e soltar vem diretamente da metáfora; a seleção de ícones apontando-os com um cursor é a analogia direta de pegar as coisas com a mão. Ícones e pastas agrupadas são fielmente análogos aos documentos na mesa de trabalho; assim como a lata de lixo. Os conceitos de cortar, copiar e colar espelham verdadeiramente as ações que costumamos fazer com documentos em nossa mesa de trabalho. A metáfora é tão fielmente seguida e sua extensão é tão coerente, que os novos usuários são positivamente impactados pela noção de arrastar um ícone de disquete para a lata de lixo a fim de ejetá-lo. Onde a interface não for quase uniformemente consistente, tal inconsistência (muito ruim) não agradará tanto.

Onde a interface WIMP é forçada a ir muito além da metáfora da mesa de trabalho? Mais notavelmente em dois aspectos: nos menus e no uso de uma única mão. Ao trabalhar com uma mesa de trabalho real, *nós* realizamos ações sobre os documentos, em vez de dizer a alguém ou a alguma coisa que o faça. E, quando realmente pedimos que alguém realize uma ação, nós geramos, no lugar de selecionar, os comandos imperativos verbais ou escritos: "Por favor, arquive isto." "Por favor, encontre a correspondência mais recente." "Por favor, envie este documento para que Mary trate dele."

Lamentavelmente, a interpretação confiável dos comandos gerados de forma livre em inglês está além do estado atual da arte, quer tais comandos sejam escritos ou falados. Desta forma, os desenvolvedores da interface estavam dois passos atrás das ações diretas dos usuários em seus documentos. Eles sabiamente buscaram na mesa de trabalho comum o seu exemplo de seleção de comandos – a lista impressa, na qual o usuário seleciona o que deseja a partir de um menu que contém um conjunto limitado de comandos, cuja semântica é padronizada. Eles estenderam essa idéia para um menu horizontal com submenus de rolagem vertical (*pull-down*).

A DECLARAÇÃO DE COMANDOS E O PROBLEMA DOS DOIS CURSORES. Comandos são sentenças imperativas; eles sempre possuem um verbo e normalmente um objeto direto. Para qualquer ação é necessário especificar um verbo e um nome. A metáfora de apontar diz que, para especificar duas coisas ao mesmo tempo, é necessário ter dois cursores distintos na tela, cada qual comandado por um mouse separado – um para a mão direita, e outro para a esquerda. Afinal, em uma mesa de trabalho física, o normal é trabalharmos com ambas as mãos. (Mas uma mão está, em geral, mantendo as coisas fixas em seu lugar, o que é o padrão na mesa de trabalho computadorizada.) A mente é, decerto, capaz de realizar operações com as duas mãos; regularmente as usamos ao digitar, dirigir, cozinhar. Fornecer um mouse já foi um grande passo para os fabricantes de computadores pessoais. Nenhum sistema comercial acomoda a ação simultânea para os cursores de dois mouses, cada qual movido por uma mão.[7]

Os projetistas de interface aceitaram a realidade e a projetaram para um mouse, adotando a convenção sintática de que primeiro aponta-se (*selecionando*) o nome. Aponta-se o verbo, o item de menu. Isso realmente deixa de lado bastante facilidade de uso. Quando observo os usuários, ou vídeos de usuários, ou o rastreamento de movimentos do cursor, logo percebo que um cursor está fazendo o papel de dois: pegar um objeto na parte relativa à área de trabalho da janela; pegar um verbo da parte relativa ao menu; encontrar ou reencontrar um objeto na área de trabalho; novamente, rolar um menu (frequentemente o mesmo) e selecionar um verbo. Para frente e para trás, para cima e para baixo, viaja o cursor, do espaço de dados ao espaço de menus, a cada vez descartando a informação útil sobre onde estava na última vez em que esteve nesse espaço – no geral, um processo ineficiente.

UMA SOLUÇÃO BRILHANTE. Mesmo que a eletrônica e o software pudessem, prontamente, lidar com dois cursores ativos ao mesmo tempo, ainda há dificuldades de espaço e leiaute. A área de trabalho na metáfora WIMP, de fato, inclui uma máquina de escrever e seu teclado real deve ser acomodado no espaço físico dessa área. Um teclado com a área de apoio (*mousepad*) para dois mouses usa um bocado de espaço ao alcance dos braços. Bem, o problema do teclado pode ser transformado em uma oportunidade – por que não permitir a operação eficiente com as duas mãos ao usar uma delas no teclado para especificar verbos e a outra no mouse para selecionar nomes? Agora, o cursor fica no espaço de dados, explorando bem a alta localização de sucessivas seleções de nomes. Eficiência de fato, poder verdadeiro para o usuário.

PODER DO USUÁRIO *VERSUS* FACILIDADE DE USO. Esta solução, porém, põe de lado aquilo que torna os menus tão fáceis de usar pelos novatos – os menus apresentam os verbos alternativos válidos para qualquer estado particular. Podemos comprar um aplicativo, trazê-lo para casa e começar a utilizá-lo sem ter de consultar o manual, apenas sabendo a razão pela qual o adquirimos e experimentando com os diferentes verbos do menu.

Uma das questões mais difíceis impostas aos arquitetos de software é saber exatamente como equilibrar o poder do usuário com a facilidade de uso. O projeto deve ser feito para a operação simples de um usuário novo ou ocasional, ou para dar poder eficiente ao usuário profissional? A resposta ideal é fornecer ambos, de forma conceitualmente coerente – isto é conseguido na interface WIMP. Os verbos de alta frequência nos menus possuem, cada qual, uma combinação equivalente de teclas únicas e teclas de comando, a maioria escolhida de forma que possam ser tecladas como um acorde único com a mão esquerda.

No Mac, por exemplo, a tecla de comando (maçã) está logo abaixo das teclas Z e X; assim, as operações mais comuns são codificadas como (⌘)z, (⌘)x, (⌘)c, (⌘)v, (⌘)s.

TRANSIÇÃO INCREMENTAL DO NOVO USUÁRIO AO USUÁRIO EXPERIENTE. Esse sistema dual para especificar verbos de comando não apenas atende a necessidade de pouco esforço de aprendizagem do novo usuário, mas também a necessidade de eficiência do usuário experiente e ainda fornece meios para uma transição suave entre as formas de utilização. As codificações com letras, chamadas de *atalhos de teclado* (*short cuts*) são exibidas nos menus, ao lado dos verbos. Assim, o usuário em dúvida pode rolar o menu e verificar a letra equivalente ao comando, em vez de simplesmente selecionar o item no próprio menu. Cada novato aprende, antes de tudo, os atalhos para as suas próprias operações mais comuns. Ele pode tentar qualquer atalho entre os quais está em dúvida, já que (⌘)z irá desfazer qualquer erro individual. Outra alternativa é que ele pode verificar, no menu, quais comandos são válidos. Os novatos irão selecionar vários menus; usuários experientes, muito poucos; e os que estão no meio-termo de vez em quando precisarão selecionar as ações a partir do menu, pois já conhecerão os poucos atalhos que consistem na maioria em suas próprias operações. Muitos de nós, projetistas de software, estamos tão familiarizados com essa interface que não apreciamos, na totalidade, sua elegância e poder.

O SUCESSO DA INCORPORAÇÃO DIRETA COMO UM DISPOSITIVO DE INCENTIVO À ARQUITETURA. A interface do Mac é notável também em outro aspecto. Sem coerção alguma, seus projetistas construíram uma interface padrão entre as aplicações, incluindo a ampla maioria daquelas escritas por terceiros. Assim, o usuário ganha a coerência conceitual no nível da interface não apenas com o software fornecido com o equipamento, mas em todas as aplicações.

Esse feito foi conseguido pelos projetistas do Mac ao construir a interface na memória de apenas leitura, de forma que é mais fácil e rápido para os desenvolvedores utilizá-la em vez de construir suas próprias interfaces idiossincráticas. Esses incentivos naturais para a uniformidade prevaleceram de forma ampla o suficiente para estabelecer um padrão de fato. Os incentivos naturais tiveram o apoio de um total compromisso da gestão, e um bocado de persuasão, da Apple. Os analistas independentes de revistas de produtos, reconhecendo o imenso valor da integridade conceitual entre aplicações, também complementaram os incentivos naturais ao criticar, sem piedade, os produtos que não estavam em conformidade.

Este é um esplêndido exemplo da técnica, recomendada no Capítulo 6, para atingir a uniformidade ao encorajar os outros a incorporar diretamente seu código nos produtos deles, em vez de tentar fazer com que eles construam o software com as suas especificações.

O DESTINO DA INTERFACE WIMP: OBSOLESCÊNCIA. Apesar de todas as suas excelências, creio que a interface WIMP será a relíquia histórica de uma geração. Apontar ainda será a forma de expressar nomes enquanto comandamos nossas máquinas; a fala é certamente a forma correta de expressar os verbos de comando. Ferramentas como *Voice Navigator* para o Mac e *Dragon* para o PC já fornecem tal capacidade.

Não Construa Um para Descartar Depois – O Modelo Waterfall Está Errado!

A inesquecível foto da Galloping Gertie, a ponte de Tacoma Narrows, abre o Capítulo 11 que, radicalmente, recomenda:

"Inclua em seus planos o verbo descartar. De qualquer jeito, você fará isso." Eu agora percebo que isso está errado, não porque é muito radical, mas porque é muito simplista.

O maior erro desse conceito é que ele assume implicitamente o clássico modelo sequencial, ou *waterfall* (queda-d'água), de construção de software. Esse modelo deriva do leiaute de um diagrama Gantt de um processo em estágios e é frequentemente exibido como na Figura 19.1. Winston Royce melhorou o modelo sequencial em um artigo clássico de 1970 ao propor:

- Alguma realimentação (*feedback*) de um estágio para seus predecessores;
- Limitar tal realimentação apenas para o estágio imediatamente precedente para, assim, conter o custo e os atrasos no cronograma ocasionados por ela.

Ele antecipou-se a *O Mítico Homem-Mês* ao aconselhar os construtores a "construir duas vezes".[8] O Capítulo 11 não é o único maculado pelo modelo sequencial *waterfall*. Ele permeia todo o livro, começando pela regra para o cronograma no Capítulo 2. A regra geral aloca um terço do cronograma para o planejamento, um sexto para a codificação, um quarto para o teste de componentes e um quarto para o teste do sistema.

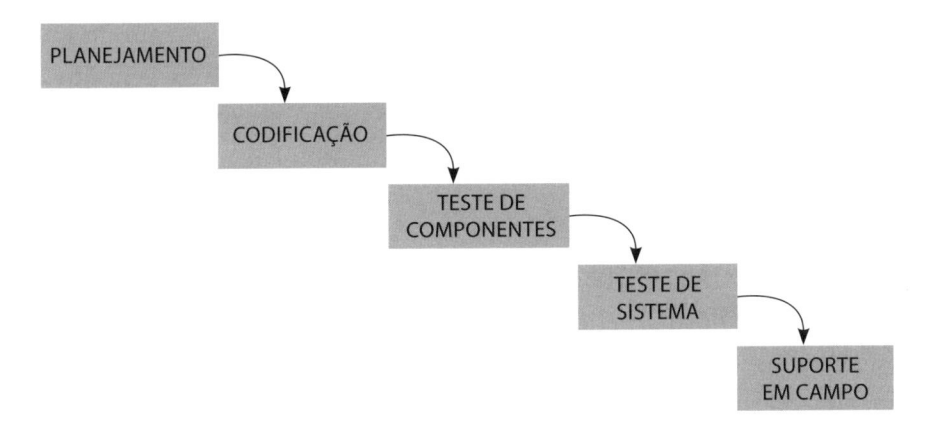

FIGURA 19.1 Modelo *waterfall* (queda-d'água) para a construção de software

A falácia básica do modelo *waterfall* é a de pressupor que o projeto passa por esse processo *uma vez*, que a arquitetura é excelente e fácil de usar, o projeto de implementação é bom e as correções na realização são possíveis à medida que os testes avançam. Outra maneira de dizer a mesma coisa é que o modelo *waterfall* presume que todos os erros estarão na realização e, assim, seu reparo pode ser suavemente intercalado aos testes de componentes e sistema.

"Inclua em seus planos o verbo descartar" ataca, de fato, essa falácia frontalmente. Não é o diagnóstico que está errado, mas seu remédio. Hoje eu sugiro que o descarte e o reprojeto do primeiro sistema devem ser feitos peça por peça, em vez de uma vez só. Por enquanto está dando certo, mas falha em chegar à raiz do problema. O modelo *waterfall* coloca o teste do sistema e, em consequência, o teste pelo *usuário*, no final do processo de construção. É possível, pois, descobrir uma dificuldade impossível para os usuários, ou um desempenho inaceitável, ou a suscetibilidade perigosa a erro ou má-intenção dos usuários, apenas após investir na construção integral do sistema. Para garantir, o escrutínio do teste Alfa das especificações tem por objetivo encontrar tais falhas logo cedo, mas não há substituto para usuários reais.

A segunda falácia do modelo *waterfall* é que ele pressupõe que um sistema inteiro é construído de uma vez só, combinando as peças para um teste fim a fim do sistema depois que todo o projeto de implementação, a maior parte do código e muito dos testes de componentes já foram realizados.

O modelo *waterfall*, que era a maneira pela qual a maioria das pessoas pensava com relação a projetos de software em 1975, foi, infelizmente, santificado no

DOD-STD-2167, o documento de especificação do Departamento de Defesa americano para todo software militar. Isso garantiu sua sobrevivência muito além do tempo em que a maioria dos praticantes atentos reconheceram sua inadequação e o abandonaram. Por sorte, o Departamento de Defesa começou, a partir daí, a enxergar a luz.[9]

HÁ QUE SE MOVIMENTAR CONTRA A CORRENTE. Como o enérgico salmão na gravura que abre este capítulo, a experiência e as idéias de cada parte da queda-d'água no processo de construção devem dar um salto acima, algumas vezes de mais de um estágio, afetando a atividade corrente acima.

O projeto da implementação mostrará que algumas características da arquitetura prejudicam o desempenho e, assim, a arquitetura deve ser retrabalhada. A codificação do projeto concreto mostrará que algumas funções ultrapassam os requisitos de espaço e, então, deve haver mudanças na arquitetura e implementação.

Pode-se muito bem, portanto, iterar através de dois ou mais ciclos de projeto de arquitetura e de implementação antes de realizar qualquer trabalho de codificação.

Um Modelo Incremental de Construção é Melhor – Refinamento Progressivo

Construindo um sistema esqueleto fim a fim

Harlan Mills, trabalhando em um ambiente de sistema de tempo real, defendeu logo de início que deveríamos construir o enlace básico de votação (*basic polling loop*) de um sistema de tempo real com chamadas de sub-rotinas (*stubs*) para todas as funções (Figura 19.2), mas apenas sub-rotinas nulas. Compile e teste. Ele segue executando indefinidamente, sem fazer literalmente nada, mas fazendo isso corretamente.[10]

A seguir, damos vida a um módulo de entrada e um de saída, ainda que primitivos. *Voilá!* Um sistema em execução que faz alguma coisa, ainda que vaga. Agora, função a função, incrementalmente construímos e adicionamos módulos. *Em todos os estágios temos um sistema em execução.* Se formos diligentes, teremos, em todos os estágios, um sistema depurado e testado. (Com o crescimento do sistema, aumenta também o fardo dos testes de regressão para cada novo módulo em relação a todos os testes prévios de caso.)

Depois que cada função funciona em um nível primitivo, refinamos ou reescrevemos primeiro um módulo, depois outro, *crescendo* incrementalmente o

Sub-rotinas

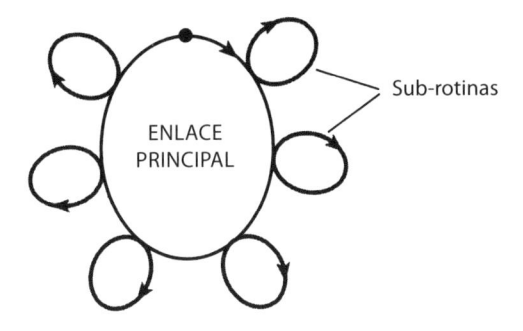

ENLACE PRINCIPAL

FIGURA 19.2

sistema. Às vezes, para nos certificarmos, temos de modificar o enlace do motor original, ou mesmo sua interface com os módulos.

Uma vez que temos um sistema funcional a todo o momento:

- podemos começar desde cedo os testes de usuários e;
- podemos adotar uma estratégia de construção dentro do orçamento, que proporcione a absoluta proteção contra a ultrapassagem de cronograma e orçamento (com o prejuízo de uma possível redução de funcionalidade).

Por cerca de 22 anos eu dei aulas de laboratório de engenharia de software na universidade da Carolina do Norte, às vezes em conjunto com David Parnas. Nessa disciplina, equipes em geral com quatro alunos construíam algum sistema de aplicação real de software em um semestre. Por volta da metade desse período, eu mudei para o ensino de desenvolvimento incremental. Fiquei chocado com o efeito eletrizante no moral da equipe com a primeira imagem na tela, aquele primeiro sistema em execução.

As Famílias de Parnas

David Parnas foi um dos principais líderes intelectuais em engenharia de software durante todo este período de 20 anos. Todos estão familiarizados com seu conceito de esconder a informação.* Um pouco menos familiar, mas muito

---

* Esconder, aqui, deve ser entendido em relação ao conceito de orientação a objetos ou componentes, em que um desenvolvedor não necessita ter acesso a todas as partes internas de determinado objeto para interagir com ele, bastando apenas conhecer suas funções e interfaces, ou métodos e atributos. (N. T.)

importante, é o conceito de Parnas de projetar um produto de software como uma *família* de produtos relacionados.[11] Ele incentiva o projetista tanto a antecipar as extensões laterais e as versões subsequentes de um produto como a definir sua função ou as diferenças de plataforma para, assim, construir uma árvore genealógica de produtos relacionados (Figura 19.3).

O truque para projetar tal árvore é colocar perto da raiz aquelas decisões de projeto que estão menos propensas a mudanças.

Tal estratégia de projeto maximiza a reutilização de módulos. Mais importante, a mesma estratégia pode ser ampliada para incluir não apenas os produtos a serem disponibilizados, mas também as sucessivas versões intermediárias criadas por meio da construção incremental. O produto cresce, então, ao longo de seus estágios intermediários com um mínimo de retrocesso.

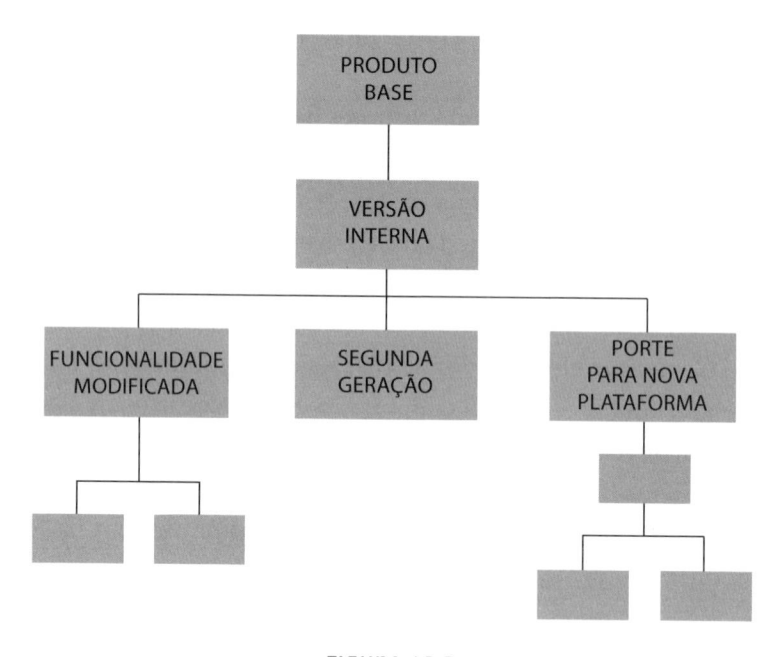

FIGURA 19.3

O Enfoque da Microsoft: "Construir Todas as Noites"

James McCarthy descreveu-me um processo de produto utilizado por sua equipe e por outras na Microsoft. É o crescimento incremental levado a uma conclusão lógica. Ele diz:

Depois de nossa primeira entrega de um produto, estaremos entregando versões posteriores que adicionam mais funcionalidade ao produto existente, funcional. Por que o processo inicial de construção seria diferente? Começando a partir de nosso primeiro ponto de checagem [onde a marcha para a primeira entrega tem três pontos intermediários de checagem] nós reconstruímos o sistema em desenvolvimento todas as noites [e executamos os casos de testes]. O ciclo de construção torna-se a batida do coração do projeto. A cada dia, uma ou mais das nossas equipes de programadores-testadores incluem módulos com novas funções. Após cada construção, temos um sistema funcional. Se a construção falha, nós paramos todo o processo até que se descubra e corrija o problema. A todo momento, todas as pessoas da equipe estão a par do estado do projeto.

É realmente difícil. Você precisa dedicar muitos recursos, mas é um processo disciplinado, rastreado e conhecido. Ele dá à equipe a credibilidade em si mesma. Sua credibilidade determina seu moral, seu estado emocional.

Construtores de software em outras organizações ficam surpresos, até chocados, com esse processo. Alguém diz: "Criei uma prática de construir o sistema a cada semana, mas penso que daria muito trabalho fazê-lo a cada noite." E pode ser verdade. A Bell Northern Research, por exemplo, reconstrói seu sistema de 12 milhões de linhas a cada semana.

Construção Incremental e Prototipagem Rápida

Já que um processo de desenvolvimento incremental permite o teste prematuro com usuários reais, qual a diferença entre ele e a prototipagem rápida? Para mim, parece que os dois estão relacionados, mas separados. É possível ter um sem ter o outro.

Harel define, com muita utilidade, um protótipo como:

[Uma versão de um programa que] reflete apenas as decisões de projeto tomadas no processo de preparação do modelo conceitual e não aquelas motivadas por preocupações de implementação.[12]

É possível construir um protótipo que não será, de maneira alguma, parte do produto que está sendo desenvolvido para a entrega. Por exemplo, é possível construir um protótipo de interface que não tenha o suporte de nenhuma funcionalidade real de programa, mas apenas uma máquina de estado finito que faz com que o protótipo aparente execute seus passos. Pode-se até prototipar e testar interfaces com a técnica do Mágico de Oz, com um humano escondido simulando as respostas do sistema. Tal prototipagem pode ser muito útil na obtenção adiantada de realimentação dos usuários, mas está bastante separada do teste de um produto que está crescendo rumo à entrega para os clientes.

Da mesma forma, os implementadores podem muito bem empreender a construção de uma fatia vertical do produto, na qual um conjunto bastante limitado de funções é construído integralmente para iluminar, assim, os lugares onde as serpentes do desempenho podem preparar seus botes. Qual a diferença entre a construção do sistema em seu primeiro ponto de checagem no processo da Microsoft e a prototipagem rápida? Funcionalidade. O produto no primeiro ponto de checagem pode não ter funcionalidade suficiente para interessar a alguém. O produto a ser entregue é definido como tal por sua integralidade no fornecimento de um conjunto útil de funções e por sua qualidade, a crença de que irá funcionar de forma robusta.

Parnas Estava Certo e Eu Estava Errado com Relação a Esconder Informação

No Capítulo 7 eu comparo dois enfoques sobre a questão do quanto cada membro da equipe deve ter a permissão para – ou ser incentivado a – conhecer sobre os projetos e o código de outros. No projeto do Sistema Operacional/360, decidimos que *todos* os programadores deveriam ter acesso a *todo* o material – em outras palavras, cada programador teria uma cópia completa do diário de bordo do projeto, que chegou a ter mais de 10 mil páginas. Harlan Mills tem argumentado muito bem que "a programação deve ser um processo público", que a exposição de todo o trabalho ao olhar de todos auxilia no controle de qualidade, tanto pela pressão dos pares para que as coisas sejam bem feitas quanto pelos pares que de fato descobrem falhas e bugs.

Essa visão contrasta intensamente com os ensinamentos de Parnas de que os módulos de código devem ser encapsulados com interfaces bem definidas e que o interior de cada módulo deva ser de propriedade privada de seu programador, não visível pelo lado externo. Os programadores são mais eficazes se protegidos – e não expostos – às entranhas dos módulos que não são os seus.[13]

Rejeitei o conceito de Parnas como uma "receita para um desastre" no Capítulo 7. Parnas estava certo e eu estava errado. Hoje estou convencido de que esconder a informação, técnica que atualmente costuma ser incorporada na programação orientada a objetos, é a única forma de aumentar o nível de projeto de software.

É possível, de fato, chegar ao desastre com qualquer técnica. A técnica de Mills garante que os programadores podem conhecer as semânticas detalhadas das interfaces com as quais trabalham ao saber o que existe do outro lado. Esconder tais semânticas leva a bugs do sistema. Por outro lado, a técnica de Parnas é robusta sob mudanças e é mais apropriada para uma filosofia de projeto para mudanças.

O Capítulo 16 argumenta o seguinte:

- A maioria do progresso já ocorrido na produtividade de software veio da eliminação de dificuldades não inerentes, como difíceis linguagens de máquina e o longo tempo de resposta no processamento em lote;
- Não há mais muitas dessas "dificuldades fáceis";
- O progresso radical terá de vir do ataque às dificuldades essenciais na elaboração de construtos conceituais complexos.

A maneira mais óbvia de se fazer isso é reconhecer que programas são compostos de partes conceituais muito maiores que as declarações individuais de uma linguagem de alto nível – sub-rotinas ou módulos ou classes. Se conseguirmos limitar o projeto e a construção de maneira que apenas interliguemos e parametrizemos tais partes, a partir de coleções pré-fabricadas, estaremos radicalmente aumentando o nível conceitual e eliminando imensas quantidades de trabalho e copiosas oportunidades para erros que residem no nível das declarações.

A definição de módulos com informação escondida é o primeiro passo publicado daquele programa de pesquisa crucialmente importante, que consiste no ancestral intelectual da programação orientada a objetos. Ele define um módulo como uma entidade de software com seu próprio modelo de dados e seu próprio conjunto de operações. O segundo passo foi a contribuição de muitos pensadores: o progresso do módulo de Parnas para um *tipo abstrato de dados*, a partir do qual muitos objetos podem derivar. O tipo abstrato de dados fornece uma maneira uniforme de se pensar a respeito das, e de se especificar, interfaces dos módulos, assim como uma disciplina de acesso que é fácil de executar.

O terceiro passo, a programação orientada a objetos, introduz o poderoso conceito de *herança* segundo o qual classes (tipos de dados) tomam como padrão os atributos especificados por seus ancestrais na hierarquia de classes.[14] Muito do que esperamos ganhar com a programação orientada a objetos deriva, de fato, do primeiro passo, o encapsulamento de módulos, mais a idéia de bibliotecas pré-fabricadas de módulos ou classes *que são projetadas e testadas para a reutilização*. Muitas pessoas escolheram ignorar o fato de que tais módulos não são apenas programas, mas em lugar disso são programas-produto no mesmo sentido tratado no

Capítulo 1. Algumas pessoas estão esperando, em vão, pela significativa reutilização de módulos sem pagar pelos custos iniciais da construção de módulos com qualidade de produtos – genéricos, robustos, testados e documentados. A programação orientada a objetos e a reutilização são analisadas nos Capítulos 16 e 17.

Quão Mítico é o Homem-Mês? O Modelo de Boehm e Dados

Com o passar dos anos, surgiram muitos estudos quantitativos sobre a produtividade de software e os fatores que a afetam, sobretudo as negociações entre a formação da equipe do projeto e seu cronograma.

O estudo mais substancial é o que foi feito por Barry Boehmem em cerca de 63 projetos de software, a maior parte deles aeroespaciais, com cerca de 25 deles na TRW. Seu livro *Software Engineering Economics* (A Economia da Engenharia de Software) contém não apenas os resultados, mas um conjunto útil de modelos de custo de abrangência progressiva. Ainda que os coeficientes nos modelos sejam decerto diferentes para o software comercial comum e aquele para aplicações aeroespaciais construídas para atender padrões governamentais, seus modelos têm a retaguarda de uma imensa quantidade de dados. Creio que essa obra será um clássico, útil para uma geração além desta.

Seus resultados confirmam solidamente a afirmação de *O Mítico Homem-Mês* de que a relação entre homens e meses está longe de ser linear, que o homem-mês é, de fato, um mito como medida de produtividade. Em particular, ele descobre que:[15]

- Há um cronograma de custo ótimo para a primeira entrega, $T=2,5(HM)^{1/3}$. Ou seja, o tempo ótimo, em meses, é função da raiz cúbica do esforço esperado em homens-meses, de um número derivado da estimativa do tamanho e de outros fatores nesse modelo. Uma curva ótima para a equipe é um corolário;
- A curva do custo aumenta lentamente se o cronograma planejado torna-se maior que o ótimo. Pessoas com mais tempo consomem mais tempo;
- A curva do custo sobe bruscamente se o cronograma planejado torna-se menor que o ótimo;
- *Dificilmente um projeto atinge o sucesso em menos de três quartos do tempo do cronograma ótimo calculado, independentemente do número de pessoas envolvidas!* Esse resultado referenciável dá ao gerente de software a muni-

ção sólida para quando a gerência mais alta demandar compromissos de cronograma impossíveis.

Em que medida a a lei de Brooks é verdadeira? Há rigorosas pesquisas que avaliam a verdade da lei (intencionalmente simplista) de Brooks, que diz que a adição de recursos humanos a um projeto de software atrasado irá atrasá-lo ainda mais. O melhor tratamento é o de Abdel-Hamid e Madnick, em seu ambicioso e valioso livro de 1991, *Software Project Dynamics: An Integrated Approach* (Dinâmicas em um Projeto de Software: Uma Abordagem Integrada).[16] O livro desenvolve um modelo quantitativo para as dinâmicas de projeto. Seu capítulo sobre a lei de Brooks fornece uma visão mais detalhada do que acontece dentro de várias premissas sobre como e quando a força de trabalho é adicionada. Para investigar isso, os autores estenderam seu próprio e cuidadoso modelo para o projeto de aplicações de médio porte, presumindo que novas pessoas têm uma curva de aprendizagem e contabilizando os trabalhos extras de comunicação e treinamento. Eles concluíram que "a adição de mais pessoas a um projeto atrasado irá torná-lo mais custoso, mas nem *sempre* isso fará com que seja completado com mais atraso [a ênfase é dos autores]." Particularmente, adicionar força de trabalho extra mais cedo no cronograma é uma manobra muito mais segura do que a adição posterior, já que as novas pessoas sempre ocasionam um efeito negativo imediato que leva semanas até ser superado.

Stutzke desenvolve um modelo mais simples a fim de executar uma investigação similar, com resultado semelhante.[17] Ele desenvolve uma análise detalhada do processo e dos custos de assimilação dos novos trabalhadores, incluindo explicitamente a distração de seus mentores da própria tarefa do projeto. Ele testa seu modelo em um projeto real, no qual a força de trabalho foi dobrada com sucesso e o cronograma original foi atingido, depois de um atraso na metade do projeto. Ele trata alternativas para a adição de mais programadores, sobretudo horas extras. Mais valiosos são seus muitos itens de conselhos práticos sobre como novos trabalhadores devem ser adicionados, treinados, apoiados com ferramentas etc., para minimizar os efeitos perturbadores de sua adição. Especialmente digno de nota é seu comentário de que as novas pessoas que entram em um projeto de desenvolvimento devem ser trabalhadores de equipe desejando integrar-se e trabalhar dentro do processo, e não tentar alterar ou melhorar o próprio processo!

Stutzke acredita que o fardo adicional de comunicação em um projeto de grandes dimensões é um efeito de segunda ordem e não o modela. Não é claro se, e como, Abdel-Hamid e Madnick levaram isso em consideração. Nenhum modelo leva em conta o fato de que o trabalho deve ser reparticionado, um processo que, frequentemente, descobri não ser trivial.

A "ultrajantemente simplificada" declaração da lei de Brooks torna-se mais útil com esses cuidadosos tratamentos das qualificações apropriadas. Como resultado, eu continuo com a crua declaração como a melhor aproximação de base para a realidade, uma regra geral para alertar os gerentes contra utilizar cegamente o conserto instintivo de um projeto atrasado.

As Pessoas São Tudo (Bem, Quase Tudo)

Alguns leitores acharam curioso que *O Mítico Homem-Mês* dedicasse a maioria de seus ensaios aos aspectos gerenciais da engenharia de software, em vez de aos aspectos técnicos. Essa tendência deveu-se em parte à natureza de meu papel no Sistema Operacional/360 da IBM (hoje o MVS/370). Mais fundamentalmente, ela derivou de uma convicção de que a qualidade das pessoas em um projeto, sua organização e gestão, são fatores muito mais importantes para o sucesso do que as ferramentas utilizadas ou as abordagens técnicas tomadas.

Pesquisas subsequentes dão suporte a essa convicção. O modelo COCOMO de Boehm revela que a qualidade de uma equipe é, de longe, o maior fator de seu sucesso, de fato, quatro vezes mais potente que o próximo fator. A maioria da pesquisa acadêmica em engenharia de software concentrou-se em ferramentas. Eu admiro e cobiço ferramentas inteligentes. Não obstante, é encorajador ver esforços em andamento de pesquisas sobre o cuidado, o crescimento e alimentação de pessoas, e na dinâmica da gestão de software.

PEOPLEWARE. Uma contribuição principal durante os anos recentes foi o livro de 1987 de DeMarco e Lister, *Peopleware: Productive Projects and Teams* (Peopleware: Equipes e Projetos Produtivos). Sua tese base é a de que "os principais problemas de nosso trabalho não são mais *tecnológicos* do que *sociológicos* em sua natureza". Ele é abundante em pérolas como "a função do gerente não é a de fazer as pessoas trabalharem, é tornar possível o trabalho das pessoas". Ele lida com tópicos tão banais como espaço, mobília, refeições conjuntas da equipe. DeMarco e Lister fornecem dados reais de seus *Coding War Games* (Jogos de Guerra de Codificação) que mostram formidáveis correlações entre o desempenho dos programadores da mesma organização, e entre as características do local de trabalho tanto em relação à produtividade quanto aos defeitos.

> *O espaço daqueles que mais desempenham é mais silencioso, mais privado, mais bem protegido contra interrupções, e é algo maior que isso. (...). Realmente importa para você (...) se o silêncio, o espaço e a privacidade ajudam sua equipe atual a fazer melhor o seu trabalho ou [alternativamente] ajudam você a atrair e manter as melhores pessoas?*[18]

Recomendo com entusiasmo este livro para todos os meus leitores.

PROJETOS EM MOVIMENTO. DeMarco e Lister dão considerável atenção à *fusão** da equipe, uma propriedade intangível, mas vital. Penso que é o cuidado do gerente com relação à fusão que conta para a presteza que tenho observado em empresas distribuídas ao mudar um projeto de um laboratório para outro.

Minha experiência e observação estão limitadas, talvez, a meia dúzia de mudanças. Nunca vi uma bem-sucedida. É possível mover *missões* com sucesso. Mas em todos os casos de tentativas para mudar projetos, a nova equipe, de fato, começou tudo de novo, apesar de ter boa documentação, alguns projetos bem avançados e algumas das pessoas da equipe que enviou o projeto. Penso que é a quebra da fusão da equipe antiga que aborta o produto embrionário, trazendo tudo de volta ao princípio.

O Poder de Entregar o Poder

Caso se acredite, como argumentei em muitos lugares neste livro, que a criatividade vem de indivíduos e não de estruturas ou processos, então uma questão central que se apresenta ao gerente de software é o projeto de uma estrutura e processo que aumentem, em vez de inibir, a criatividade e a iniciativa. Felizmente, esse problema não é peculiar a organizações de software, e grandes pensadores têm trabalhado nisto. E. F. Schumacher, em seu clássico *Small is Beautiful: Economics as if People Mattered* (traduzido para o português com o título *O Negócio É Ser Pequeno*), propõe uma teoria de organizar empresas para maximizar a criatividade e o prazer dos trabalhadores. Como seu primeiro prin-

---

* A fusão ou a aglutinação da equipe, segundo DeMarco e Lister, refere-se a um poder tão forte de união das pessoas que o todo passa a ser maior que a soma das partes. A equipe adquire um momento único de automotivação e produtividade. (N. T.)

cípio ele escolhe o "Princípio da Função Subsidiária", da Encíclica *Quadragesimo Anno* do Papa Pio XI:

É injusto subtrair dos indivíduos o que eles podem efetuar com a própria iniciativa e o talento, para o confiar à coletividade, do mesmo modo que passar para uma sociedade maior e mais elevada o que sociedades menores e inferiores podiam conseguir é uma injustiça, um grave dano e perturbação da boa ordem social. O fim natural da sociedade e da sua ação é coadjuvar os seus membros, não destruí-los nem absorvê-los... Persuadam-se todos os que governam: quanto mais perfeita ordem hierárquica reinar entre as várias agremiações, segundo este princípio da função subsidiária dos poderes públicos, tanto maior influência e autoridade terão estes, tanto mais feliz e próspero será o estado da nação.[*,19]

Shumacher faz sua interpretação:

O Princípio da Função Subsidiária nos ensina que o centro irá ganhar em autoridade e efetividade se a liberdade e responsabilidade das formações inferiores forem cuidadosamente preservadas, resultando em que a organização, como um todo, será "mais feliz e próspera".

Como pode tal estrutura ser alcançada? (...) A grande organização consistirá em muitas unidades semiautônomas, as quais podemos chamar quase-firmas. Cada uma delas terá uma grande quantidade de liberdade, dando a maior possibilidade de oportunidade para a criatividade e o empreendedorismo. (...) Cada quase-firma deve ter uma conta de lucros e outra de perda, e uma planilha de resultados.[20]

Dos desenvolvimentos mais interessantes em engenharia de software estão os estágios iniciais da colocação de tais idéias organizacionais em prática. Antes de tudo, a revolução do microcomputador criou uma nova indústria de software com centenas de novas empresas, todas elas começando pequenas e marcadas pelo entusiasmo, pela liberdade e criatividade. O setor está mudando agora, já que muitas empresas pequenas estão sendo adquiridas por empresas maiores. Resta saber se as empresas compradoras entenderão a importância de preservar a criatividade das pequenas.

Mais notavelmente, a alta gerência em algumas empresas de grande porte tomou para si o empreendimento de delegar o poder para as equipes individuais

---

* A tradução foi adequada da Encíclica original, que pode ser acessada, em português, a partir da página do Vaticano na Internet (http://www.vatican.va). (N. T.)

de projetos, tornando-as próximas das quase-firmas de Schumacher, tanto em estrutura quanto em responsabilidade. Elas ficaram surpresas e encantadas com os resultados.

Jim McCarthy, da Microsoft, descreveu-me sua experiência com a emancipação de suas equipes:

> *Cada equipe de funcionalidade (30 a 40 pessoas) é dona de seu próprio conjunto de funções, seu cronograma e mesmo seus processos sobre como definir, construir e enviar ao cliente. A equipe é composta de quatro ou cinco especialidades, que incluem a construção, teste e escrita. A equipe é quem chega aos acordos em suas discussões, sem interferência dos chefes. Não posso enfatizar o suficiente a importância de dar o poder, de permitir à equipe a sua própria responsabilidade por seus sucessos.*

Earl Wheeler, um chefe aposentado da área de negócios de software da IBM, falou-me de sua experiência em empreender a delegação de poder, há muito tempo centralizado nas gerências de divisão da IBM:

> *A chave para o avanço [nos anos recentes] foi a delegação do poder para os níveis inferiores. Foi como mágica! Melhoria na qualidade, produtividade, moral. Temos pequenas equipes, sem controle central. A equipe é dona do processo, mas elas precisam ter um. Elas têm muitos processos diferentes. Elas são donas do cronograma, mas elas sentem a pressão do mercado. Esta pressão faz com que elas busquem, por si, ferramentas.*

Conversas com membros individuais da equipe, claro, mostram tanto a apreciação pelo poder e liberdade delegados, como uma percepção, de certa forma mais conservadora, de quanto controle realmente lhes foi entregue. Ainda assim, a delegação alcançada é claramente um passo na direção correta. Ela proporciona exatamente os benefícios previstos por Pio XI: o centro ganha autoridade real ao delegar o poder, e a organização, como um todo, é mais feliz e próspera.

Qual é a Maior Surpresa Nova? Milhões de Computadores

Cada guru de software com o qual tenho falado admite ter sido pego de surpresa pela revolução do microcomputador e seu efeito colateral, a indústria de pacotes de software. Isto é, sem dúvida, a mudança crucial ocorrida nas duas décadas desde o lançamento de *O Mítico Homem-Mês*. Isso tem muitas implicações para a engenharia de software.

A REVOLUÇÃO DO MICROCOMPUTADOR MUDOU A FORMA COMO TODOS USAMOS COMPUTADORES. Schumacher declarou o desafio há mais de 20 anos:

> *O que realmente necessitamos dos cientistas e tecnologistas? Eu responderei: precisamos de métodos e equipamentos que sejam:*
>
> - *baratos o suficiente para que estejam acessíveis a praticamente todos;*
> - *adequados para aplicações de pequena escala; e*
> - *compatíveis com a necessidade de criatividade, que é própria do homem.*[21]

Essas são exatamente as maravilhosas propriedades que a revolução do microcomputador trouxe para o setor de informática e seus usuários, hoje o público em geral. O americano médio pode não apenas ter um computador para si, mas também um conjunto de aplicativos de software que, há 20 anos, custaria o salário de um rei. Vale a pena contemplar cada um dos objetivos de Schumacher; o grau em que cada qual foi atingido é digno de saborear, sobretudo o último. Em áreas diversas, novos meios de expressão estão acessíveis a leigos, assim como para profissionais.

Em parte, a melhoria vem em outras áreas assim como na criação de software – na remoção das dificuldades acidentais. Manuscritos costumavam ser acidentalmente rígidos em função do tempo e custo de sua redigitação para incorporar mudanças. Em um trabalho de 300 páginas, alguém poderia redigitá-lo a cada três ou seis meses, mas, no meio-tempo, poderiam ser feitas anotações no próprio manuscrito. Não era fácil avaliar quais mudanças haviam sido feitas no encadeamento e no ritmo das palavras. Hoje os manuscritos tornaram-se maravilhosamente fluidos.[22]

O computador trouxe uma fluidez similar para muitos outros meios: desenhos artísticos, planos de construção, desenhos mecânicos, composições musicais, fotografias, sequências de vídeo, apresentações de slides, trabalhos multimídia e mesmo planilhas de cálculo. Em cada caso, o método manual de produção requeria a cópia das partes não modificadas a fim de que pudessem ser observadas as mudanças no contexto. Agora, aproveitamos para cada meio os mesmos benefícios que o compartilhamento de tempo trouxe para a criação de software – a habilidade de revisar e avaliar instantaneamente os efeitos sem a perda da linha de pensamento.

A criatividade é também incrementada com ferramentas auxiliares novas e flexíveis. Para a produção em prosa, como um exemplo, temos à nossa disposição verificadores ortográficos e gramaticais, conselheiros de estilo, sistemas bibliográficos e a notável habilidade de ver as páginas formatadas concorrentemente em seu leiaute final. Nós ainda não avaliamos o que as enciclopédias instantâneas ou os infinitos recursos da rede mundial de computadores significarão para a pesquisa imediata de um escritor.

Mais importante, a nova fluidez da mídia torna fácil a exploração de muitas alternativas radicalmente diferentes, quando um trabalho criativo está apenas começando a se delinear. Aqui está um outro caso em que uma ordem de grandeza em um parâmetro quantitativo, no caso a mudança no tempo de execução, faz uma diferença qualitativa em como uma tarefa pode ser feita.

Ferramentas para o desenho permitem a projetistas de prédios explorar muito mais opções por hora de investimento criativo. A conexão de computadores a sintetizadores, com software para a geração automática de partituras musicais, torna muito mais fácil a captura de experimentações no teclado. A manipulação digital de fotografia, como a feita com o Adobe Photoshop, permite experiências de um minuto que antes levariam horas em uma sala escura. Planilhas de cálculo permitem a fácil exploração de dezenas de cenários alternativos com a modificação de variáveis.

Enfim, meios criativos inteiramente novos surgiram com a ubiquidade do computador pessoal. Hipertextos, propostos por Vannevar Bush em 1945, são apenas práticos com computadores.[23] Apresentações e experiências multimídias eram um grande empreendimento – assim como um grande problema – antes do computador pessoal e do rico, e barato, software disponível para ele. Sistemas de ambientes virtuais, ainda que não baratos nem ubíquos, virão a sê-lo, tornando-se ainda mais um meio de criação.

A REVOLUÇÃO DO MICROCOMPUTADOR MUDOU A FORMA COMO TODOS CONSTROEM SOFTWARE. Os processos de software da década de 1970 foram, eles mesmos, alterados pela revolução do microprocessador e pelos avanços da tecnologia. Muitas das dificuldades acidentais desses processos de construção de software foram eliminadas. Computadores individuais rápidos são, hoje, ferramentas de rotina para o desenvolvedor de software, de forma que o tempo de espera para usar um computador é um conceito praticamente obsoleto. O computador pessoal de hoje não é apenas mais rápido do que um supercomputador de 1960, ele é mais rápido do que uma estação de trabalho Unix de 1985. Isso tudo significa que a compilação é rápida mesmo nas máquinas mais humildes, e grandes capacidades de memória eliminaram o tempo de espera para a linkagem baseada em discos. Tal capacidade de memória também torna razoável a manutenção de tabelas de símbolos, com o código objeto, em memória, tornando rotineira a depuração de alto nível sem a necessidade de recompilação.

Nos últimos 20 anos, chegamos praticamente ao final do uso do compartilhamento de tempo como metodologia para a construção de software. Em 1975, o compartilhamento de tempo acabara de substituir o processamento em lote como técnica mais comum. Usava-se a rede para dar ao construtor de software o acesso a arquivos compartilhados e a um mecanismo poderoso para a compilação, linkedição e testes. Hoje, a estação de trabalho pessoal fornece o mecanismo computacional e a rede oferece, sobretudo, o acesso compartilhado aos arquivos que são o produto de trabalho da equipe. Sistemas cliente-servidor tornam o acesso compartilhado para o envio de código (*check-in*), a construção e a aplicação de casos de teste um processo mais simples e diferente.

Avanços similares na interface de usuário também ocorreram. A interface WIMP oferece a edição muito mais conveniente de código de programas, assim como de textos de qualquer natureza. A tela de 24 linhas e 72 colunas foi substituída por telas de página inteira, ou mesmo de duas páginas, de forma que programadores podem ver as mudanças que estão fazendo em um contexto muito maior.[24]

Uma Indústria de Software Completamente Nova – Pacotes de Aplicativos

Ao lado da indústria clássica de software, outra mais recente eclodiu. As vendas de produtos se dão em centenas, milhares, mesmo milhões de unidades. Pacotes completos de software são acessíveis por menos que o custo de suporte de um dia de um programador. As duas indústrias diferem em muitas formas, e coexistem.

A INDÚSTRIA CLÁSSICA DE SOFTWARE. Em 1975, a indústria de software tinha vários componentes identificáveis, um tanto diversos, todos existentes ainda hoje:

- Fabricantes de computadores, que forneciam os sistemas operacionais, compiladores e utilitários para seus produtos;
- Usuários de aplicações, como empresas de gestão de informação, bancos, companhias de seguro e agências governamentais, que construíam aplicações para seu próprio uso;

- Construtores de aplicações customizadas, contratados para construir pacotes proprietários para seus usuários (muitos desses construtores especializaram-se em aplicações de defesa, para as quais os requisitos, padrões e procedimentos de comercialização eram peculiares);
- Desenvolvedores de aplicações comerciais que naquela época desenvolviam principalmente grandes aplicações para mercados especializados, como pacotes para a análise estatística e sistemas CAD.

Tom DeMarco observa a fragmentação da indústria clássica de software, sobretudo no componente *usuário de aplicações*:

O que eu não esperava: o campo dividiu-se em nichos. Como fazer determinada coisa é muito mais a função do nicho do que o uso de métodos genéricos de análise de sistemas, linguagens genéricas e técnicas genéricas de testes. A linguagem de programação Ada foi a última das linguagens de propósito genérico e tornou-se uma linguagem de nicho.

No nicho das aplicações comerciais rotineiras, as linguagens de quarta geração fizeram poderosas contribuições. Boehm afirma que "a maioria das linguagens de quarta geração são o resultado de alguém codificando uma peça de um domínio de uma aplicação em termos de opções e parâmetros". As mais pervasivas dessas linguagens de quarta geração são as geradoras de aplicações e pacotes combinados de comunicação com bases de dados através de linguagens de busca.

O MUNDO DOS SISTEMAS OPERACIONAIS FUNDIU-SE. Em 1975, abundavam sistemas operacionais: cada fornecedor de hardware tinha ao menos um sistema operacional proprietário por linha de produto, muitos tinham dois. Como tudo está diferente hoje! Sistemas abertos são o lema, e há apenas cinco ambientes de sistemas operacionais significativos para os quais os pacotes aplicativos são comercializados (em ordem cronológica):

- Os ambientes MVS e VM da IBM;
- O ambiente VMS da DEC;
- O ambiente Unix, em um ou outro sabor;
- O ambiente IBM-PC, seja com DOS, OS-2 ou Windows;
- O ambiente Apple Macintosh.

A INDÚSTRIA DE PACOTES DE SOFTWARE. Para o desenvolvedor da indústria de pacotes, a economia é inteiramente diversa daquela da indústria clássica: o custo de desenvolvimento é dividido por grandes quantidades; os custos de empacotamento e marketing avultam em maior quantidade. Na indústria de desenvolvimento clássico de aplicações para o uso interno, o cronograma e os detalhes funcionais eram negociáveis, mas o custo de desenvolvimento poderia não ser; no mercado aberto, ferozmente competitivo, o cronograma e as funcionalidades dominam sobremaneira o custo de desenvolvimento.

Como era de esperar, as economias fortemente diversas fizeram surgir culturas de programação bastante diferenciadas. A indústria clássica tendia a ser dominada por grandes empresas com estilos gerenciais e cultura de trabalho estabelecidos. A indústria de pacotes de software, por outro lado, começou na forma de centenas de empresas emergentes (*start-ups*), com uma direção mais livre e ferozmente focada em completar o trabalho, em vez de focar-se em processos. Nesse clima, sempre há um grande reconhecimento do talento do programador individual, uma consciência implícita de que grandes projetos vêm de grandes projetistas. A cultura emergente tem a capacidade de recompensar executores excelentes na proporção de suas contribuições; na indústria clássica de software, a sociologia das corporações e seus planos de gestão de salários tornavam isso difícil. Não é de surpreender que muitas das estrelas da nova geração gravitaram para a indústria de pacotes de software.

Compre e Construa – Pacotes de Software como Componentes

Robustez e produtividade de software radicalmente melhores serão obtidas somente com a mudança para um nível acima, fazendo programas mediante a combinação de módulos, ou objetos. Uma tendência bastante promissora é o uso de pacotes para o mercado de massa como plataformas nas quais produtos mais ricos e customizados são construídos. Um sistema de rastreamento de caminhões é feito com um pacote de banco de dados e um pacote de comunicações; o mesmo acontece com um sistema de informações sobre estudantes. Os anúncios classificados em revistas de computação oferecem centenas de pilhas (*stacks*) de Hypercard e modelos personalizados de planilhas para o Excel, dezenas de funções especiais em Pascal para o MiniCad ou funções em AutoLisp para o AutoCad.

METAPROGRAMAÇÃO. A construção de *stacks* Hypercard, modelos para o Excel ou funções para o MiniCad é, muitas vezes, chamada de *metaprogramação*, a construção de uma nova camada que customiza funções para um subconjunto de usuários de um pacote. O conceito de metaprogramação não é novo, mas apenas ressurgiu com um novo nome. No início da década de 1960, fornecedores de computadores e muitas grandes empresas de gerenciamento de informações dispunham de pequenos grupos de especialistas que criaram linguagens de programação para aplicações inteiras a partir de macros em linguagem assembly. A empresa de gestão de informação da Eastman Kodak tinha uma linguagem interna de aplicação definida com o macroassembler do IBM 7080. De forma similar, com o Método de Acesso de Telecomunicações em Fila (*QTAM, Queued Telecommunications Access Method*) do OS/360 da IBM, era possível ler muitas páginas de um ostensivo programa de telecomunicações em linguagem assembly antes de encontrar uma instrução ao nível da máquina. Agora, as peças oferecidas pelo metaprogramador são muitas vezes maiores do que aquelas macros. O desenvolvimento desses mercados secundários é muito encorajador – enquanto ficávamos esperando ver o desenvolvimento de um mercado efetivo de classes em C++, um mercado de metaprogramas reutilizáveis cresceu sem que se notasse.

ISSO REALMENTE ATACA A ESSÊNCIA. Em função de que o fenômeno de construção com pacotes de software não afeta, hoje, o programador médio de sistemas de gestão de informação, ele ainda não é muito visível para a disciplina de engenharia de software. Mesmo assim, isso crescerá rapidamente porque realmente ataca a essência da elaboração de construtos conceituais. O pacote de software fornece um grande módulo de funcionalidade, com uma interface elaborada, mas apropriada, e sua estrutura conceitual interna não necessita sequer ser projetada. Produtos de software de alta funcionalidade, como o Excel ou o 4th Dimension, são grandes módulos, de fato, mas eles funcionam como módulos conhecidos, documentados e testados com os quais sistemas customizados podem ser construídos. Os construtores de aplicações do próximo nível obtêm riqueza de funcionalidade, um tempo de desenvolvimento mais curto, um componente testado, melhor documentação e um custo radicalmente mais baixo.

A dificuldade, é claro, é que o pacote de software é projetado como uma entidade isolada, cujas funções e interfaces os metaprogramadores não podem mudar. Além disso, o que é mais grave, os construtores de pacotes de software ao que parece têm pouco incentivo para fazer seus produtos adequados para funcionarem como módulos em um sistema maior. Penso que essa percepção é errada, que existe um mercado não explorado de fornecimento de pacotes projetados para facilitar o trabalho do metaprogramador.

ENTÃO, O QUE É PRECISO? Podemos identificar quatro níveis de usuários de pacotes de software:

- O usuário comum, que opera a aplicação de uma forma direta, satisfeito com as funções e as interfaces fornecidas pelos projetistas.
- O metaprogramador, que constrói modelos ou funções acima de uma aplicação individual, usando a interface fornecida por ela, principalmente para economizar trabalho para o usuário final.
- O escritor de funções externas, que codifica funções adicionais para a aplicação. Essas são, essencialmente, novas primitivas da linguagem de aplicação que chamam módulos de código à parte, escritos em uma linguagem de propósito geral. Neste caso, deve ser possível fazer a interface dessas novas funções com a aplicação através da interceptação de comandos ou outras técnicas (como *callbacks* ou funções de sobrecarga – *overloaded functions*).
- O metaprogramador, que usa uma ou, especialmente, muitas aplicações como componentes em um sistema maior. Trata-se do usuário cujas necessidades são pobremente atendidas hoje. Este é também o caso que promete ganhos substanciais de eficácia na construção de novas aplicações.

Para este último usuário, um pacote de software aplicativo necessita de uma interface adicional documentada, a interface de metaprogramação (*MPI – metaprogramming interface*). Ela precisa de muitas capacidades. Antes de tudo, o metaprograma necessita ter o controle do conjunto de aplicações, onde normalmente cada aplicação assume, ela mesma, o controle. O conjunto deve controlar a interface de usuário, que normalmente a aplicação assume estar fazendo. O conjunto deve ser capaz de evocar qualquer função de aplicação como se seu comando tivesse sido digitado diretamente pelo usuário. Ele deve receber a saída da aplicação como se fosse a tela, com a exceção de que ele precisa que esta saída seja analisada e distribuída em unidades lógicas com tipos de dados adequados, em vez da linha de texto que seria exibida na tela. Algumas aplicações, como o FoxPro, possuem facilidades (*wormholes* – buracos de minhoca) que permitem a inserção de comandos, mas a informação obtida é escassa e não analisada. Esse *wormhole* é um remendo temporário para uma necessidade que requer uma solução genérica e projetada.

É de grande valia ter uma linguagem de *script* para controlar as interações entre as aplicações do conjunto. O Unix foi o primeiro a prover esse tipo de funcionalidade, com seus encadeamentos (*pipes*) e seu formato de arquivo com cadeias de caracteres no padrão ASCII. Hoje, o AppleScript é um exemplo muito bom.

O Estado e o Futuro da Engenharia de Software

Uma vez, pedi a Jim Ferrell, presidente do Departamento de Engenharia Química da Universidade Estadual da Carolina do Norte, que relatasse a história da engenharia química, de forma distinta da história da química. Em seguida, ele discursou maravilhosamente, de improviso, por uma hora, começando com a existência da antiguidade de muitos processos diferentes de produção, para vários produtos, passando pelo aço, pelo pão e pelos perfumes. Ele contou como o professor Arthur D. Little fundou o departamento de química industrial do MIT, em 1918, para encontrar, desenvolver e ensinar uma base técnica comum, compartilhada por todos os processos. Em primeiro lugar, vieram regras gerais, depois os nomogramas empíricos, a seguir as fórmulas para projetar componentes particulares, então os modelos matemáticos para a transferência de calor, de massa e de momento em vasos únicos.

À medida que a narrativa de Ferrell prosseguia, eu era surpreendido pelos muitos paralelos entre o desenvolvimento da engenharia química e o da engenharia de software, quase exatos 50 anos depois. Parnas reprova-me sem perdão por escrever sobre engenharia de software, de qualquer maneira. Ele contrasta a disciplina de software com a engenharia elétrica e sente que é uma presunção chamar o que fazemos de engenharia. Ele pode estar certo sobre o fato de que o campo nunca se desenvolverá em uma disciplina de engenharia com a mesma precisão e o completo embasamento matemático presentes na engenharia elétrica. Até porque a engenharia de software, como a engenharia química, está preocupada com os problemas não lineares de escalar em processos para um nível industrial e, como a engenharia industrial, é permanentemente confundida pelas complexidades do comportamento humano.

Ainda assim, o curso e o tempo de desenvolvimento da engenharia química levam-me a acreditar que a engenharia de software, com 27 anos, pode não ser sem esperança, mas meramente imatura, como era a engenharia química em

1945. Foi só depois da Segunda Guerra Mundial que os engenheiros químicos realmente passaram a enfocar o comportamento de sistemas de fluxo contínuo em conexões de circuito fechado.

As preocupações características da engenharia de software são hoje exatamente aquelas adiantadas no Capítulo 1:

- Como projetar e construir um conjunto de programas, tornando-o um *sistema*;
- Como projetar e construir um programa ou um sistema, tornando-o um *produto* robusto, testado, documentado e com suporte;
- Como manter o controle intelectual sobre a *complexidade*, em grandes doses.

O poço de alcatrão da engenharia de software continuará a ser grudento por um longo tempo. Pode-se esperar que a raça humana continue tentando sistemas apenas dentro, ou apenas além de nosso alcance; e sistemas de software são, talvez, o mais minucioso trabalho humano. Essa arte complexa demandará nosso contínuo desenvolvimento da disciplina, nossa aprendizagem para compor em unidades maiores, nosso melhor uso de novas ferramentas, nossa melhor adequação de métodos comprovados de gestão de engenharia, a aplicação liberal do bom senso e uma humildade dada por Deus para que reconheçamos nossa falibilidade e limitações.

Epílogo

♦ ♦ ♦

Cinquenta anos de Fascínio, Emoção e Prazer

Permanecem vivos na memória meu fascínio e encanto quando li – aos 13 anos de idade – a narrativa de 7 de agosto de 1944 sobre a inauguração do computador Mark I, de Harvard, uma maravilha eletromecânica cujo arquiteto foi Howard Aiken, e os engenheiros da IBM, Clair Lake, Benjamin Durfee e Francis Hamilton, foram os projetistas da implementação. Provocou-me o mesmo fascínio a leitura do artigo de Vannevar Bush "That We May Think", na edição de abril de 1995 do *Atlantic Monthly*, no qual ele propõe organizar o conhecimento como uma grande rede de hipertexto, proporcionando às máquinas dos usuários tanto a possibilidade de seguir trilhas existentes como a de iluminar novas trilhas de associações.

Minha paixão por computadores ganhou mais um forte incentivo em 1952, quando um trabalho de verão na IBM em Endicott, Nova York, proporcionou-me experiência prática na programação do IBM 604 e instrução formal na programação do IBM 701, primeira máquina de programa em memória da empresa. A graduação, tendo como professores Aiken e Iverson, em Harvard, transformou meu sonho de carreira em realidade, e fui fisgado para toda a vida. Apenas a uma pequena fração da humanidade Deus dá o privilégio de ganhar o pão com o suor do trabalho ao qual se dedicaria voluntariamente, por pura paixão. Agradeço muito.

É difícil imaginar uma época mais vibrante para ter vivido como um devoto do computador. De mecanismos para válvulas, para transistores e para circuitos integrados, a tecnologia evoluiu de forma explosiva. O primeiro computador com o qual trabalhei, recém-saído de Harvard, era o supercomputador IBM 7030 Stretch. O Stretch reinou como o computador mais rápido do mundo entre 1961 e 1964; nove cópias foram entregues. Meu Macintosh Powerbook é, hoje, não apenas mais rápido, com mais memória e um disco maior, ele é mil vezes mais barato. (Cinco mil vezes mais barato em valores constantes, em dólares, descontada a inflação.) Nós vimos, em sequência, a revolução do computador, a revolução do computador eletrônico, a revolução do minicomputador e a revolução do microcomputador, cada qual trazendo mais computadores em ordem crescente de grandeza.

A disciplina intelectual relacionada a computadores explodiu como a tecnologia. Quando eu era um estudante de graduação em meados da década de 1950, eu podia ler *todos* os periódicos e anais de conferências; eu poderia manter-me atualizado em *toda* a disciplina. Hoje, minha vida intelectual vê-me dando um pesaroso beijo de adeus a meus interesses por subdisciplinas, um a um, enquanto meu portfólio tem continuamente transbordado além do controle. Muitos interesses, muitas oportunidades fascinantes para aprender, pesquisar e pensar. Que dilema maravilhoso! Não apenas o fim não está à vista como o ritmo não está diminuindo. Teremos muitas alegrias futuras.

Notas e Referências Bibliográficas

Capítulo 1
1. Ershov considera isso não apenas uma tristeza, mas também parte da alegria. A. P. Ershov, "Aesthetics and the human factor in programming", *CACM*, **15**, 7 (julho, 1972), pp. 501-505.

Capítulo 2
1. V. A. Vyssotsky, dos laboratórios da Bell Telephone, estima que um grande projeto consegue sustentar o aumento da força de trabalho em 30% ao ano. Mais do que isso, provoca estresse e até limita a evolução da estrutura informal básica e seus caminhos de comunicação analisados no Capítulo 7. F. J. Corbató, do MIT, destaca que um projeto longo deve prever uma rotatividade de 20% ao ano, e que os novos membros da equipe devem ser tecnicamente treinados e integrados na estrutura formal.
2. C. Portman, da International Computers Limited, declara: "Quando tudo parece funcionar, tudo integrado, há ainda mais quatro meses de trabalho pela frente." Vários outros conjuntos de divisões de cronogramas são encontrados em "The cost of developing large-scale software", de Wolverton, R. W., *IEEE Trans. on Computers*, **C-23**, 6 (junho de 1974), pp. 615-636.
3. As figuras 2.2 a 2.8 são devidas a Jerry Ogdin que, ao referenciar meu exemplo de uma publicação anterior deste capítulo, melhorou muito sua ilustração. Ogdin, J. L., "The Mongolian hordes versus superprogrammer", *Infosystems* (dezembro de 1972), pp. 20-23.

Capítulo 3
1. Sackman, H., W. J. Erikson, e E. E. Grant, "Exploratory experimental studies comparing online and offline programming performance", *CACM*, **11**, 1 (janeiro, 1968), pp. 3-11.
2. Mills, H., "Chief Programmer teams, principles, and procedures", IBM Federal Systems Division Report FSC 71-5108, Gaithersburg, Md., 1971.
3. Baker, F. T. "Chief Programmer Team Management of Production Programming". *IBM Systems Journal*, **11**, 1 (janeiro de 1972).

Capítulo 4

1. Eschapasse, M., *Reims Cathedral*, Caisse Nationale des Monuments Historiques, Paris, 1967.
2. Brooks, F. P., "Architectural philosophy",," in W. Buchholz (ed.), *Planning a Computer System*. Nova York: McGraw-Hill, 1962.
3. Blaauw, G.. A., "Hardware requirements for the fourth generation", in F. Gruenberger (ed.), *Fourth Generation Computers*. Englewood Cliffs, N. J.: Prentice-Hall, 1970.
4. Brooks, F. P., e K. E. Iverson, *Automatic Data Processing, System/360 Edition*. Nova York: Wiley, 1969, Capítulo 5.
5. Glegg G. L., *The Design of Design*. Cambridge: Cambridge Univ. Press, 1969, diz: "À primeira vista, a ideia de qualquer regra ou princípios sendo superimpostos em mentes criativas parece mais atrapalhar do que ajudar, mas isso é bastante falso na prática. O pensamento disciplinado foca a inspiração ao invés de cegá-la."
6. Conway, R. W., "The PL/C Compiler", *Proceedings of a Conf. on Definition and Implementation of Universal Programming Languages*. Stuttgart, 1970.
7. Para uma boa análise da necessidade de uma tecnologia de programação, veja C. H. Reynolds, "What's wrong with computer programming management?", in G. F. Weinwurm (ed.). *On the Management of Computer Programming*. Philadelphia: Auerbach, 197.1 pp. 35-42.

Capítulo 5

1. Strachey C., "*Review of Planning a Computer System*", Comp. J., 5, 2 (julho de 1962), pp. 152-153.
2. Isso se aplica apenas a programas de controle. Algumas das equipes de compiladores no esforço do OS/360 estavam construindo seu terceiro ou quarto sistema, e a excelência de seus produtos mostra isto.
3. Shell, D. L., "The Share 709 systems: a cooperative effort"; Greenwald, I. D., and M. Kane, "The Share 709 system: programming and modification"; Boehm E. M., and T. B. Steel, Jr. "The Share 709 system: machine implementation of symbolic programming"; todos em *JACM*, **6**, 2(abril de 1959), pp. 123-140.

Capítulo 6

1. Neustadt R. E., *Presidential Power*. Nova York: Wiley, 1960, Capítulo 2.
2. Backus J. W., "The syntax and semantics of the proposed international algebraic language". *Proc. Intl. Conf. Inf. Proc. UNESCO*, Paris, 1959, publicado por R. Oldenbourg, Munich, e Butterworth, London. Além deste, uma coleção de artigos sobre o assunto está contida em T. B. Steel, Jr. (ed.). *Formal Language Description Languages for Computer Programming*. Amsterdã: Holanda, 1966.
3. Lucas, P., K. Walk, "On the formal description of PL/I" *Annual Review in Automatic Programming Language*. Nova York: Wiley, 1962. Capítulo 2, p. 2.
4. Iverson K. E. *A Programming Language*. Nova York: Wiley, 1962. Capítulo 2.
5. Falkoff A. D., K. E. Iverson, E. H. Sussenguth, "A formal description of System/360", *IBM Systems Journal*. **3**, 3,(1964), pp. 198-261.
6. Bell C. G., A. Newell, *Computer Structures*. Nova York: McGraw-Hill, 1970, pp. 120– 136, 517-541.
7. Bell, C. G., Comunicação privada.

Capítulo 7

1. Parnas D. L., "Information distribution aspects of design methodology", Carnegie-Mellon Univ., Dept. of Computer Science Technical Report, fevereiro, 1971.
2. Copyright 1939, 1940 Street & Smith Publications, Copyright 1950, 1967 by Robert A. Heinlein. Publicado em acordo com a Spectrum Literary Agency.

Capítulo 8
1. Sackman, H., W. J. Erikson, e E. E. Grant, "Exploratory experimentation studies comparing online and offline programming performance", *CACM*, **11**, 1janeiro de 1968), pp. 3-11.
2. Nanus, B., e L. Farr, "Some cost contributors to large-scale programs", , *AFIPS Proc. SJCC*, **25** (primavera, 1964), pp. 239-248.
3. Weinwurm, G. F., "Research in the management of computer programming", Report SP-2059, System Development Corp. Santa Monica, 1965.
4. Morin, L. H., "Estimation of resources for computer programming projects", M. S. Thesis. Univ. of North Carolina, Chapel Hill, 1974.
5. Portman, C., Comunicação privada.
6. Um estudo não publicado de E. F. Bardain, em 1964, mostra que 27% do tempo realizado por programadores são produtivos. (Citado por D. B. Mayer e A. W. Stalnaker, "Selection and evaluation of computer personnel, " *Proc. 23rd ACM Conf.*, 1968, p. 661.)
7. Aron, J. , Comunicação privada.
8. Artigo apresentado em um painel e não incluído nos anais AFIPS.
9. Wolverton, R. W. "The cost of developing large-scale software", *IEEE Trans. on Computers*. **C-23**, 6, (junho de 1974), pp. 615-636. Este importante artigo recente contém dados em muitos dos temas deste capítulo, assim como aqueles que confirmam as conclusões sobre produtividade.
10. Corbató , F. J. "Sensitive issues in the design of multi-use systems", aula ministrada na inauguração do Centro de Tecnologia da Honeywell EDP, 1968.
11. W. M. Taliaffero também relata a produtividade constante de 2.400 declarações/ano em assembler, Fortran e Cobol. Veja "Modularity. The key to system growth potential", *Software*, **1**, 3. (julho de1971), pp. 245-257.
12. E. A. Nelson's System Development Corp. Report TM-3225, *Management Handbook for Estimation of Computer Programming Costs*, mostra um aumento de produtividade de 3 para 1 para linguagem de alto nível (pp. 66-67), mesmo que seus desvios padrão sejam amplos.

Capítulo 9
1. Brooks F. P., e K. E .Iverson, *Automatic Data Processing, System/360 Edition*. Nova York: Wiley, 1969. Capítulo 6.
2. Knuth, D. E., *The Art of Computer Programming*, Vols. 1 – 3. Reading, Mass.: Addison-Wesley, 1968. ff.

Capítulo 10
1. Conway, M. E., "How do committees invent? " *Datamation*, **14**, 4 (abril de 1968), pp. 28-31.

Capítulo 11
1. Discurso proferido na Oglethorpe University, 22 de maio de 1932.
2. Uma esclarecedora narrativa da experiência com o Multics em dois sistemas sucessivos está em F. J. Corbató, J. H. Saltzer, e C. T. Clingen, "Multics – the first seven years", *AFIPS Proc SJCC*, **40** (1972), pp. 571-583.
3. Cosgrove, J., "Needed: a new planning framework", *Datamation*, **17**, 23 (dezembro de 1971), pp. 37-39.
4. A questão da mudança de projeto é complexa e eu a simplifiquei demais aqui. Veja J. H. Saltzer "Evolutionary design of complex systems", em D. Eckman (ed.), *Systems: Research and Design*. Nova York: Wiley, 1961. Quando tudo está dito e feito, entretanto, eu ainda defendo a construção de um sistema-piloto cujo descarte é planejado.

5. Campbell, E., "Report to the AEC Computer Information Meeting", dezembro de 1970. O fenômeno é também discutido por J. L. Ogdin em "Designing reliable software", *Datamation*. 18, 7 (julho de 1972), pp. 71-78. Meus amigos experientes parecem divergir de forma equilibrada sobre a questão da curva enfim descer novamente.
6. Lehman, M., e L. Belady, "Programming systems dynamics", apresentada no ACM SIGOPS Third Symposium on Operating Systems Principles, outubro de 1971.
7. Lewis, C. S., *Mere Christianity*. Nova York: Macmillan, 1960, p. 54.

Capítulo 12

1. Veja também J. W. Pomeroy, "A guide to programming tools and techniques", *IBM Sys. J.*, **11**, 3 (1972), pp. 234-254.
2. Landy B., R. M. Needham, "Software engineering techniques used in the development of the Cambridge Multiple-Access System", *Software*, **1**, 2 (abril de 1971), pp. 167-173.
3. Corbató F. J., "PL/I as a tool for system programming", *Datamation*, **15**, 5(maio de 1969), pp. 68-76.
4. Hopkins, M., "Problems of PL/I for system programming", IBM Research Report RC 3489. Yorktown Heights, N. Y., 5 de agosto de 1971.
5. Corbató F. J., J. H. Saltzer, e C. T. Clingen, "MULTICS – the first seven years", *AFIPS Proc SJCC*, **40** (1972) pp. 571-582. "*Apenas em uma meia dúzia de áreas que foram escritas em PL/I tiveram que ser recodificadas em linguagem de máquina a fim de conseguir o máximo em desempenho. Muitos programas, originalmente em linguagem de máquina, foram recodificados em PL/I para aumentar sua capacidade de manutenção*".
6. Para citar o artigo de Corbató referenciado no número 3: "PL/I está aqui agora e as alternativas ainda não estão testadas". Mas observe uma visão bastante contrária, bem documentada, em Henricksen J. O. e R. E. Merwin, "Programming language efficiency in real-time software systems", *AFIPS Proc SJCC*, **40** (1972). pp. 155-161.
7. Nem todos concordam, Harlan Mills diz, em uma comunicação privada: "Minha experiência começa a dizer-me que, em programação produtiva, a pessoa a ser colocada no terminal é a secretária. A ideia é tornar a programação uma prática mais pública, sobre o escrutínio comum de muitos membros da equipe, ao invés de uma arte privada."
8. Harr J., "Programming Experience for the Number 1 Electronic Switching System", artigo apresentado na 1969 SJCC.

Capítulo 13

1. Vyssotsky V. A., "Common sense in designing testable software", aula ministrada no The Computer Program Test Methods Symposium, Chapel Hill, N. C. 1972. A maior parte da aula de Vyssotsky está contida em Hetzel, W. C. (ed) *Program Test Methods*. Englewood Cliffs, N. J.: Prentice-Hall, 1972. pp. 41-47.
2. Wirth, N., "Program development by stepwise refinement", *CACM* **14**, 4 (abril de 1971), pp. 221-227. Veja também Mills, H., "Top-down programming in large systems", em R. Rustin (ed.). *Debugging Techniques in Large Systems*. Englewood Cliffs, N. J.: Prentice-Hall, 1971, pp. 41-55; e Baker F. T., "System quality through structured programming", *AFIPS Proc FJCC*, **41-I** (1972), pp. 339-343.
3. Dahl O. J., E. W. Dijkstra, e C. A. R. Hoare, *Structured programming*. Londre e Nova York: Academic Press, 1972. Este volume contém a carta germinal de Dijkstra, "GOTO statement considered harmful", *CACM*, **11**, 3 (março de 1968), pp. 147-148.
4. Böhm C., e A. Jacopini, "Flow diagrams, Turing machines, and languages with only two formation rules", *CACM*, **9**, 5 (maio de 1966), pp. 366-371.
5. Codd E. F., E. S. Lowry, E. McDonough, e C. A. Scalzi, "Multiprogramming STRETCH: Feasibility considerations", *CACM*, **2**, 11 (novembro de 1959), pp. 13-17.

6. Strachey, C., "Time sharing in large fast computers", *Proc. Int. Conf. on Info. Processing*, UNESCO (jJunho de 1959), pp. 336-341. Veja também as observações de Codd na p.341, onde ele relata o progresso em um trabalho como o proposto no artigo de Strachey.
7. Corbató F. J., M. Merwin-Daggett, R. C. Daley "An experimental time-sharing system", *AFIPS Proc SJCC*, **2**, (1962), pp. 335-344. Reimpresso em S. Rosen, *Programming Systems and Languages*. Nova York: McGraw-Hill, 1967, pp. 683– 698.
8. Gold, M. M., "A methodology for evaluating time-shared computer system usage", Ph. D. dissertation. Carnegie-Mellon University, 1967, p. 100.
9. Gruenberger, F., "Program testing and validating", *Datamation.*, **14**, 7 (julho de 1968), pp. 39-47.
10. Ralston, A., *Introduction to Programming and Computer Science*. Nova York: McGraw-Hill, 1971. pp. 237-244.
11. Brooks F. P., e K. E. Iverson, *Automatic Data Processing, System/360 Edition*. Nova York: Wiley, 1969, pp. 296-299.
12. Um bom tratamento do desenvolvimento de especificações e da construção e teste do sistema é dado por F. M. Trapnell, "A systematic approach to the development of system programs", *AFIPS Proc SJCC*, **34**, (1969), pp. 41-48.
13. Um sistema de tempo real irá requerer um simulador de ambiente. Veja, por exemplo, M. G. Ginzberg, "Notes on testing real-time system programs", *IBM Sys. J.*, **4**, 1(1965), pp. 58-72.
14. Lehman, M., e L. Belady, "Programming systems dynamics", ministrado no ACM SIGOPS Third Symposium on Operating Systems Principles, outubro de 1971.

Capítulo 14
1. Veja C. H. Reynolds, "What's wrong with computer programming management?", em G. F. Weinwurm (ed.), *On the Management of Computer Programming*. Philadelphia: Auerbach, 1971, pp. 35-42.
2. King, W. R., e T. A.Wilson, "Subjective time estimates in critical path planning — a preliminary analysis", *Mgt. Sci.*, **13**, 5 (Jan., 1967), pp. 307-320, e a sequência, W.R. King, D. M. Witterrongel, K. D. Hezel, "On the analysis of critical path time estimating behavior", *Mgt. Sci.*, **14**, 1(Set., 1967), pp. 79-84.
3. Para uma discussão mais completa, veja Brooks, F. P., and K. E. Iverson, *Automatic Data Processing, System/360 Edition*. Nova York: Wiley, 1969. P. 428-230.
4. Comunicação privada.

Capítulo 15
1. Goldstine H. H., e J. von. Neumann, "Planning and coding problems for an electronic computing instrument", Part II, Vol. 1, relatório preparado para o U.S. Army Ordinance Department, 1947; reimpresso em J. von. Neumann, *Collected Works*, A. H. Taub (ed.). Vol. v., Nova York: Macmillan. pp. 80-151.
2. Comunicação privada, 1957. O argumento está publicado em Iverson, K. E., "The use of APL in Teaching", Yorktown, N.Y.: IBM Corp., 1969.
3. Outra lista de técnicas para PL/I é dada por A. B. Walter e M. Bohl, em "From better to best – tips for good programming", *Software Age*, **3**, 11 (novembro de 1969), pp. 46-50. As mesmas técnicas podem ser usadas em Algol ou mesmo Fortran. D. E. Lang da University of Colorado tem um programa para a formatação em Fortran chamado STYLE que alcança tal resultado. Veja também D. D. McCracken, e G. M. Weinberg, "How to write a readable FORTRAN program", *Datamation*, **18**, 10 (outubro de 1972), pp. 73-77.

Capítulo 16
1. O ensaio entitulado "No Silver Bullet" é do Information Processing 1986, os anais da IFIP Tenth World Computing Conference, editados por H. -J. Kugler (1986), pp. 1069-76. Reimpresso com a permissão da IFIP e da Elsevier Science B. V., Amsterdã, Holanda.

2. Parnas, D. L., "Designing software for ease of extension and contraction", *IEEE Trans on SE*, **5**, 2 (março de 1979), pp. 128-138.
3. Booch, G., "Object-oriented design", em *Software Engineering with Ada*. Menlo Park, Calif.: Benjamin/Cummings, 1983.
4. Mostow, J., ed., Special Issue on Artificial Intelligence and Software Engineering, *IEEE Trans. on SE*, **11**, 11 (novembro de 1985).
5. Parnas, D. L., "Software aspects of strategic defense systems", *Communications of the ACM*, **28**, 2 (dez., 1985), pp. 1326-1335. Também em *American Scientist*, **73**, 5 (set.-out. de 1985), pp. 432-440.
6. Balzer, R., "A 15-year perspective on automatic programming", em Mostow, *op. cit.*
7. Mostow, *op. cit.*
8. Parnas, 1985, *op. cit.*
9. Raeder, G., "A survey of current graphical programming techniques", em R. B. Grafton e T. Ichikawa, eds., Special Issue on Visual Programming, *Computer*, **18**, 8 (agosto de 1985), pp. 11-25.
10. O tópico é tratado no Capítulo 15 deste livro.
11. Mills, H., "Top-down programming in large systems", *Debugging Techniques in Large Systems*, R. Rustin, ed., Englewood Cliffs, N. J.: Prentice-Hall, 1971.
12. Boehm, B. W., "A spiral model of software development and enhancement", *Computer*, **20**, 5 (maio de 1985), pp. 43-57.

Capítulo 17

O material citado sem referência provém de comunicações pessoais.

1. Brooks, F. P., "No silver bullet – essence and accidents of software engineering", em *Information Processing 86*, H. J. Kugler ed., Amsterdã: Elsevier Science, (North Holland), 1986, pp. 1069-1076.
2. Brooks, F. P., "No silver bullet – essence and accidents of software engineering", *Computer*, **20**, 4 (abril de 1987), pp. 10-19.
3. Muitas das cartas e uma resposta apareceram na edição de julho de 1987 da *Computer*. É um prazer especial observar que, mesmo que o "NSB" não tenha recebido nenhum prêmio, a análise do mesmo por Bruce M. Skwiersky foi escolhida como a melhor análise publicada em *Computing Reviews*, em 1988. E. A. Weiss, "Editorial", *Computing Reviews* (junho de 1989), pp. 283-284, anunciam o prêmio e reimprimem a análise de Skwiersky. A análise tem um erro significativo: "seis vezes" deveria ser "10^6".
4. "De acordo com Aristóteles, e com a Filosofia Escolástica, um acidente é uma qualidade que não pertence a uma coisa por direito de sua natureza essencial ou substancial, mas acontece nela como um efeito de outras causas." *Webster's New International Dictionary of the English Language*, 2d ed., Springfield, Mass.: G. C. Merriam, 1960.
5. Sayers, Dorothy. L., *The Mind of the Maker*. Nova York: Harcourt, Brace, 1941.
6. Glass, R. L., e S. A. Conger, "Research software tasks: Intellectual or clerical?" *Information and Management*, **23**, 4 (1992). Os autores relatam uma medida de especificação de requerimentos de software como sendo 80% intelectual e 20% de escrita. Fjelstadt e Hamlen, 1979, obtiveram essencialmente os mesmos resultados para a manutenção de software aplicativo. Desconheço qualquer tentativa de se medir essa fração para a tarefa fim a fim.
7. Herzberg, F., B. Mausner, e B. B. Sayderman. *The Motivation to Work*, 2nd ed. Londres: Wiley, 1959.
8. Cox, B. J., "There is a silver bullet", *Byte* (outubro de 1990), pp. 209-218.
9. Harel, D., "Biting the silver bullet: Toward a brighter future for system development", *Computer* (Janeiro de 1992), pp. 8-20.
10. Parnas, D. L., "Software aspects of strategic defense systems", *Communications of the ACM*, **28**, 12 (dezembro de 1985), pp. 1326-1335.

11. Turski, W. M., "And no philosophers' stone, either", in *Information Processing 86*, H. J. Kugler ed., Amsterdã: Elsevier Science, North Holland, 1986, pp. 1077-1080.
12. Glass, R. L., and S. A. Conger, "Research software tasks: Intellectual or clerical?" *Information and Management*, **23**, 4 (1992), pp. 183-192.
13. *Review of Electronic Digital Computers, Proceedings of a Joint AIEE-IRE Computer Conference* (Philadelphia, 10-12 de dezembro de 1951). Nova York: American Institute of Electrical Engineers. pp. 13-20.
14. *Ibid.*, pp. 36, 68, 71, 97.
15. *Proceedings of the Eastern Joint Computer Conference* (Washington, 8-10 de dezembro de 1953). Nova York: Institute of Electrical Engineers. pp. 45-47.
16. *Proceedings of the 1955 Western Joint Computer Conference* (Los Angeles, 1-3 de março de 1955). Nova York: Institute of Electrical Engineers.
17. Everett, R. R., C. A. Zraket, e H. D. Bennington, "SAGE – A data processing system for air defense", *Proceedings of the Eastern Joint Computer Conference* (Washington, 11-13 de dezembro de 1957). Nova York: Institute of Electrical Engineers.
18. Harel D., Lachover H., Naamad A., Pnueli A., Politi M., Sherman R., Shtul-Trauring A. "Statemate: A working environment for the development of complex reactive systems", *IEEE Trans. on SE*, **16**, 4 (1990), pp. 403-444.
19. Jones, C., *Assessment and Control of Software Risks*. Englewood Cliffs, N. J.: Prentice-Hall, 1994. p. 619.
20. Coqui, H., "Corporate survival: The software dimension", *Focus '89*, Cannes, 1989.
21. Coggins, J. M., "Designing C++ libraries", *C++ Journal*, **1**, 1 (junho de 1990), pp. 25-32.
22. O tempo verbal é o futuro; não conheço um resultado já relatado para um quinto uso.
23. Jones, op. cit., p. 604.
24. Huang, Weigiao, "Industrializing software production", *Anais da ACM 1988 Computer Science Conference*, 1988, Atlanta. Temo a falta de crescimento de trabalho pessoal em tal arranjo.
25. A edição completa, de setembro de 1994, da *IEEE Software* é sobre reuso.
26. Jones, op. cit., p. 323.
27. Jones, op. cit., p. 329.
28. Yourdon, E., *Decline and Fall of the American Programmer*. Englewood Cliffs, N. J.: Yourdon Press, 1992. p. 22.
29. Glass, R. L., "Glass" (coluna), *System Development,* (janeiro de 1988), pp. 4-5.

Capítulo 18

1. Boehm, B. W., *Software Engineering Economics*. Englewood Cliffs, N. J.: Prentice-Hall, 1981. p. 81-84.
2. McCarthy, J., "21 Rules for Delivering Great Software on Time", Software World USA Conference, Washington (setembro de 1994).

Capítulo 19

O material citado sem referência provém de comunicações pessoais.

1. Sobre este penoso assunto, veja também Niklaus Wirth "A plea for lean software", *Computer*, **28**, 2 (fevereiro 1995), pp. 64-68.
2. Coleman, D., 1994, "Word 6.0 packs in features; update slowed by baggage", *MacWeek*, **8**, 38 (26 de setembro de 1994) , p. 1.
3. Muitas pesquisas sobre a frequência de comandos em linguagem de máquina e linguagem de programação, *depois* da entrega de um sistema, foram publicadas. Como exemplo, veja J. Hennessy and D. Patterson, *Computer Architecture*. Esses dados sobre a frequência são muito úteis na construção de produtos sucessores, mesmo que nunca possam ser exatamente aplicados. Não sei de nenhuma publicação sobre o preparo de

estimativas de frequências *antes* do projeto de um produto, muito menos comparações de estimativas *a priori* e dados *a posteriori*. Ken Brooks sugere que sistemas de boletins na Internet fornecem agora um método barato para solicitar dados de usuários candidatos a usar um novo produto, mesmo que apenas alguns poucos respondam.

4. Conklin, J., e M. Begeman, "gIBIS: A hypertext Tool for Exploratory Policy Descussion", *ACM Transactions on Office Information Systems*, outubro de 1988. p. 303-331.
5. Englebart, D., e W. English, "A research center for augmenting human intellect", *Anais da AFIPS Conference, Fall Joint Computer Conference*. São Francisco (9-11 de dezembro de 1968). p. 395-410.
6. Apple Computer, Inc., *Macintosh Human Interface Guidelines*, Reading, Mass.: Addison-Wesley, 1992.
7. Parece que o barramento do desktop Apple poderia lidar com dois mouses eletronicamente, mas o sistema operacional não fornecia essa função.
8. Royce, W. W., 1970. "Managing the development of large software systems: Concepts and techniques", *Anais, WESCON* (agosto de 1970), reimpresso nos *Anais do ICSE 9*. Nem Royce nem outros acreditavam que se poderia passar por todo o processo de software sem revisar os documentos logo no início; o modelo foi levado adiante como um ideal e uma ajuda conceitual. Veja D. L. Parnas, e P. C. Clements, "A rational design process: How and why to fake it", *IEEE Transactions on Software Engineering*, **SE-12**, (fevereiro de 1986), p. 251-257.
9. Um grande retrabalho no DOD-STD-2167 resultou no DOD-STD-2167A (1988), que permite mas não obriga o uso de modelos mais recentes, como o modelo espiral. Infelizmente, os MILSPECS que o 2167A referencia e os exemplos ilustrativos que utiliza ainda são orientados ao modelo *waterfall*, de forma que muitas aquisições ainda o utilizam, segundo Boehm. Um comitê científico de defesa para uma força-tarefa, coordenado por Larry Druffel e George Heilmeyer em seu "Report of the DSB task force on acquiring defense software commercially", de 1994, defendeu o uso integral de modelos mais modernos.
10. Mills, H., "Top-down programming in large systems", em *Debugging Techniques in LargeSystems*, R.Rustin ed., Englewood Cliffs, N. J.: Prentice-Hall, 1971.
11. Parnas, D. L., "On the design and development of program families", *IEEE Trans. on Software Engineering*, **SE-2**, 1 (março de 1976), p. 1-9; Parnas, D. L., "Designing software for ease of extension and construction", *IEEE Trans. on Software Engineering*, **SE-5**, 2 (março de 1979), pp. 128-138.
12. D. Harel, "Biting the silver bullet", *Computer*, (Jan., 1992), pp. 8-20.
13. Os papéis seminais de Parnas sobre esconder a informação são: Parnas, D. L., "Information distribution aspects of design methodology", Carnegie-Mellon, Dept. of Computer Science Technical Report. (fevereiro de 1971); Parnas D. L., "A technique for software module specification with examples", *Comm. ACM*, **5**, 5 (maio de 1972), pp. 330-336; Parnas, D. L. (1972). "On the criteria to be used in decomposing systems into modules", *Comm. ACM*, **5**, 12 (dezembro de 1972), pp. 1053-1058.
14. As ideias de objetos foram inicialmente rascunhadas por Hoare e Dijkstra, mas o primeiro e mais influente desenvolvimento deles foi a linguagem Simula-67 de Dahl e Nygaard.
15. Boehm, B. W., *Software Engineering Economics,* Englewood Cliffs, N. J.: Prentice-Hall, 1981, pp. 83-94; 470-472.
16. Abdel-Hamid, T., e S. Madnick, *Software Project Dynamics: An Integrated Approach,* ch.19, "Model enhancement and Brooks's law". Englewood Cliffs, N. J.: Prentice-Hall, 1991.
17. Stutzke, R. D., "A mathematical expression of Brooks's Law", em *Ninth International Forum on COCOMO and Cost Modeling*. Los Angeles, 1994.
18. DeMarco, T., e T. Lister, *Peopleware: Productive Projects and Teams*. Nova York: Dorset House, 1987.
19. Pius XI, Encyclical *Quadragesimo Anno*, [Ihm, Claudia Carlen. (ed.). *The Papal Encyclicals 1903-1939*. Raleigh, N. C.: McGrath. p. 428.]
20. Schumacher, E. F., *Small Is Beautiful: Economics as if People Mattered*. Perennian Library Edition. Nova York: Harper and Row, 1973. p. 244.

21. Schumacher, op. cit., p. 34.
22. Um pôster de parede, intelectualmente provocante, proclama: "A liberdade de imprensa pertence àquele que possui uma."
23. Bush, V., "That we may think", *Atlantic Monthly*, 176, 1 (abril de 1945), pp. 101-108.
24. Ken Thompson, do Bell Labs, inventor do Unix, percebeu desde cedo a importância de telas grandes para a programação. Ele inventou uma forma de obter 120 linhas de código, em duas colunas, em sua primitiva tela de armazenamento de elétrons Tektronix. Ele prendeu-se a seu terminal ao longo de uma geração inteira de telas de janelas pequenas e rápidas.

Índice

Observação: Números de página em **negrito** indicam uma discussão substancial sobre o tópico indicado.

A
Abdel-Hamid, T., 288
abrangência, 180
acidente, **173, 176,** 201, 206, 262-263, 270, 271, 286
Ada, **182**
adivinhação de frequência, 249, 251
administrador, 31
Adobe Photoshop, 271
advogado, linguagem, 32
Aiken, H. H., 279
alegria, criativa (prazer criativo) 6-7, 116, 270
alegrias da arte, 6-7
Algol, 33, 42, 62, 282, 285
algoritmo, 98, 231
alocação de espaço, 104, 107
alocação dinâmica de memória, 55
ambiente de computação, 123
ambiente virtual, 271
ambiente, 6, 159, 189
aninhamento, como auxiliar na documentação, 166
ANSI, 161, 240
APL, 62, 94, 130, 168, 285

Apple Computer, Inc., 255, 288
Apple Desk Top Bus, 288
Apple Lisa, 252
Apple Macintosh, 247, 250, 256, 273
AppleScript, 277
aproximação (zoom), 159, 240
aristocracia, 42, 44
Aristóteles, 201, 286
Aron, J., 86, 89, 229, 283
arquiteto, 35, 39, 52, 60, 64, 77, 96, 225, 228, 230, 247, 249
arquitetura, 42, 137, 225, 226, 236, 257
arquivo, cronológica, 31
arquivo, fictício, 142
arquivo, miniatura, 142
assembler, 126
atalhos, 255
aumento de salário, 116
AutoCad, 274
AutoLisp, 274
autoridade, 78, 223, 228
auxiliar de depuração, 122
avanço, escada dupla de (carreira), 115, 234
avanços, 180

B

Bach, J. S., 44
Backus, J. W., 62, 282
Baker, F. T., 34, 281
bala de bronze, 210
bala de prata, 173, 199, 204, 206, 216, 286
Balzer, R., 286
Bardain, E. F., 283
barreira sociológica, 115
base de dados FoxPro, 276
base de dados, 191, 214, 232, 273
Begeman, M., 288
Belady, L., 118, 144, 234, 238, 285
Bell Northern Research, 261
Bell Telephone Laboratories, 87, 115, 127, 130, 136, 152, 229, 281
Bell, C. G., 62, 282
Bengough, W., 102
Bennington, H. D., 287
Bíblia, 247
biblioteca, 181, 213, 231, 236, 287
biblioteca, classe, 216
biblioteca, macro, 32
biblioteca, programa, 126
Blaauw, G. A., 43, 46, 60, 61, 282
Blum, B., 202
Boehm, B. W., 209, 229, 264, 273, 286, 287, 288
Boehm, E. M., 282
Bohl, M., 285
Böhm, C., 138, 284
Booch, G., 286
Boudot-Lamotte, E., 38
Breughel, P., o Velho, 71
bronze, bala, 210
Brooks, F. P. Jr., 99, 216, 220, 229, 283
Brooks, K. P., 208, 215, 288
Buchholz, W., 282
bug (problema, defeito), 136, 137, 188, 201, 223, 227, 234-236, 262, 263
bug, documentado 141-142
buraco de minhoca (wormhole), 276
Burke, E., 245
Burks, A. W., 187
Bush, V., 271, 279, 289
Butler, S., 221

C

C++, 211, 275, 287
Cambridge Multiple-Access System, 284
Cambridge University, 127
Campbell, E., 116, 234, 284
canais (pipes), 181
canal, 43
Canova, A., 146
Capp, A., 78
Carnegie-Mellon University, 76
caso de teste, 32, 141, 160, 185, 239, 261
catedral, 39
checagem de tipo, 211
ClarisWorks, 210
classe, 183, 213, 216, 263
Clements, P. C., 288
Clingen, C. T., 284
COBOL, 192, 196, 209
Codd, E. F., 140, 284
codificação, 229
Coding War Games (Jogos de Guerra de Codificação), 266
Coggins, J. M., 211, 212, 287
Coleman, D., 287
comando, 253, 276, 287
comentário, 166, 240-241
compartilhamento de tempo, 180-181, 270, 272, 285
compatibilidade, 61-62
compilador, 126
complexidade, 176, 203, 216-217, 225, 277
complexidade, arbitrária, 178, 203
complexidade, conceitual, 202
componente fictício, 142
componente reutilizável, 202
componente, 214, 222, 231, 274, 275-276
componente, fictício, 142
comprar versus construir, 190
comunicação, 16, 17, 33, 59, 71, 76, 77, 84, 96, 107, 177, 224, 225, 226, 227, 228, 232
conferência, 54
confiabilidade, 180
confiabilidade,do veículo de depuração 125
conflito de papéis, redução, 151
conformidade, 178
Conger, S. A., 206, 286
Conklin, J., 251, 288
conselheiro de testes, 186
construção do sistema, 141, 237, 285
construção incremental, 261
construindo,um programa, 193
construto conceitual, 176, 180, 181

contabilidade, 126
controle de status, 104
convergência de depuração, 8
Conway, M. E., 107, 283
Conway, R. W., 45, 282
Cooley, J. W., 98
copiloto, 30
Coqui, H., 209, 287
coragem,gerencal, 20, 115, 147, 212, 234, 264
Corbató, F. J., 89, 140, 229, 281, 284
correio eletrônico, 226, 227
corte, para disputas de projeto, 64
Cosgrove, J., 113, 114, 233, 283
Cox, B. J., 202, 204, 286
Crabbe, G., 157
crescimento do software, 174, 193, 204, 259
criação, estágios componentes, 43, 137
criatividade, 268, 270
Crockwell, D., 82
cronograma, 77, 104, 107, 148, 231, 235, 238, 256, 263-264
cronograma de caminho crítico, 86, 150, 152, 238
cronograma, otimizado para o custo, 264
Crowley, W. R., 126
cursor, 253
custo de suporte, 209
custo, 6 16, 116, 176, 215,225, 234, 264
custo, desenvolvimento, 191
custo, inicial (custos no começo), 212
customização (personalização), 213

D

dados de frequência, 287
Dahl, O. J., 284, 288
Daley, R. C., 285
data, agendada, 152
data, estimada, 152
DEC PDP-8, 62
DEC VMS sistema operacional, 274
Declaração CASE, 138
DECLARE, 168
Defense Science Board, 288
definição formal, 61, 226
degraus, 32, 142, 237
DeMarco, T., 209, 214, 215, 266, 273, 288
democracia, 42
Departamento de Defesa, 257
depuração de componente, 138

depuração do sistema, 126, 141
depuração interativa, 32, 140
depuração, componente, 138
depuração, interativa, 32, 130, 140, 236
depuração, linguagem de alto nível, 129
depuração, na máquina, 139
depuração, natureza sequencial da, 17
depuração, sistema, 141
desastre do cronograma regenerativo, 21
descrição de linguagem, formal, 175
desempenho (performance), 176, 250
desenvolvimento incremental, 193, 258-259
desenvolvimento, incremental, 193
Deus, 40, 178, 224, 279
diagrama de fluxo (ou sequência), 161, 179, 187, 239
diagrama, 207-208
diário de bordo, 73
diário de bordo, sistema, 141
diário de bordo, status, 31
diário eletrônico, 76, 227
diferença de interesse, 34
diferenças de julgamento, 34
Digitek Corporation, 98
Dijkstra, E. W., 138, 284, 288
Dinâmicas em um Projeto de Software, 265
diretor técnico, papel do, 77, 228, 248
disciplina, 44, 52, 53, 225
divisão de trabalho, 77, 228
DO...WHILE, 138
documentação, **104**
documentação, 6, 30, 31, 117, 158, 215, 227, 239
documento formal, 107
documento, 103, 231
DOD-STD-2167, 258, 288
DOD-STD-2167A, 288
d'Orbais, J., 39
Druffel, L., 288
dump (cópia), memória, 127, 139
Durfee, B., 279

E

Eastman Kodak Company, 275
Eckman, D., 283
Economia da Engenharia de Software, 264
editor de linkagem (linkeditor), 54, 272
editor, descrição do trabalho para, 31
editor, texto, 30, 32, 66, 122, 127, 128, 140
efeito colateral, 63, 117-118, 234

efeito do segundo sistema, 49, 226, 249, 251
Einstein, A., 205
empresas emergentes, 268, 274
encapsulamento, 76, 211, 228, 262
enfoque de construir todas as noites, 261
Engelbart, D. C., 76, 252, 288
engenharia química, 112, 277
English, W., 288
entropia, 118, 235
equipe cirúrgica, 25, 226, 224
equipe, afiada, pequena, 28
Erikson, W. J., 27, 28, 84, 282, 283
Ershov, A. P., 281
escada dupla de carreira, 115, 234
escalar acima, 34, 112, 232, 277
Eschapasse, M., 282
escondendo informação, 76, 262, 288
escriturário do programação, 31
escriturário, programação, 31
espaço, 231
espaço de escritório, 234
espaço transiente, 97, 230
espaço, memória, 230
especialização de função, 33-34, 77, 228
especificação direta, 42
especificação, 188, 193, 236-237, 248, 257, 285
especificação, arquitetural, 41, 136, 236
especificação, desempenho, 30
especificação, funcional, 30, 46, 47, 60, 73, 104, 106
especificação, interface, 73
especificação, interna, 73
especificação, testando a, 136
espiral, estimativa de preços, 105
essência, 173, 175, 189, 206, 213, 263, 275, 286
estação de trabalho, 189
estação pessoal de trabalho Alto, 252
estilo criativo, 45
estimativa, 14, 20, 84, 105, 149, 223, 229, 231, 238, 285
estratégia de construção dentro do orçamento, 259
estrutura conceitual, 174
estrutura de passos, 160
estrutura hierárquica, 183, 204, 211
Everett, R. R., 287
Excel, 275
excelente projetista, 174, 195, 274
extensão, 212, 259, 285

F
facilidade de uso, 41, 94, 247, 250, 252, 254
Fagg, P., 22
Falkoff, A. D., 282
família, produto de software, 259
Farr, L., 85, 282
Feigenbaum, E. A., 185
ferramenta, 119, 189, 235, 250, 270
ferramenta poderosa para a mente, 210
ferramenteiro, 32, 122
ferramentite, 249
Ferrell, J., 277
filtros, 181
fio púrpura, técnica, 143
Fjelstadt, 286
forma Backus-Naur, 62
formalidade, de propostas escritas, 64
formato de entrada e saída, 159
Fortran H, 96
Fortran, 43, 98, 196, 285
fotografia instantânea (estado do sistema em determinado momento, snapshot), 139-140
Franklin, B. (Poor Richard), 83
Franklin, J. W., 128
Função Subsidiária, Princípio da, 267
fusão, 267

G
Galloping Gertie, Tacoma Narrows Bridge, 2656
Gantt, diagrama, 256
General Electric Company, 207
gerador, 186, 273
gIBIS, 251, 288
Ginzberg, M. G., 285
Glass, R. L., 206, 216, 287
Glegg, G. L., 282
GO TO, 164
Gödel, 205
Goethe, J. W. von, 157
Gold, M. M., 140, 237, 285
Goldstine, H. H., 187, 285
GOTO, 284
grafo, 179, 208
Grafton, R. B., 285
Grant, E. E., 27, 28, 84, 281, 283
Greenwald, I. D., 282
Gruenberger, F., 141, 282, 285

Gruenberger, F., 282, 285
Guilherme III da Inglaterra, Príncipe de Orange, 199

H
Hamilton, F., 279
Hamlen, 286
hardware, computador, 175
Hardy, H., 92
Harel, D. L., 204, 206, 261, 287, 288
Harr, J., 86, 89, 130, 229
Heilmeyer, G., 288
Heinlein, R. A., 79, 282
Hennessy, J., 287
Henricksen, J. O., 284
Henry, P., 245
herança, 211, 213, 263
Herzberg, F., 202, 286
Hetzel, W. C., 284
Hezel, K. D., 285
hipertexto, 271, 279, 287
Hoare, C. A. R., 284, 288
Homem-mês, 16, 223, 264
Homero, 247
Hopkins, M., 284
Huang, W., 213, 287
Hypercard, 274

I
IBM 1401, 43, 63, 124
IBM 650, 41, 98
IBM 701, 125
IBM 704, 53
IBM 709, 53, 55, 175
IBM 7090, 53, 62
IBM Corporation, 86, 115, 279
IBM MVS/370, sistema operacional, 266, 273
IBM OS-2, sistema operacional, 273
IBM PC, computador, 252, 256, 273
IBM SAGE ANFSQ/7, sistema de processamento de dados, 207, 287
IBM System/360 Modelo 165, 94
IBM System/360 Modelo 30, 43, 44
IBM System/360 Modelo 65, 96
IBM System/360 Modelo 75, 44
IBM System/360 Princípios de Operação, 61
IBM System/360, família de computadores 42-43, 60-61, 62
IBM VM/360, sistema operacional, 273

IBSYS sistema operacional para o 7090, 54
Ichikawa, T., 286
ícone, 252
idéias, como um estágio da criação, 15
identação, 168
IF...THEN...ELSE, 138
Ihm, C. C., 288
implementação, 15 43, 62, 137, 201, 225, 226, 230, 248
implementações múltiplas, 65-66
implementador, 45, 52, 60, 63-64
incorporação, direta, 63-64, 114, 233, 255-256
indicador (label), 168
indústria de software, 272
inicialização, 168
instrumentação, 123
integridade conceitual, 33, 34, 40, 60, 78, 136, 178, 224, 225, 247, 249, 252, 255
inteligência artificial, 183-184, 285
interação, como parte da criação, 15, 201
interação, primeira da sessão, 140
interface, 6, 30, 60, 63-64, 77, 114, 116, 117-118, 235, 247, 249, 255, 262, 272, 276, 287
interface, metaprogramação, 276
interface, módulo, 259
interface, WIMP, 226, 252, 254
Interlisp, 181
International Computers Limited, 86, 127, 281
Internet, 287
interpretador, para economia de espaço, 98
invisibilidade, 179, 208, 233
iteração, 192
Iverson, K. E., 62, 99, 279, 282, 283, 285

J
Jacopini, A., 138, 284
janela, 252
Jobs, S, 252
jogar fora, descartar, 112-113, 233
Jones, C., 209, 213, 214, 215

K
Kane, M., 282
King, W. R., 285
Knight, C. R., 3
Knuth, D. E., 99, 283
Kugler, H. J., 286

L

Lachover, H., 287
Lake, C., 279
Landy, B., 284
Lang, D. E., 285
Lehman, M., 118, 144, 234, 238, 284, 285
Lei de Brooks, 24, 265
Lewis, C. S., 118, 284
linguagem, alto nível, 114, 129, 137, 140, 180, 187, 216, 229, 233, 236, 239, 240
linguagem, máquina, 174, 216
linguagem, programação, 66, 174, 180, 216
linguagem, quarta geração, 273
linguagem, scripting, 277
Lister, T., 266, 288
Little, A. D., 277
lobisomem, 172, 174, 200
Locken, O. S., 74
Lowry, E. S., 284
Lucas, P., 282
Lukasik, S., 203

M

Macintosh WIMP, interface, 226, 252, 255
Madnick, S., 265, 288
mágica, 7, 136, 216
Mágico de Oz, técnica, 261
malícia, 150, 238
manual, 60-61, 231, 250, 255
manual, System/360, 60-61
manutenção, 114, 234
máquina alvo, 123, 235
máquina veículo, 125
matriz de gerenciamento, 213
Mausner, B., 202, 286
Mayer, D. B., 283
McCarthy, J., 238, 261, 268, 287
McCracken, D. D., 285
McDonough, E., 284
medida, 213
meio de criação, maleável, 7, 15, 113
memória virtual, 230
mentor, 196, 265
menu, 252
mercado, massa, 174, 190, 209, 214, 250
Merwin, R. E., 284
Merwin-Dagget, M., 285
metáfora da mesa de trabalho, 187, 252, 254

metáfora do assento do avião, 187
metáfora, 252
metaprogramação, 275
microficha, 75, 227
Microsoft Corporation, 238, 260
Microsoft Windows, 252
Microsoft Word 6.0, 250, 287
Microsoft Works, 210
Mills, H. D., 30, 31, 194, 258, 262, 281, 284, 286, 288
MILSPEC, documentação, 240
MiniCad, programa para projetos, 275
minidecisão, 61, 107, 226, 232
MIT, 89, 116, 140, 277, 281
modelo, 247, 248, 264-265, 288
modelo de construção incremental, 204, 258, 260-261
modelo waterfall, 256, 288
modelo, espiral, 286, 288
modificações,sumário 75-76
Modula, 183, 195
modularidade, 114, 182, 211
módulo, 97, 118, 137, 233, 234, 237, 260, 262, 263, 275
módulos, número de, 118
Mooers, C. N., 42
Morin, L. H., 283
Morin, L. H., 84
Mostow, J., 286
mouse, 288
movendo projetos, 267
Mozart, W. A. 195
MS-DOS, 195, 247, 273
mudança, **113**
mudança, controle de, 143
mudança, organização, **114**
mudança, projeto, 160, 233, 283
mudança,de projeto, 233
Multics, 89, 130, 140, 229, 283, 284
mutabilidade, 113, 178, 233
MVS/370, 195

N

Naamad, A., 287
Nanus, B., 85, 283
natureza de rede da comunicação, 77
Naur, P., 62
Needham, R. M., 284

negociação, tamanho, funcionalidade, 97
negociação, tamanho, velocidade, 95, 97
Nelson, E. A., 283
Neustadt, R. E., 282
Newell, A., 62, 282
Noé, 93
nome mnemônico, 166
Nygaard, 288

O

objetivo, 8, 73, 104, 106, 113, 231
objetivo, custo e desempenho, 47
objetivo, espaço e tempo, 47
objeto, 274-275
obsolescência, 9, 24, 118
Ogdin, J. L., 281-284
opção, 97, 159, 230
operação com duas mãos, 253-254
operação em tempo de compilação, 64
Operating System/360, 41, 43, 45, 54, 74, 89, 124, 226, 227, 229, 234, 262
Orbais, J. d', 39
orçamento, 6, 104, 106, 231
orçamento, acesso, 95, 230
orçamento, tamanho, 96, 230
ordem de grandeza, melhoria, 200, 205, 206-207, 271, 279
organização do tipo matricial, 77
organização em árvore, 77
organização, 72, 76, 114, 227-228, 233
organograma, 104, 107, 231
OS/360 Concepts and Facilities, 128
OS/360 Queued Telecommunications Access Method, 275
otimismo, 14, 204, 223
Ovid, 53

P

pacote de prateleira (pacote de software), 191
Padegs, A., 61
padrão de uso de memória, 123, 231
padrão, 73, 161, 240, 273
padrão, de facto, 255-256
Parnas, D. L., 76, 183, 186, 204, 212, 215, 216-217, 259, **262**, 277-278, 282, 286, 288
Parnas, famílias, 259
particionamento (divisão), 16, 223
Pascal, B., 118

Pascal, linguagem de programação, 196, 275
Patterson, D., 287
PDP-10, Sistema de compartilhamento de tempo, 42
pedra filosofal, 286
Peopleware: Productive Projects and Teams, 266
perfeição, requisito para, 8
personalização, possibilidade de, 210
PERT, gráfico, 86, 150, 152, 238
pessimismo, 204
pessoas, 27, 195, 266, 274
Piestrasanta, A. M., 154
Pio XI, 267, 288
Pisano, A., 120
PL/C, linguagem, 45, 282
PL/I, 30, 45, 62, 64, 89, 129, 166, 196, 236, 284
planejamento, 19
planilha, 191, 270, 271
Planos e Controles da organização, 154, 239
planta piloto, 112, 232
playground, 127, 143, 235, 238
Pnueli, A., 287
poder, delegação, 267
Politi, M., 287
Pomeroy, J. W., 284
ponto de checagem (milestone), 21, 24, 148, 152, 238, 239, 261
Poor Richard (Benjamin Franklin), 83
Pope, Alexander, 199
Portman, C., 86, 229, 281, 283
prata, bala, 173, 199, 204, 206, 216, 286
prática, boa engenharia de software, 186, 195
preço, 105
previsão, 105, 231
problema dos dois cursores, 253
procedimentos, catalogados, 32
PROCEDURE, 166
produtividade, equação, 190
produtividade, programação, 28, 84, 90, 129, 175, 180, 200, 205, 208-209, 229, 236, 263, 266, 274
produto de sistemas, programação, 4, 278
produto, programação, 5, 278
produtor, papel do, 77, 228, 248
programa auto documentado, 114, 165, 240
programa de controle, 87, 89
programa supervisor, 140
programa utilitário, 32, 122, 128
programa, 4
programa, auto-documentação, 165

programa, auxiliar, 143
programa, biblioteca, 126
programa, estrutura gráfica, 164, 179
programa, manutenção, 116
programa, nome, 168
programa, produtos, 263-264
programação automática, 286
programação de cima para baixo (top-down), 286
programação estruturada, 30, 138, 209, 233, 236-237
programação gráfica, 187, 286
programação interativa, 130, 236, 237
programação orientada a objetos, 182-183, 210, 263-264
programação visual, 285
programação, ambiente, 181
programação, automática, 186
programação, gráfica, 187
programação, linguagem, 212
programação, produto, 5, 112, 232
programação, sistema, 6
programação, visual, 187
programador, retreinamento, 211, 212
programador, chefe, 30, 224
progressão formal de versão, 127
Project Mercury, sistema de tempo real, 54
projetar para a mudança, 263
projetista, excelente, 174, 195, 286
projeto atrasado, 13, 86, 208, 227, 237-238, 265
projeto orientado a objetos, 285
projeto, diário de bordo, 227
promoção, na carreira, 116
propósito de um programa, 159, 240
propósito de uma variável, 168
prototipagem rápida, 174, 192, 261
Publilius, 83

Q

Quadragesimo Anno, Encíclica, 268
qualidade, 209
quantificação de demanda por mudança, 113
quantificação de mudança, 60, 114, 237

R

Raeder, G., 286
Ralston, A., 285
rastreamento, programa, 140
realismo, 204, 216

realização, passo da criação, 47, 137, 248, 257
rede ARPA, 76
refinamento de requerimentos, 192
refinamento progressivo, 137, 258, 284
refinamento, requisitos, 192
Reims, Catedral, 39
relação superior-subordinado, 33
relatório de status, 151
reparticionamento (redivisão), 22-23, 224, 265
representação da informação, 98, 231
representação visual, 208
reprogramação (do cronograma), 22
responsabilidade versus autoridade, 8, 223
Restaurante Antoine, 13
reunião de revisão de status, 151
reunião, agindo sobre problemas, 151
reunião, revisão de status, 73, 151
reutilização (reuso), 213, 215, 260, 263, 275
revolução do microcomputador, 206, 269
Reynolds, C. H., 282, 285
ROM, memória apenas de leitura, 226
Roosevelt, F. D., 111, 283
Rosen, S., 285
rotatividade, pessoas, 178
Royce, W. W., 256, 288
Rustin, R., 285, 286, 288
Ruth, G. H. (Babe), 82

S

Sackman, H., 27, 84, 281, 283
Salieri, A., 195
Saltzer, J. H., 283, 284
Sayderman, B. B., 202, 286
Sayers, D. L., 15, 201, 286
Scalzi, C. A., 284
scheduler, 55
Schumacher, E. F., 267, 269, 289
secretário, 31
segurança, 177
Selin, I., 210
semântica, 42, 62, 64, 216, 253
serviço de dados, 125
seta de fluxo, 168
Shakespeare, W., 135, 247
Shannon, E. C., 204
Share 709 Operating System (SOS), 282
Share Operating System para o IBM 709, 55
Shell, D. L., 282

Sherman, M., 182
Sherman, R., 287
Shtul-Trauring, A., 287
símbolo de status, 79
simplicidade, 42, 175, 179
Simula-67, 183, 288
simulador de desempenho, 128
simulador, 226, 235
simulador, ambiente, 125
simulador, desempenho, 95
simulador, lógica, 63, 125
sincronismo em arquivo, 165
sintaxe, 42, 62, 64, 216, 254
sintaxe, abstrata, 62
sistema aberto, 273
sistema de documentação, 128, 236
sistema de edição de textos, 128, 236
sistema de gestão de informação, 103, 107, 210, 231, 232, 275
Sistema de Posicionamento Global (Global Positioning System), 249
sistema de reconhecimento de voz Dragon, 256
sistema de tempo real, 285
sistema especialista, 184
Sistema Operacional de Discos (Disk Operating System), IBM 1410-7010, 54, 55, 95
sistema operacional, 122, 230, 234, 273
sistema piloto, 283
sistema policiado, 63
sistema, grande, 29
sistema, programação, 6 278
sistema,cliente-servidor, 272
Sistemas de Chaveamento Eletrônico, 87
sistemas de programação, produto, 4, 222
sistemas de programação, projeto, 229
Skwiersky, B. M., 286
Smalltalk, 196, 211
Smith, S., 93
Snyder, Van, 213
Sødahl, L., 203
Sófocles, 146, 149
software de prateleira, 210, 214, 249, 269, 272, 274
Software Engineering Institute, 195
Stalnaker, A. W., 283
Stanford Research Institute, 76, 252
Statemate design tool, 287
Steel, T. B., Jr., 282
Strachey, C., 54, 140, 282, 285

Strategic Defense Initiative, 249
Stretch, Sistema Operacional, 54
Stutzke, R. D., 265, 288
sub-biblioteca de integração de sistema, 127
submissão remota de trabalhos, 56
subrotina, 176
superposição (overlay), 52, 95, 123
Sussenguth, E. H., 282
Swift, J., 111
System Development Corporation, 85, 283
System/360, família de computadores, 282, 285
System/360, Sistema de compartilhamento de tempo 130, 140

T

Tacoma Narrows, ponte, 110, 256
Taliaffero, W. M., 283
tamanho de um programa, 28, 94, 123, 129, 169
Taub, A. H., 285
Taylor, B., 252
tecla de comando, 254
teclado, 253-254
tecnologia, programação, 47, 98, 122
tela, 187, 194, 259, 276, 289
telefone, registro, 226
tempo de resposta, retorno, 130, 181, 236-237, 271
tempo, calendário, 14-15, 223
tempo, máquina, 174
teoria da informação, 204
terminal de vídeo, 76, 123
testador, 32
teste alfa, 136, 237, 257
teste de produto, 66-67, 136, 226, 237
teste de sistema, 19, 117, 127, 141
teste, componente, 20
testes, 6
testes, especificação, 136
testes, regressão, 118, 259
TESTRAN, ferramenta de depuração, 55, 140
Thompson, K., 289
tipo, dado abstrato, 182
tipos abstratos de dados, 182, 211, **263**
Torre de Babel, 227
trabalho criativo, 44
TRAC, linguagem, 42
tradutor de linguagem, 89
Transformada Rápida de Fourier, 98
Trapnell, F. M., 285

treinamento, tempo para, 18
Truman, H. S., 59
TRW, Inc., 264
Tukey, J. W., 98
Turski, W. M., 205, 287

U

Univac, computador, 207
Universidade de Cornell, 45
Unix, 181, 190, 196, 236, 273, 277, 289
Unix, estação de trabalho, 272
usuário, poder, 254
usuário, 43, 113, 116, 159, 247, 250, 253, 257, 259, 276
usuário, novato, 254

V

Vanilla Framework, metodologia de projeto, 207
variação (alcance) de entrada, 6, 159, 239
velocidade, programa, 28, 94, 129
verificação, 188
versão, 114, 179, 233, 259, 261
versão alfa, 232
versão beta, 2432
versão, programa, 116-117, 179, 235
Vessey, 206
visão geral, panorama (overview), **159,** 239
vocabulários, grandes, 215
Voice Navigator, sistema de reconhecimento de voz, 256

von Neumann, J., 187, 285
Vyssotsky, V. A., 136, 152, 173, 237, 239, 281, 284

W

Walk, K., 282
Walter, A. B., 285
Watson, T. J., Sr., 158
Weinberg, G. M., 285
Weinwurm, G. F., 85, 282, 285
Weiss, E. A., 286
Wells Apocalypse, The, 58
Wheeler, E., 269
Wilson, T. A., 285
WIMP, interface, 226, 252, 254
Windows NT, sistema operacional, 226
Windows, sistema operacional, 274
Wirth, N., 137, 237, 284, 287
Witterrongel, D. M., 285
Wolverton, R. W., 281, 283
World-Wide Web, 227, 271
Wright, W. V., 162

X

Xerox Palo Alto Research Center, 252

Y

Yourdon, E., 209, 214, 215, 287

Z

Zraket, C. A., 287

Sobre o autor

Frederick P. Brooks Jr.[1] é professor patrono de Ciência da Computação na Universidade da Carolina do Norte, em Chapel Hill, nos Estados Unidos. Ele é mais conhecido como o "pai do sistema IBM /360", tendo atuado em seu desenvolvimento como gestor de projeto e, depois, como gestor do projeto de software do sistema operacional /360 durante sua fase de arquitetura. Graças a esse trabalho, Brooks, Bob Evans e Erich Blow receberam a Medalha Nacional de Tecnologia em 1985. Antes, ele trabalhara como arquiteto dos computadores Stretch e Harvest da IBM.

Em Chapel Hill, Dr. Brooks fundou o Departamento de Ciência da Computação, de que foi presidente entre 1964 e 1984. Atuou no Comitê Nacional de Ciência e no Comitê Científico de Defesa. Atualmente, suas áreas de ensino e pesquisa estão relacionadas à arquitetura de computadores, aos gráficos moleculares e aos ambientes virtuais.

---

* Mais informações sobre Frederick P. Brooks Jr. podem ser encontradas em seu sítio web: http://www.cs.unc.edu/~brooks/ (N. T.).

Este livro foi impresso nas oficinas gráficas da Editora Vozes Ltda.,
Rua Frei Luís, 100 – Petrópolis, RJ.